中共吉林省委党校（吉林省行政学院）组织编写

实干兴吉

创新发展行思集

宋文新　主编｜刘双丰　执行主编

中央党校出版集团
国家行政学院出版社
NATIONAL ACADEMY OF GOVERNANCE PRESS

图书在版编目（CIP）数据

实干兴吉：创新发展行思集 / 宋文新主编；刘双
丰执行主编 . -- 北京：国家行政学院出版社，2024. 6.
ISBN 978-7-5150-2914-6

Ⅰ . F127.34

中国国家版本馆 CIP 数据核字第 2024K2Q381 号

书　　名	实干兴吉：创新发展行思集	
	SHIGAN XINGJI：CHUANGXIN FAZHAN XINGSI JI	
作　　者	宋文新　主编　刘双丰　执行主编	
责任编辑	陈　科　曹文娟	
责任校对	许海利	
责任印刷	吴　霞	
出版发行	国家行政学院出版社	
	（北京市海淀区长春桥路 6 号　　100089）	
综 合 办	（010）68928887	
发 行 部	（010）68928866	
经　　销	新华书店	
印　　刷	北京新视觉印刷有限公司	
版　　次	2024 年 6 月北京第 1 版	
印　　次	2024 年 6 月北京第 1 次印刷	
开　　本	170 毫米 × 240 毫米　16 开	
印　　张	20.75	
字　　数	283 千字	
定　　价	72.00 元	

本书如有印装问题，可联系调换，联系电话：（010）68929022

前　言

习近平总书记在视察吉林时强调，"就是要坚持'干而论道'，从实践中来、到实践中去"。吉林省委党校（吉林省行政学院）全面贯彻落实习近平总书记重要指示精神，在深入开展习近平新时代中国特色社会主义思想教学的过程中，不断强化"干而论道"理念，通过目标导向和问题导向相结合，与时俱进与守正创新相结合，理论教育与工作实践相结合，教学相长和学学相长相结合的教学模式，在教育引导广大学员树牢"理不可空谈，道不可坐论"意识，增强推进中国式现代化建设本领，提高运用所学知识解决实际问题能力等方面，取得了一定的成效。

为了切实推动干部教育培训成果转化与利用，更好地总结提升"干而论道"教学培训方式，吉林省委党校（吉林省行政学院）与吉林省委组织部相关部门商定，从"2024年习近平新时代中国特色社会主义思想中青年干部培训班"学员撰写的工作案例中，遴选部分高质量成果，形成了《实干兴吉——创新发展行思集》一书。书中选用的案例涵盖了吉林经济社会发展的各个领域，是广大学员正确运用习近平新时代中国特色社会主义思想武装头脑、指导实践、推动工作、解决问题的集中展现，具有较强的代表性和实用性。

　　"知者行之始，行者知之成。"希望通过本书的出版，能够为更多的党员干部提供一些有益的参考和借鉴，帮助他们更好地树立"实践、认识、再实践、再认识"的辩证唯物主义知行统一观，切实将所学知识运用到实际工作中，为实现中国式现代化贡献新的更大的力量。

　　特别感谢国家行政学院出版社的同志为本书的出版付出了辛勤劳动。由于书稿内容较多、跨度较大，难免有疏漏之处，欢迎有关专家、学者和广大读者批评指正！

目 录
CONTENTS

积极引导、科学认定 全力推进农民专业合作社科学发展

——九台区纪家街道凤财农机合作社探索与实践

于洪波*

一 背景情况

九台区凤财农业机械化农民专业合作社（以下简称凤财农机合作社）成立于2010年4月，多年来，坚持"发展同心同步，引领百姓致富"的发展理念，以党建为引领，积极探索"党支部＋合作社＋农户"发展模式，紧扣"集体有收入，百姓得实惠"的目标，让"小群体"与"大集体"有效连接，实现党建工作与乡村振兴同频共振、同向发力。在农业新技术应用、粮食稳产增产、农民再就业等方面取得了较好的经济效益和社会效益，探索出一条以规模谋发展、向科技要效益的致富之路。

二 主要做法

（一）政策促动，为企业提供有力支撑

九台区委、区政府高度重视农业合作社壮大发展，积极引导凤财农机合作社通过"以租代购、分期汇款"的形式购买玉米收获机，实现耕、种、收机械化。在区农业部门专业指导下，凤财农机合作社改变耕种模式，采用保护性耕作技术并不断总结创新，建立区级保护性耕作示范基地。每年召开区

---

* 于洪波，中共长春市九台区委副书记。

乡两级现场会10余场，年培训农民达5000人以上，得到了各级政府和人民群众的广泛好评。

（二）创新驱动，探索多途径流转模式

凤财农机合作社在土地流转方面探索出土地入股、流转经营等多种途径，让农民自主选择，2023年度凤财农机合作社参与分红38人，共分红120余万元，人均分红3.15万余元。凤财农机合作社还采取代耕代种等服务方式，为农户提供"耕、种、防、收、销、管"全链条、一站式机械化服务，有效降低生产成本，每公顷减少支出约2100元；同时，让农民腾出手来外出务工创收，实现"打工挣薪金、经营赚现金"的"一地生两金"模式，平均每年为每户农民增收1万余元。凤财农机合作社目前服务范围已辐射到龙嘉、卡伦、兴隆等多个街道，流转与托管土地面积达到2000公顷。

（三）科技推动，提升种植技术水平

凤财农机合作社秉承"向科技要产量"的发展理念，在种植模式上，坚持现代化发展方向，通过大型农机具提高作业效率，实现机车智能化操作。目前，凤财农机合作社共有农业机械143台，农机操作人员36名，采用无人机喷洒农药，推进水肥一体化，为粮食丰收更好保驾护航。在种植技术上，大力推广创新耕种技术，自2008年开始改用应用保护性耕作技术，建立了区级保护性耕作示范基地，在保证单产的同时切实保护好我们的黑土地。凤财农机合作社还与农业科研领域专家合作探索新的种植模式，将农业领域先进技术投入实际生产，实现单产的提高。2023年秋季，玉米每公顷产量达2.6万斤，年产值约2600万元。

③ 经验启示

（一）加大政策支持，增强发展活力

要强化资金项目支持，在积极争取上级资金的同时，区级财政要每年

列支专项资金，扶持农民专业合作社规范化、标准化、品牌化建设，切实提高扶持资金的针对性、时效性。要大力发展农业职业教育，针对不同类型农民，组织多种形式农业技术培训。健全农业技能持证上岗制度，探索把绿色证书作为认定职业农民的重要依据，并与农业扶持政策挂钩。要加强外部人才引进，从政府补贴、社会保障、项目扶持、金融服务、土地流转、职称评定等方面制定优惠政策，吸引大学毕业生、专业技术人员等人才扎根农村、投身农业。

（二）创新建设模式，加快发展步伐

探索完善村两委领办农民专业合作社的模式。充分发挥村两委班子群众信赖度较高、组织成本相对较低、成功的比率较大的优势，把村集体经济组织产权制度改革、村两委职能调整、农民专业合作社发展有机结合起来，积极探索村两委领办农民专业合作社的新模式。加快合作社联合社发展步伐。积极引导同行业、跨行业农民专业合作社实现横向及纵向联合，通过整合产业资源、建立产业规范、开展基地认证、创建地域商标，打造产品品牌，使其成为引领现代农业发展、打造地域特色、促进农民增收的重要力量。

（三）深化金融改革，培育内生动力

加快发展农村中小金融体系。把重点放到培育农村"内生"的金融组织上来，规范发展农村资金互助组织，引导农民合作社开展信用合作，鼓励发展真正的农村合作金融。创新农村信贷担保方式。针对农民合作社信贷需求特点，加强金融产品的服务创新，探索"龙头企业＋合作社"的贷款担保模式，鼓励金融机构将农民合作社的应收账款和农副产品的订单等权利及相应资产纳入抵（质）押范围。

打造"红烛映春城"党建品牌
激活教育高质量发展红色引擎

朱广达*

一 背景情况

　　党的二十大指明了"加快建设教育强国"的新任务，提出了"加快建设高质量教育体系"的新部署，明确了"推进以党建引领基层治理"的工作思路，再次强调了"把基层党组织建设成为有效实现党的领导的坚强战斗堡垒"的重要要求。为贯彻落实党的二十大精神，准确把握长春市教育系统党支部建设工作现状，全面提升教育系统党建工作质量，市委教育工委组织部开展了扎实的调查研究工作，并依据调研结果提出了建设教育系统示范党建品牌的系列对策建议，拟定实施方案，以党建引领助推教育高质量发展，打造内涵丰富、特色鲜明、示范引领的"红烛映春城"党建品牌集群。

二 主要做法

（一）创新载体模式

　　按照"每个支部一个堡垒、每个党员一面旗帜"的党建工作思路，推动形成有创新、有特色、有实效的支部党建品牌，每个支部有一面展现支部工作做法或亮点内容的党旗，每名党员有一个党员先锋岗、示范岗标签，真正

---

　　* 朱广达，长春师范高等专科学校副校长。

做到举旗亮灯、带领前进。聚焦民办学校党建工作，首创长春市民办学校党建工作促进中心，打造春城党建新名片。

（二）注重头雁效应

开展全市教育系统党组织书记党建品牌建设专题培训，结合品牌创建案例评审情况有针对性地进行系统指导，助力党组织书记拓宽工作思路、创新工作方法。聚焦干部人才队伍建设，打造了"骨干、专家、杰出、教育家"型校（园）长进阶式培育体系，全面提升干部队伍素质，为党建工作提质增效提供人才支撑。

（三）着力争先创优

全面开展党建品牌验收认定工作，坚持在覆盖上规范，在规范上提质，在提质上创优，首批共有150家党组织创建的党建品牌通过验收认定，其中获评"示范党建品牌"30家、"先进党建品牌"50家、"创新党建品牌"70家。选树了"红纽扣""南教先锋红""红烛匠心""职教党旗映春城"等党建品牌，全力构建"一区一特色、一校一品牌，一支部一堡垒，一人一旗帜"的品牌创建格局，打造"领航、奋进、融合"三级党建品牌体系，为更好地推进中小学校党组织领导的校长负责制改革、开展学习贯彻习近平新时代中国特色社会主义思想主题教育等提供了有力支撑。

（四）注重融合发展

坚持"建设党建品牌，赋能教育高质量发展"打法，机关党建与建设"五型机关"深度融合；学校党建与五育并举、"三全"育人深度融合；教辅单位党建与优化服务、履职尽责深度融合。在中小学校开展"东北抗联铁血少年"主题教育活动，有效推进党史学习教育进校园。在主题教育中，结合"红烛映春城"党建品牌建设活动，45家直属单位党员、干部深入师生家长开展调研回访工作。围绕长春优质数字教育资源投入不足、教育资源不均衡等问题，动员广大党员干部，教职工积极投身"红烛志愿行动"。开设"长春云校"，覆盖全市826所中小学校85万名中小学生；建立"双减"工作机制，义务教育阶段学生课后服务参与率为90%，每个家庭节省教育支出数万元，品牌建设成果转化行之有效。

三 经验启示

（一）要在党建品牌建设过程中提升党员教师的执行力

在党建品牌建设的基础阶段，通过组织培训和交流活动激发党员教师的学习执行力；在推进阶段，学校通过加强组织和管理，提升党员教师在攻坚克难过程中的执行力；在深化阶段，学校通过完善党建品牌建设的体系，强化跟踪问效，提高反思执行力。

（二）要通过擦亮党建品牌提升党支部组织力

展现党支部的优势和特色，增强党员的归属感和荣誉感，同时塑造良好的党内外形象，打造示范性党支部，通过与学校、家长、社区等各界合作伙伴关系的建立和发展，提升党支部的社会影响力和组织力，实现共同发展。

（三）要通过谋划基层党建品牌锻炼党支部书记领导力

党支部书记在制订品牌建设规划的过程中锻炼自身的政治领导力。通过党建品牌建设的任务激活支部内党小组的战斗力，锻炼自身的组织领导力。在谋划党建主题活动，加强党建文化阵地的建设中，锻炼自身的创新领导力。

作为新时代教育人，必须以实际行动答好"培养什么人、怎样培养人、为谁培养人"的教育根本问题。在加强党对教育工作的全面领导、办好人民满意的教育、落实立德树人根本任务、培养担当民族复兴大任的时代新人的伟大事业中贡献力量。

推进企业群众办事"只进一扇门"

——通化市创立政务服务市区深度融合模式的实践与启示

邵 帅*

一 背景情况

近年来,随着政府职能转变持续深化,政务服务"一网、一门、一次"改革不断深化,企业群众获得感不断增强。然而,在进一步打造标准化、规范化、便利化政务服务环境过程中发现,仍然存在着以下关键的堵点问题。

一是与审批事项相关联的政务服务功能分散。金融、法律等公共服务作为政务服务的重要组成部分,尚未与审批服务实现"一门办"整合,企业群众往往要先跑银行、找公证处准备相关材料,再到政务服务中心办理事项,往复多次非常麻烦。

二是企业群众区分各级政府权限、各部门职能难。受行政层级、部门职能和审批链路限制,市、区两级政府往往在统一的政务服务体系建设下"各自为政",造成行政资源浪费的同时,也导致企业群众办事审批"找谁办""归哪管"的疑问没有彻底解决,"多地问""多门跑"现象仍然存在。

三是"信息孤岛""数据烟囱"没有完全破除。政务数据共享不充分,特别是村、社区受限于人手紧张、硬件条件有限等原因,基层政务服务网点职能往往发挥不充分,很多事项仍需到市、区办理,严重制约了政务服务办理效率的根本性提升。

---

* 邵帅,通化市驻长春办事处主任。

二 主要做法

针对上述问题，通化市坚持"以人民为中心"的服务观念，坚持系统思维，以整体融合理念积极探索政务服务新思路。

（一）打破服务边界，构建政务服务广域综合体

打通"政律银企"服务链条，拓展服务内容。深化"律政合作"模式，将法律援助、公证等公共法律服务功能纳入政务服务大厦，最大限度地满足人民群众的法律服务需求。加强"政银合作"，引入5家主流商业银行，设立金融服务区，集成办理企业开办、人社及公积金业务办理等高频"政银合作"类业务。强化公共服务，开设便民服务区，将水电气热报装、开户、过户（更名）纳入工程建设项目审批、不动产交易登记集成服务，"一表申办"，联动办理。打破时间限制，梳理公布《"周末不休息"服务事项清单》115项，全面实行预约、延时、上门服务；设置24小时自助服务区，企业群众可依引导自助办理9部门237项业务。

（二）打破行政层级，推进市区政务服务纵向深度融合

聚焦只进一扇门、只找一个窗、最多跑一次，打破层级、地域、部门限制，将原有的"一市两区15厅"整合为1个政务服务中心。实行"窗口融合"，改变按市区两级分别设置窗口做法，设置市区无差别窗口70余个，统一受理"一市两区"2500余项政务服务事项，窗口服务人员建立行政办事员专业队伍，统一管理考核；实行"业务融合"，全面收受分离，实行前台统一接件收件、后台部门分类办理、统一出件发证，打通一体化全流程审批系统市、区两级权限，审批人员一个账号登录即可受理审批市、区两级服务事项。

（三）破除"数据烟囱"，筑牢数据共享根基

聚焦系统通、数据通、应用通，构建政务数据中台，强化数据归集、建

立共享通道。推动全市57个部门接入全省统一数据共享平台，累计开发数据服务接口70余个，数据共享平台村（社区）覆盖率100%；强化数据调用，全市梳理电子证照清单313项，归集电子证照数据126类，卫健、市场监管等领域的11项行政审批事项实现在线加盖电子印章、出具电子文书；针对百姓办事需求较多的社保、公积金、不动产登记等事项，实现公积金与银行、税务与不动产、社保五险等数据共享互通。

⊟ 经验启示

实行市、区两级政务服务一体化融合是践行习近平总书记提出的"'国之大者'就是人民的幸福生活"要求，完整、准确、全面贯彻落实新发展理念的生动、具体实践，是对深化"一网、一门、一次"改革的一次有益探索。着眼于政务服务集成化发展趋势，以民生痛点"小切口"主动撬动政务服务能力"大提升"，同时通过资源整合，有效节约了一般性财政支出，降低财政负担。通过提升政务效能，优化营商环境，有效提高了企业群众办事体验感、满意度，为助力吉林省全面振兴，率先实现新突破提供了可借鉴的发展思路。

打造"四个平台" 推动代表履职

——白城市人大常委会加强代表工作探索与实践

张 蕾*

一 背景情况

人大代表是人民代表大会的主体，是国家权力机关的组成人员。习近平总书记高度重视人大代表工作，多次强调要充分发挥人大代表作用，做到民有所呼、我有所应。白城市现有五级人大代表5134人，肩负着全市人民的信任和重托。白城市人大常委会始终尊重代表主体地位，增强服务代表意识，充分发挥代表来自人民、扎根人民的特点优势，切实做到接地气、察民情、聚民智、惠民生，展现新时代人大代表的时代风采。

二 主要做法

（一）实行全周期管理，打造能力素质提升平台

一是强化履职培训，组织开展初任培训、集中轮训、菜单选训，有针对性地组织学习党的二十大精神、宪法、代表法等法律法规和相关政策，不断提高代表履职能力。二是建立履职档案，全面记录代表在任期内参加学习培训、代表小组活动、视察调研、接待选民、解决诉求、提出建议等履职情况，使代表履职有据可查、有绩可考。三是实施履职评价，建立政治标准、履职尽责、选民评价和创先争优四个方面的积分评价体系，激发代表履职活

---

* 张蕾，白城市人大民侨外委主任委员。

力，提升代表履职实效。

（二）构建全要素保障，打造代表家站联络平台

一是标准化建家站。对全市99个代表之家实施"提档升级"工程，示范打造10个精品代表联络站。整合代表家站和立法联系点，打造15个全过程人民民主基层实践点。二是制度化管家站。建立家站工作职责、代表学习等7项制度，明确代表履职规范。市、县两级人大常委会领导包保家站建设，推动代表活动落实落细。三是常态化用家站。将五级人大代表就地就近编入家站，组织代表进家站宣传政策、听取意见、接待选民。开展"一月一主题"活动，组织各级代表参与活动2000余人次，帮助群众解决急难愁盼问题352件。

（三）实现全链条参与，打造条块协同共进平台

一是加大践行民主深度。组建13个代表专业小组，对项目建设、绿电产业、粮食增产、肉牛产业等开展调研，提出意见建议，助力全市"一三三四"高质量发展战略。二是拓展践行民主广度。用好"人大代表+"模式，推动各级代表在我为群众办实事、民生大走访、文明城创建等工作中履职尽责，解决民生问题120件。三是提升践行民主力度。采用"一事一专题"方式，组织代表持续对乡村振兴、义务教育、平安白城、社会就业等事项跟踪问效，高效有序推进全市民生项目建设。

（四）推动全流程跟踪，打造高质高效建议平台

一是落实"双联"制度。建立市人大常委会和代表、代表和群众的密切联系，实行季调度、年汇总机制，推动工作落实。邀请代表列席常委会会议、执法检查、专题调研等，使代表更好地知情知政。二是优化工作流程。健全专题会议交办、专委会督办、部门承办的办理机制，分类梳理代表意见建议，及时转交"一府一委两院"。三是强化重点督办。将代表建议纳入全市绩效考评，专项审议代表建议办理情况。几年来，城市管理、科教文卫等领域一大批建议得到落实，办复率、满意率达到100%。

⊜ 经验启示

（一）制度先行是做好代表工作的前提

制度管根本、管长远，制度建设是贯穿代表履职的一条主线，无论是代表的选举产生、履职管理，还是代表家站建设、活动开展，都需要完备的制度体系来规范。只有牢牢抓住制度建设这条主线，在大会期间和闭会期间，以制度形式细化具化固化代表履职活动，才能有效提升代表主体意识、责任意识、担当意识。

（二）组织保障是做好代表工作的基石

比如，围绕代表家站建设，从市人大常委会到各县市区人大常委会，再到各乡镇、街道人大工委，都成立了相应的组织机构，由市人大常委会统筹指导，各县市区分级负责，各乡镇、街道具体实施。正是有了"三位一体"组织体系作为有力保障，才保证了代表家站建设、活动开展有序推进、高效运行。

（三）善于创新是做好代表工作的活力

求新、求实、求发展是做好代表工作的重要抓手。市人大常委会结合实际，积极创新工作机制，借助代表所处行业优势，在增强代表履职实效上进行探索、创新与实践。比如，组建的代表专业小组，在常委会三查（察）活动中发挥了重要作用，提出的建议、形成的报告得到了一致认可，充分体现了市人大常委会的智慧与担当。

实施"实心"行动　助力兴边富民

——吉林省政府研究室破解空心村建设实践与启示

吴　浩[*]

一　背景情况

近年来，边境村"三化"（空心化、老龄化、空巢化）问题日益突出，人口空心化问题尤为严重，直接影响国家国防安全、边境安全。珲春市密江村是吉林省政府研究室包保帮扶的重点边境村，工作中发现该村呈现人口"空心化"、产业"单一化"、集体经济"空壳化"、基础设施"老旧化"、公共服务"边缘化"特征。为有效破解上述问题，吉林省政府研究室到密江村实地调研，以密江村为典型深入剖析，研究提出实施"实心"行动，助力兴边富民。

二　主要做法

吉林省政府研究室建议国家从维护边疆安全稳定大局出发，支持吉林省率先实施边境村"实心"行动。编制吉林省边境村"实心"行动总体规划，以边境中心村为突破口，聚力实施"五大工程"，系统补上发展短板，促使边境"空心"村"实"起来。

（一）村庄建设示范工程

坚持示范引领，打造一批具有地域特色、资源特色、民族特色的引领示范型边境旅游村、文化村、边贸村、国门村。开展边境地区人口安全问题评

估，划分边境村人口安全等级，对于人口流失严重、位置偏远的村庄，通过有序合村并居、插花安置等方式整体搬迁至边境中心村；允许其有序开展农村宅基地有偿退出、城乡土地增减挂钩等改革试点。

（二）人口回流工程

完善边民补助、鼓励生育、就业创业、移民安置等政策举措，推动各类人员到边境村创业安居。规划建设一批返乡入乡人员创业园，完善外出人员数据库，精准引导农民工、高校毕业生、退伍军人返乡入驻园区创新创业。

（三）产业振兴工程

重点支持边境中心村发展休闲农业、餐饮民宿、康养旅游、特色种养、林下经济等。借鉴浙江经验，在边境县开展生态产品价值实现试点乡镇建设，采取"政府+公司+村集体"合作模式，发展生态产业。借鉴广西经验，打破行政村域限制，整合建设用地，采取"园区（基地）+企业+村集体"合作方式，布局建设一批村集体经济产业园，支持村集体抱团发展打造特色产业集群。

（四）基础设施补短板工程

持续强化边境建制村路、水、电、网、气等基础设施提档升级。进一步抓好农村饮水安全巩固提升工程建设，加强下水管网和污水垃圾处理设施建设，因地制宜推进厕所改造。加大对边境村、边防哨所通硬化路支持力度，重点解决边境乡村有河无桥、土路等问题，串联重要城镇、口岸、厂区等。

（五）公共服务提质扩容工程

围绕群众急难愁盼问题，补齐边境村公共服务短板。加强边境镇村卫生院（室）智慧医疗体系建设，搭建省、市、县、乡、村五级远程诊疗系统，落实村卫生室运转经费和村医三项补助政策。将群众信赖、疗效较好、适用多发病和慢性病的药品纳入城乡居民医保药品目录。借鉴江苏经验，依托村内闲置的校舍、厂房、村部、民宅等设施，统一规划建设一批具备日托、助餐、保健、生活照护等功能的互助养老中心，由村集体或引进养老服务企业等社会力量负责运营。

三 经验启示

（一）必须提高政治站位，深刻认识包保帮扶边境村的特殊意义

习近平总书记对边境地区发展高度重视，强调"治国先治边、治国必治边"，视察吉林时也突出强调要加强边境建设管理，坚决维护国家政治安全和边境安全。做好兴边富民工作，是吉林省委、省政府落实好习近平总书记的重要指示要求，立足吉林实际作出的安排，意义十分重大。必须深刻领会、提高站位、强化举措，加快破解"三化"问题，进一步巩固民族团结、边疆稳固、经济发展、社会安定的良好局面，推动边境地区发展面貌整体改善、整体提升。

（二）必须明晰工作路径，持续加大工作力度

边境村最核心的问题就是人口问题，因此一切工作都应紧紧围绕聚人气来做文章。应推动边境村人口稳定政策落实，通过为边境村选派支边大学生、行政事业人员，选聘稳边固边专干和公益岗，实施民营企业投资奖补、运营补贴等政策，有效增强边境村产业发展动能；应以乡村旅游带动边境村发展，利用主流媒体宣传推介边境乡村游，引导域外企业与边境村广泛开展文旅项目合作；应以提升基础设施建设，推动人居环境整治，进一步增强边境村居民幸福感和获得感。

（三）必须弘扬实干精神，力戒形式主义、官僚主义

兴边富民工作是一项特殊的工作，形式主义、官僚主义是最大的危害。通过各级纪委通报的问题发现，有的在农村人居环境整治中层层加码、有的检查考评过多、有的在迎检等工作中弄虚作假搞"面子工程"等。要坚持以人民为中心，关心群众的急难愁盼问题，脚踏实地、真抓实干，做到工作"既留痕，也留心"。

牢记初心使命　推进自然资源法治建设
——妥善化解自然资源领域矛盾争议

许　鹏*

一　背景情况

对于行政诉讼案件，依据吉林省高级人民法院《关于2022年度全省行政机关败诉情况的通报》（以下简称《通报》），对2022年度涉及基层自然资源系统的58件败诉案件进行梳理、分类。经梳理，《通报》中被告所属部门为规划和自然资源的案件共59件，其中1件是由于林业部门未对林权证明材料调查核实，导致变更林权登记行为违法，其余58件为规划和自然资源的案件。按层级划分：市级局12件，县级局46件；按类别划分：行政登记及确权类25件，行政处罚类13件，行政征收类5件，行政强制类4件，公益诉讼类4件，行政许可类3件，行政协议类2件，信息公开类1件，行政赔偿类1件。

对于行政复议案件，主要梳理了省政府行政复议办拟报请省政府确认违法的第一批9个案件和第二批11个案件，按类别分全部为行政征收类，主要涉及有关市县历史遗留的征地补偿问题。

二　主要做法

为解决自然资源领域矛盾争议和历史遗留引发的行政复议、行政诉讼问题，我们采取了以下措施。

---

* 许鹏，吉林省自然资源厅法规处处长。

一是督促相关市县政府重视，尽量与申请人沟通调解，妥善处理行政争议，依法维护申请人合法权益，力争让申请人撤回申请，达到"定分止争、案结事了"的处理效果。

二是在案件未终止前，督促市县政府做好申请人的维稳工作，给予协调化解一定的时间，避免申请人采取非常规方式，给案件处理增加难度。

三是进一步加强征地报批审查监管。在新修订的《吉林省土地管理条例》中，细化土地征收程序，规范征地报批前的告知、确认、听证、征地预公告、土地现状调查、社会稳定风险评估、补偿安置方案公告与听证、签订补偿安置协议、批后公告等各程序和具体要求；按照《自然资源部办公厅关于规范报部审查的建设项目用地报批材料和审查报告文本格式的函》要求，严格规范市县报批材料，加大审核监管力度，开展用地审批权下放后评估和"双随机、一公开"检查。

三 经验启示

（一）规范不动产统一登记工作

指导市、县不动产登记机构在日常工作中切实遵循审慎审查的原则，严格执行《不动产登记暂行条例》《不动产登记暂行条例实施细则》等法律法规关于不动产登记申请事项的受理、审查以及处理的程序规定，严格审查登记材料，严把数据质量关，规范填写登记簿内容，依法履行登记职责；规范行政登记工作，将不动产登记队伍常态化建设纳入年度重点工作，加强源头治理；建立严格的纠错机制及应急预案，实行办件质量抽查制度和办件质量回访制度。

（二）规范集体土地征收规程

按照《中华人民共和国土地管理法》《吉林省土地管理条例》，结合工作中发生的实际问题，研究出台土地征收程序及明确征收土地前期工作内容的通知文件，下发市、县执行，规范全省土地征收工作。

（三）依法解决公益诉讼案件

督促市县自然资源部门高度重视检察机关提出的检察建议，依法接受检察监督，加强履行对矿山企业事前、事中、事后的监管义务，监督矿山企业严格按照相关规定设立基金账户，计提并足额缴存基金，为矿山生态修复治理提供资金保障。

（四）持续完善法律顾问制度

通过完善法律顾问制度，对可能发生行政争议的行政行为提前做好预判，降低诉讼风险以及败诉风险，进一步化解行政争议，定分止争。

（五）切实提高依法行政能力

将习近平法治思想、依法行政能力培训作为干部培训重要内容，以案说法、举一反三，调研市县有关行政争议典型案例，提出妥善化解自然资源领域矛盾争议和历史遗留问题的思路方法，提出完善政策、源头治理等建议。

（六）严格规范行政执法行为

持续提升全系统工作人员特别是行政审批和执法人员的法治意识和行政执法能力，按照自然资源部发布的《自然资源违法行为立案查处工作规程（试行）》要求，在征收征用、违法建筑强拆和生态环境修复中，完善行政处罚的审查流程，严格履行法定程序，规范行政执法行为，全面强化履职意识。

（七）提高协调化解行政争议能力

充分发挥府院联动作用，在行政复议和行政诉讼全过程中加强协调化解，发现存在行政行为不合法情形时，按照省政府《加强行政机关自我纠正化解行政争议实施办法（试行）》的规定，及时启动自我修正方案，推动行政争议的实质性化解。

全力打造肉牛活体贷"吉林样板" 破解肉牛养殖主体融资难题

赵伯铭*

一 背景情况

2021年9月，吉林省政府印发的《关于实施"秸秆变肉"暨千万头肉牛建设工程的意见》明确提出，到2025年全省肉牛饲养量力争达到1000万头，要把千万头肉牛建设工程打造成现代农业的标志性工程。为加快推进"秸秆变肉"暨千万头肉牛建设工程，省畜牧局积极协调金融部门从保险切入，大力推进肉牛活体贷，破解肉牛养殖主体缺少抵质押物、金融产品和融资渠道等难题。

二 主要做法

（一）出台文件措施，破解政策瓶颈

省地方金融监督管理局、省畜牧业管理局、省财政厅、中国人民银行长春中心支行、中国银行保险监督管理委员会吉林监管局联合印发了《吉林省推进畜禽活体抵押贷款试点工作方案》，明确肉牛等畜禽活体可作为抵质押融资物。利用省级地方特色农业保险以奖代补试点政策，对开展基础母牛农业保险业务的市县，省财政按规定给予奖补支持。

---

* 赵伯铭，吉林省畜牧业管理局机关党委专职副书记。

（二）创新服务模式，破解产品瓶颈

以活体畜禽的保险价值确定贷款金额，依托中国人民银行动产融资统一登记公示系统进行登记，通过保险公司为抵押的活体畜禽投保进行风险防范，集中推进"禽畜活体登记＋农户自愿保险＋银行跟进授信＋政府或第三方监管"的活体抵押贷款业务，通过肉牛活体监管，变动产为不动产，解决活体抵押难题，实现肉牛活体金融属性。

（三）建设服务平台，破解抵押监管难题

在全国率先建设了"吉牛云"大数据平台，创新推出"吉牛普惠"小程序，给肉牛佩戴普查耳标，为养殖主体完善养殖户或企业法人身份、企业营业执照信息，授权金融单位查询征信报告。完成肉牛价格发布平台的设计开发，为各银行机构综合考量肉牛活体的保险价值和市场价值，按照适当比例确定贷款金额提供权威参考。

（四）强化组织推动，保障政策落实落地落细

完成了融资需求申请、平台初审核验、畜牧复核推荐及银行保险受理等业务功能开发，组织8家银行、6家保险公司和省农担公司等15家试点金融机构，推出10种模式34款金融产品，搭建养殖主体与畜牧部门、金融机构联系桥梁，打通融资需求、养殖、保险、贷款、贴息等数据流，建立大数据融资服务平台。

③ 经验启示

（一）深入贯彻落实党中央关于实施乡村振兴战略的决策部署，加快发展肉牛产业助力全省乡村产业振兴

为贯彻落实党中央关于全面推进乡村振兴的决策部署，吉林省委、省政府培育建设农业十大产业集群。其中肉牛产业上连种植业、下接加工业，附加值高、产业链长、带动力强，是一个重要的增长点。要深入实施"秸秆

变肉"暨千万头肉牛建设工程，加快建设现代畜牧产业集群，为构建多点支撑、多业并举、多元发展的产业发展新格局提供有力支撑。

（二）树牢以人民为中心的发展思想，通过发展畜牧产业促进农民富裕富足

习近平总书记强调，发展乡村产业要让农民有活干、有钱赚。吉林省肉牛养殖主体已经达到34.52万户，年出栏50头以下的养殖场户占比为98%左右，从业人员超过100万人。要更加自觉站稳人民立场，坚持"小规模、大群体、多层次""良种化、精细化、群众化"，精准扶持中小养殖户，着力推进规模化标准化养殖，全力破解用地难、贷款难等政策堵点痛点，完善企业与农户的利益联结机制，创造条件让农民能够靠勤劳致富，在畜牧业高质量发展中促进共同富裕。

（三）坚持以新发展理念为指引，在加快转变发展方式中努力率先实现现代化

肉牛活体贷实施以来，各金融机构先后创新推出吉牧阳光贷（吉林银行）、吉牧e贷（农行）等金融产品达到200余种，通过肉牛政策性保险，变动产为不动产，解决了金融机构后顾之忧，破解了多年来畜禽活体抵押难题。要坚持"工业化思维、项目化带动、园区化集群、品牌化经营、智能化监管"，加快建链、补链、延链、强链，实行养殖量扩量和产业链提质两手抓，打通供应链、提升价值链、夯实安全链，全力推动畜牧业高质量发展，确保畜牧业率先实现现代化。

创新科技培育新质生产力
赋能企业高质量发展

——吉高智慧交通科技有限公司改革创新工作经验与启示

史永超*

一 背景情况

吉高智慧交通科技有限公司（以下简称吉高智慧公司）作为吉高集团"1+N"发展战略中重要的科技类子企业，深入贯彻落实习近平总书记关于培育新质生产力的重要指示精神，秉持"科技引领、创新驱动，深耕交通、智慧赋能"的经营宗旨，不断提升自主创新能力，持续打造ETC生态圈，推动科技创新赋能企业高质量发展，以高品质的产品和服务、强大的品牌实力和技术成果，获得行业和社会的认可。取得全球软件与系统工程行业CMMI5级最高等级标准认证、ITSS三级资质，持有10项专利证书和42项软件著作权。荣获"高新技术企业"、专精特新企业认定。

二 主要做法

（一）深入推进精细化管理，全面提升公司治理效能

一是坚持党的领导，规范公司治理结构。坚持党对国有企业的全面领导，制定完善议事规则、"三重一大"决策制度及决策事项权责清单，完成"党建入章"，进一步厘清执行董事、支委会、经理层等各治理主体权责边

---

* 史永超，吉林省吉高智慧交通科技有限公司执行董事。

界，实现党的领导融入公司治理制度化、规范化、程序化。二是持续完善内控体系、加强成本控制力度。建立项目管理、合同管理、成本管控、安全管理、干部人才管理、财务管理等六大管控体系，并同步梳理完善各项管控体系的重点业务流程，规范风险点和控制点的描述。及时掌握成本管理动态，通过推荐、邀请、谈判、评审等方式开发合作商资源，有效降低采购成本，平均节约成本达10%以上。三是全面深化绩效考核。按照技术序列岗位4∶6、管理序列岗位5∶5的绩效权重开展月度绩效考核，考核等次强制公布，特别是技术岗位，实行末位淘汰、不合格淘汰的双考核淘汰机制，以绩效结果确定个人收入，充分调动干部职工的工作积极性。

（二）聚焦信息化主责主业，全力推进项目创新研发

一是深化人才队伍建设。实施人才强企战略，坚定不移实行市场化公开招聘，注重吸纳高学历技术型人才，打造高素质创新人才培养主阵地。2020年以来，市场化公开招聘专业技术人才7次，共招聘17人，其中"双一流"大学人才10人。同时，通过开展竞争上岗，选拔各类经营、行政人才34名。二是积极打造科技创新平台。围绕智慧交通产业建设，自主研发数智化管理平台，梳理整体业务流程，统一数据源。共梳理业务流程23个，确认业务对象15个，设计逻辑模型44个，最终确定功能32项，接口15项。成功研发ETC拓展场景、智慧隧道、智慧服务区、智能运维等26个项目。三是开展核心技术攻关。按照全国高速公路人工收费票据电子化改造工作部署要求，通过自主创新，加大核心技术攻关力度，完成通行票据电子化改造项目的研发工作，并配套研发"高速公路专用热敏打印机""高速公路现金交易票据电子化项目"，广泛应用于全省各高速公路收费站，提升了通行效率。

（三）推动智慧城市建设，增强企业核心竞争力

一是致力于健全完善智慧交通服务体系。发挥自身智慧交通相关领域的先进技术优势，搭建科技合作服务平台，开展ETC多场景应用。2023年完成省内首个ETC智慧停车场——鑫瑞邦项目并成功运行，居然世界里、栖乐

荟、吉行24小时等ETC智慧停车场项目接连投入运营，助推新型智慧城市高质量建设发展。二是致力于构建共享共赢、互为客户的合作体系。与银行机构和科技企业开展合作洽谈，就ETC业务合作模式、进度安排、系统对接等环节达成一致，拓展ETC设备销售业务，打造一体化发行合作新模式。三是致力于市场拓展，提升企业外向度。在深耕集团内部业务的基础上，创新营销模式，积极寻找具有可持续发展前景的区域市场。2023年中标伊通河流域信息管理平台维保、长春市防汛抗旱指挥系统运维、黑龙江智能机器人技术服务、气象系统软件开发、湖北ETC系统软件开发等项目，实现集团外业务增长突破历史新高，企业品牌价值和市场竞争力不断彰显。

三 经验启示

（一）大力推进科技创新，更好履行新时代企业使命责任

科技创新是发展新质生产力的核心要素，吉高智慧公司将以更好服务国家战略为导向，把科技创新摆在更加突出的位置，打破思维定式和路径依赖，加快推进关键核心技术向发展智慧高速、智能城市建设等关乎国计民生的关键领域集中，大力推进新技术落地，发挥企业科技创新作用，积极践行企业社会责任。

（二）巩固深化国企改革，打造充满活力的市场化经营机制

持续巩固深化国企改革成果，不断健全完善公司治理体系，提升任期制和契约化管理工作质量，加大高层次专业技术人才引进，实施全员绩效考核，构建精准高效、规范有序的收入分配机制，推动中长期激励科学有效落地，激发企业内生动力，提高企业核心竞争力。

矩阵赋能助推思政创新
实践育人驱动评价改革

——吉林师范大学教育评价改革建设案例

刘新利*

一 背景情况

自 2020 年以来，吉林师范大学积极破解深化新时代教育评价改革难点，全面落实立德树人根本任务，以充分释放网络思政新媒体矩阵能效为切入点，聚焦构建要素融通的"一站式"协同育人工作格局，持续增强"互联网＋思政"的理论深度与传播速率，巧妙借助网络育人、"一站式"学生社区、劳动教育实践育人三个维度的交互提升，切实改变学校思政教育质量评价标准，攻坚克难、善作善成，不断深化新时代教育评价改革。

二 主要做法

（一）锚定内涵，聚焦思想引领

吉林师范大学紧紧围绕中共中央、国务院印发的《深化新时代教育评价改革总体方案》中"学生评价"重点任务，搭设以"吉小狮"网络思政创意工作室为核心的网络育人新媒体矩阵，实现微信、抖音、中国大学生在线、易班平台全面覆盖，结合时事热点推出线上特色活动，关注学生需求打造思想引领、文化涵育、学业就业、生活适应四大板块，以网络育人

---

* 刘新利，吉林师范大学学生工作部（处）、研究生工作部（处）部（处）长。

新媒体矩阵树立科学成才观念，引领学生提升思想素养，勇担社会责任，实现全面发展。

（二）智慧赋能，创设育人场景

学校以推进教育部思想政治工作精品项目为契机，持续优化"三全育人"格局，切实提高学生评价改革实效。学校建成"一站式"学生社区服务大楼，综合服务大厅、公寓服务驿站三级场景育人格局，全面实现学生自主管理。以"今日校园"信息化平台为基础，搭建"互联网+思政"一体化云社区服务中心，建立优质交互服务机制，设立线上业务25项，已完成学生各类自助线上服务千余项。

（三）成器寓理，保障高质量输出

持续完善"教育—互动—反思"机制，利用"吉小狮"新媒体矩阵引导变革育人评价目标，探索新时代教育评价创新体系，使网络思政育人贯穿人才培养全过程。截至目前，"吉小狮"微信公众号已发布推送文章2400余条，打造10余项特色品牌栏目和活动，实现学生全覆盖，培养6届新媒体运营团队，培育信息化转型适用人才近千人。通过深化教育信息转型，探索社区参与评价方式，系统推进教育评价改革。

（四）唯转增效，驱动评价改革

紧密围绕改革要求，改进劳动教育评价标准，学校制订《关于加强新时代劳动教育的实施方案》《劳动教育实践课程实施方案（试行）》，结合人才培养的具体要求，统筹开展校内外实践基地主题实践活动，积极推进劳动教育课程建设，将劳动素养纳入学生综合素质评价体系，积极构建劳动素养评价制度，培育积极的劳动精神，实现培德、启智、健体、弘美、育劳的新时代育人目标。

三 经验启示

（一）制度先行，注重顶层设计

近两年，学校制定出台《辅导员教育培训考核实施方案》《吉林师范大学"一站式"学生社区建设方案》等文件6项，修订《本科生奖励办法》《本科生国家奖学金评审办法》等文件12项，着力破解学生工作中突出的难点堵点，进一步规范工作流程，促进优化学生管理、资助育人、队伍建设工作机制，支撑保障教育评价改革工作落实落细。

（二）立德润心，教育服务并重

网络育人与场景育人交相呼应，实现育人合力从"叠加"到"融通"。学校网络思政工作获批教育部思想政治工作精品项目。同时涌现出全国辅导员年度人物1人、省辅导员年度人物5人，打造以全国辅导员名师工作室为引领的学工人才培育机制，精心打造研究实践型学工团队，逐步构建思想浸润与服务成长相辅相成的育人模式。

（三）见"微"知著，激发育人活力

学校紧扣立德树人根本任务，坚持"微矩阵、精布局、重实效"工作思路，打造网络思政育人高地，切实提升育人质效。近年来，原创新媒体作品在国家级、省级赛事活动中获奖60余项，"吉小狮"荣获2023年度吉林省党建优秀品牌，"吉小狮"微信公众号在2023年全国高校辅导员微信公众号影响力排行榜中位列全国第22名，继续保持省内高校领先地位。

以科技创新引领产业创新
助力构建现代化产业体系

——吉林省工研院推动技术孵化转化的探索与实践

卢怿实*

一 背景情况

党的十八大以来，以习近平同志为核心的党中央作出"必须把创新作为引领发展的第一动力"的重大战略抉择。2021年12月，吉林省委、省政府印发了《关于创新型省份建设的意见》，作出了组建吉林省工业技术研究院（以下简称省工研院）等系列部署。

二 主要做法

（一）创新体制机制，明确功能定位

构建了"理事会＋工研院＋工研院公司"的组织架构。以省政府名义组建省工研院理事会。省工研院实行理事会领导下的院长负责制，明确为不纳入编制管理的独立法人事业单位。工研院公司作为省工研院创新研发和成果转化的投融资平台，代表省工研院开展产业技术创新机构投资、专业园区投资及运营、引导相关基金投入等。省委、省政府要求省工研院围绕创新型省份建设，充分释放吉林科教优势，发挥"科技经纪人"功能，加快重大科技成果转化，推动吉林省战略性新兴产业发展。

---

* 卢怿实，吉林省工业技术研究院集团公司常务副总经理。

（二）加强平台建设，支持园区发展

成立了孵化器子公司，累计服务企业1006户（次）。通过增资方式与长春光机所、长春应化所共同建设了光电子孵化器和新材料孵化器。以控股方式与省中医药科学院推进建设了创新医药公共技术服务平台。以参股方式为中俄科技园和中白科技园赋能。与吉林大学、中科院苏工所等高校院所企业共建超快激光加工装备、电致变色薄膜等中试平台。收购了光电信息产业园控股权，为推动长光所科技成果本地转化创造了有利条件。抓住中俄"东北－远东"地区互利合作重大契机，发挥中俄科技园、中白科技园功能，积极推动并组建了8个不同领域的国际联合实验室。

（三）助力技术创新，发挥基金效能

围绕"四大集群"培育、"六新产业"发展和"四新设施"建设，通过"自建、共建、加盟"相结合的方式，谋划布局了汽车电子及新型汽车零部件、精密仪器及先进装备、生物医药及先进医疗器械、光电子及智能传感器等14个产学研用相结合的产业技术创新平台。出资设立了总规模10亿元的技术创新成果转化基金，通过股权投资和风险投资促进科技成果孵化转化，目前开展尽调的项目达到106项，重点推进项目19项。先后对小分子化学原创药、CMOS图像传感器芯片、有机电致发光材料、飞行模拟器等项目进行了投资。加强了项目的谋划储备，建立了重点项目库、重点企业库、重点技术供需库，现已入库重点项目240项、重点企业695户、技术需求240项、技术供应553项。

（四）深化开放合作，夯实行研能力

与江苏省产业技术研究院、广东季华实验室、深圳清华大学研究院、中科院深圳先进技术研究院等先进院所形成了紧密合作关系，西安交通大学依托省工研院建立了西安交通大学（吉林）国家技术转移中心，共同推动西安交大氢能及储能等科技成果在吉林的转移转化。与吉林大学、长春光机所、长春理工大学、一汽研发总院、富奥股份、一汽富维等省内重点院所和企业建立了产学研用协作机制，共同推动线控底盘、滑板底盘、智能座舱、调光玻璃、改性材料等技术创新成果转化。加强产业链、产业集群和产业生态研究。先后开展了智能机器人、智能传感器、风电装备、光电子技术与产业融合等行业研究，形成了一批具有前瞻性、针对性和可操作性的行研报告。

🔘 经验启示

（一）强化战略引领

省委、省政府领导对省工研院的发展高度重视，省委主要领导先后三次到省工研院调研，进行把脉定向和科学指导。省政府工作报告中要求省工研院建立科技经纪人制度，促进科技成果本地转化产业化，实现提档升级。

（二）创新体制机制

将省工研院确定为"无上级主管部门、无行政级别、无固定编制"的"三无"事业单位，实行企业化管理、市场化运营。院司一体化运营，省工研院院长兼任工研院公司董事长，省工研院副院长兼任工研院公司总经理。省工信厅牵头设立业务指导委员会，指导重大战略方向和资源统筹协调。省国资委确定工研院公司为功能类国有企业。

（三）营造创新生态

以产业技术创新平台等为载体，将理事单位、股东单位、高校院所、产业伙伴有机融合，推进专业孵化器、科技企业孵化器、中试中心、产业技术创新平台和科技园区建设运营，以科技创新引领产业创新，助力构建现代化产业体系和产学研深度融合的创新生态。

（四）持续深化改革

坚持"投早、投小、投科技、投本地"，促进重大科技成果孵化转化和产业化。全面推进国企改革深化提升行动，促进布局优化和重组整合。实施经理层成员任期制和契约化管理，实行绩效考核强制分布，薪酬与岗位和绩效双挂钩，选人用人全部市场化。建立新型经营责任制，真正按市场化机制运营，让干部员工有奔头、有盼头、有干劲，在落实"464"新格局上展现新作为、体现新担当、实现新突破。

助企纾困解难　积蓄发展势能

——吉林高新区开展"九解一协调"服务企业工作的实践与思考

徐　兴*

一　背景情况

习近平总书记高度重视各类市场主体高质量发展，他在 2020 年 7 月召开的企业家座谈会上强调"市场主体是我国经济活动的主要参与者、就业机会的主要提供者、技术进步的主要推动者，在国家发展中发挥着十分重要的作用"。省委、省政府近年来连续召开服务企业大会、促进民营经济高质量发展大会、优化营商环境加快项目建设大会等多个重要会议，出台《政府为企业办实事清单》《关于进一步支持民营经济（中小企业）发展的若干政策措施》等一系列重要文件，充分释放出重视企业、服务企业、厚待企业的强烈信号。开发区是经济建设的主阵地、主战场、主引擎，吉林高新区作为吉林市最早成立的开发区，被吉林市委赋予打造全市战新产业发展高地、高质量发展引擎的厚望重托，主责主业就是产业、项目和发展，呵护好、服务好、保障好企业，是我们义不容辞的重大政治责任。

由于"需求收缩、供给冲击、预期转弱"三重压力叠加，同时外部环境更趋复杂严峻和不确定，一些企业在发展中遇到了不少困难和问题。如何帮助企业渡过难关、提振信心、加快发展，成为摆在我们面前的一个十分迫切和棘手的问题。吉林高新区深入学习贯彻习近平总书记重要讲话和重要指示批示精神，特别是关于亲清新型政商关系的重要论述。深入落实省委、

---

　　*　徐兴，吉林高新区党工委委员、管委会副主任。

市委有关服务企业的部署要求，推动有效政府和有为市场更好结合，以服务之"优"谋发展之"势"，聚焦解决市场、融资、人才劳动力、投资、采购、清欠、技术创新、审批、司法援助等9个方面难题。加强协调服务，全面抓好吉林市委部署开展的"九解一协调"帮扶企业行动在高新区的实践，2023年，共回应、解决企业诉求300余件，拨付发展扶持资金1.3亿元，全年地区生产总值增长6.6%，地方级财政收入增长55%，固定资产投资增长19.4%，达到了"企业叫好、指标飘红、发展上扬"的预期效果。2024年第一季度，企业信心不断增强、生产经营持续向好，经济发展呈现稳中提速、质效兼备的良好态势，地区生产总值增长11.6%，位居吉林市第一位，多项经济指标在全市领先，实现开门红。

二 主要做法

（一）构建服务"新体系"

召开吉林高新区服务企业高质量发展大会，成立以党工委、管委会主要负责同志为双组长的"九解一协调"服务企业领导小组，制定出台《培育壮大实体经济、支持企业高质量发展的20条措施》，每年拿出5000万元，帮助企业发展壮大、做优做强。坚持提格统筹、一体推进，党工委、管委会主要负责同志带头挂帅出征、下场唱戏，班子成员和副县处级以上领导全部承担包保服务重点企业、重点项目任务，同时每个部门、每个单位都要认领包保任务，常态化深入一线"雪中送炭"，群策群力为企业解扣破题，有力推动"九解一协调"助企惠企举措落地见效。

（二）锻造助企"知心人"

从全区各部门、各单位选派一批政治素质好、协调能力好、服务意识强的干部担任"企业知心人"，结合企业实际情况，实时对"企业知心人"进行召回、调整和新增，对重点企业、重点行业，安排有专业特长、经验丰富的干部专职助企，打造"不走的知心人"队伍，"点对点""面对面"送服务到企业。全面开展"以考促干"工作，制定出台《吉林高新区"企业知心人"包保企业管理办法》，将月抽查、季统考、年总考贯穿于包保部门和"企业知心人"工作全过程，拉出"红黑榜"，分出好中差，对在服务企业中表现突出的干部择优提拔重用、晋升职务，对存在办事敷衍、推诿扯皮的单位和个人严肃通报约谈，对企业满意的先进典型加大挖掘、选树和宣传力度，以鲜明导向激励干部担当作为。

（三）问需于企"零距离"

一方面，注重从"服务端"发力，"企业知心人"通过线上沟通和线下走访相结合的工作方式，全面了解企业生产、供需、资金、发展等情况，深度挖掘企业端"不想说、不便说"，服务端"不清楚、解不了"等难题，做到访到深处、掌握实情。另一方面，注重从"企业端"发力，借助政务服务平台、政企微信群、企业微信政务版 App 等渠道，实现政企"微"距离接触，为高新区市场主体提供全天候、常态化的诉求反映和办理落实等方面的服务，保障企业"求诉有门"、惠企政策"直达快享"。

（四）竭尽全力"解难题"

建立十项效能提升制度机制，量身定制百项惠企便企服务措施，扎实开展"一业一策""一企一策"精准服务，既立足当前解燃眉之急，又着眼长远为发展蓄力，有针对性地帮助解决了恒源纸业电力增容配套、万丰环保技改、凯尔机电异地扩建、龙山底盘用工等许多困扰企业发展的问题。特别是集中优势力量打好盘活"双停"企业（因各种原因造成停产和半停产的企业）攻坚战，将其作为"一号工程"牢牢抓在手上，采取招商引资、转型升级、开拓市场等举措，找准症结、因企施策，以优质服务、主动服务、创新服务推动"双停"企业恢复生产，2023年已盘活14家，今年计划盘活剩余4家，实现清零目标。一汽吉林始建于1981年，是一家具有40多年造车历史的老牌汽车企业，中国第一辆微型汽车就诞生在这里，2018年以来，由于股权债务、市场开拓、产品开发、经营管理等多重因素影响，企业发展逐渐停滞，产值从高峰时期的50多亿元跌落到2023年的不足5000万元，生产经营陷入困境。我们首先从帮助企业争取订单、恢复产能破题，由高新区平台公司、吉林市龙山集团、一汽吉林共同组建吉汽龙山轻型车有限公司，推动一汽解放与吉汽龙山达成战略合作协议，为一汽解放代工生产T80、E90等海外畅销的轻微型卡车，项目全部达产达效后，有望在吉林市打造形成年产10万～15万辆的轻微型卡车出口生产基地，重振吉林市汽车产业雄风。

（五）形成闭环"强保障"

建立登记销号制度，对企业诉求实行交办、承办、催办、督办、结办的"五办"闭环管理，能够短期内解决的问题立即交办解决，短期内无法解决的问题建立台账限时办理，坚决做到问题不解决不销号、矛盾不化解不销号，形成及时、长期、系统帮扶企业的良好氛围。注重提标扩面，针对市场、融资、人才劳动力、采购、审批、司法援助等高频问题进行归类分析、综合研判，坚持举一反三、深挖症结，以点带面批量解决同类问题，推动服务企业从"解决一件事"向"办好一类事"转变，促进破解"个性问题"向破解"共性问题"升级，切实打造"九解一协调"驻企服务金字招牌。

🔢 经验启示

企业是经济运行的细胞，企业稳则经济稳，企业强则高新强。回望吉林高新区的发展历程，企业地位至关重要、作用不可替代，是支撑全区高质量发展当之无愧的最大功臣和中坚力量。

第一，习近平总书记重要讲话和重要指示批示精神是指导我们优化服务、破解难题的"指南针""动力源"。企业健康发展一直是习近平总书记念兹在兹、高度关注的问题，党中央有部署，各级就要不折不扣抓落实、见成效，服务企业高质量发展，必须坚持政治统领、把准方向，更加坚定自觉地从习近平总书记相关重要论述中找答案、找对策、找方法，确保学懂弄通做实，以实际行动践行"两个维护"。

第二，坚持问题导向是推动"九解一协调"服务企业工作取得实效的关键。只有直面问题，全程奔着问题去、迎着难题上，才能精准纾困惠企，真正为企业发展解扣破题，让企业有实实在在的获得感，服务企业高质量发展，必须坚持紧盯问题、直击痛点，想企业之所想、急企业之所急，当好企业自己人、娘家人、贴心人，坚决杜绝形式主义、官僚主义。

第三，政企同心是共克时艰、共赢未来的制胜法宝。政府和企业是区域发展的共同体，也是合作互动的共赢体，说到底，高质量发展是一道双向奔赴的共答题，唯有政企同心，方能破浪前行。无论什么时候，党委和政府都要当好企业服务"店小二"，企业也要主动担当、正道直行，强化"有盐同咸、无盐同淡"的政企鱼水情，切实把构建亲清统一的新型政商关系落到实处。

第四，优化营商环境、帮助服务企业没有"休止符"、永远在路上。我们要坚持服务企业初心不改、优化环境矢志不渝，拿出最高敬意、最优服务、最实作风，不断提升完善全天候、全方位、全覆盖的服务企业工作机制，深化"九解一协调"2.0升级版，千方百计帮助企业"干"、引导企业"变"、围绕企业"转"、解决企业"盼"，让广大企业和企业家消除顾虑安心创业、放下包袱全力干事、轻装上阵提速前进、大胆发展不断壮大，用最优质营商"软环境"托起企业高质量发展"硬实力"。

助力吉林现代化产业体系建设
打造高素质产业工人大军
——吉林工会高质量建设产业工匠学院探索与实践

张亚东*

一 背景情况

打造知识型、技能型、创新型的高素质产业工人大军是助力吉林现代化产业体系建设、推进吉林全面振兴实现新突破的有力支撑和保障。近年来，受多方面因素影响，吉林省产业工人队伍在总量、结构、素质、作用等方面与老工业基地的战略地位和振兴实体经济的现实需要还不相适应，特别是与新发展格局相适配的新型技能人才和高素质技能人才培养体系还相对滞后。2023年以来，吉林省总工会深入学习贯彻习近平总书记关于技能人才工作的重要指示精神，聚焦服务吉林现代化产业体系布局，着眼培育符合产业发展需要的高素质技能人才，加快构建全周期职工技能提升培训体系，探索走出产业工匠学院建设的吉林模式。

二 主要做法

（一）坚持统筹规划，将工匠学院建设融入吉林产业发展新格局

吉林省总工会紧扣吉林省产业转型发展需求，自觉融入、主动作为，立足省各产业工会改革发展实际，统筹规划设计，突出行业特色，坚持

---

* 张亚东，吉林省工运研究所所长。

"一院一策"，先后成立了吉林省新能源、新旅游、新农业、新电商、新材料、新装备6个产业工匠学院，推动将工匠学院建设纳入省委人才培训主渠道、纳入政府与同级工会联席会议制度安排，促进技能培训、技能竞赛、技术创新有机融合，积极探索吉林特色的技能人才培养新路径，构建形成党委重视、政府支持、工会运作、合力推进的工匠学院建设新格局。

（二）坚持合作共建，创新"五位一体"联合培养新模式

充分发挥政府部门政策资源、高校职业院校产教融合优势、龙头企业实训基地资源、行业协会信息平台功能，持续强化劳模精神、劳动精神、工匠精神培育，积极构建"产、学、研"一体化的办学机制，打造"省总工会+政府部门+职业院校+龙头企业+行业协会"的"五位一体"培养新模式。比如：新材料工匠学院由省总工会、省科技厅、省工信厅、省科协、省工商联、中科院长春应化所、吉大化学学院、吉林工程技术师范学院、吉林化工学院、吉林工业职院、中石油吉林石化研究院、中车长春客车、吉林化纤、华为吉林省公司联合创建。

（三）坚持协同发力，构建特色鲜明、横纵联合的网格化工作新体系

在省产业工匠学院建设的牵引带动下，吉林省总工会结合各市州区域优势和产业特点，推动构建横向省产业工会主导，纵向市州、县区层级分明的产业联动网格体系。一是横向扩面体现特色。比如：新装备工匠学院重点培养"高精尖缺"高技能人才，新电商工匠学院重点打造研学交流与实操演练相融合的培训交互平台，等等。二是纵向深耕形成体系。全省11个地区工会紧密围绕省产业工匠学院战略部署，结合地方产业特色，共成立14个市州级工匠学院、34个县区级工匠学院。

三 经验启示

（一）站位大局谋思路

党的中心任务就是工人运动和工会工作的主题和方向。工会要始终围绕党委、政府中心工作谋篇布局，推动党委、政府在制定产业政策时一体考虑谋划产业工人建设的政策，持续深化产业工人队伍建设改革，前瞻布局产业优化升级"新赛道"，实现产业工人队伍总量"做大"、素质"做强"、阵地"做优"的跨越式转变。

（二）强化联动建机制

工会组织要善用自身的政治资源、组织资源、社会资源，团结更多机关、高校、院所、企业、协会等力量联合培养急用紧缺技能人才，推动工匠学院向战略性优势产业拓展、向市县两级产业延伸，形成素质提升矩阵，集成打造技能培训、资格认证、创新激励一体化平台，切实把合作优势转化为发展优势。

（三）聚焦发展抓创新

要敏锐把握高质量发展新需要、职工队伍新变化、劳动关系新问题，跟进推动工会组织方式、服务形式、动员模式等方面改革创新，坚持劳动教育与技能培训相结合、竞赛比武与建功立业相统筹、技能创新与成果转化相贯通，构筑涵盖专业学习、就业选择、职业成长、产业孵化的全周期职工技能提升培训体系，努力培育一支与吉林现代化产业发展相适应的高素质产业技术大军。

构建科技创新"揭榜挂帅"新机制
助力吉林省产业关键核心技术实现新突破

王 冰*

一 背景情况

　　党的二十大报告提出，坚持创新在我国现代化建设全局中的核心地位，加快实现高水平科技自立自强，加快建设科技强国。对完善科技创新体系、加快实施创新驱动发展战略等作出了专门部署。习近平总书记在"科技三会"上强调："要改革重大科技项目立项和组织管理方式，实行'揭榜挂帅'、'赛马'等制度。""关键核心技术攻关可以搞揭榜挂帅，英雄不论出处，谁有本事谁就揭榜。"[①]"揭榜挂帅"是一种科研项目组织管理新模式，对开展关键核心技术攻关、产出高质量科技成果、加速科技成果以及调动科技人员积极性具有重要作用。为全面贯彻落实习近平新时代中国特色社会主义思想，吉林省科技厅启动实施"揭榜挂帅"（军令状）项目，瞄准吉林省重点产业发展"卡脖子"技术难题，强化企业创新主体地位，取得了一系列关键核心技术突破，有效提升全省创新链整体效能，为产业转型升级加快、提质增效，吉林全面振兴率先取得新突破提供了强大的科技支撑。

---

　　* 王冰，吉林省科学技术厅科技发展规划处处长。
　　① 《习近平谈治国理政》第四卷，外文出版社2022年版，第201、89页。

二 主要做法

（一）完善体制机制，创新项目组织模式

探索实施揭榜挂帅（军令状）机制，组织实施技术攻关项目。修订完善《吉林省科技发展计划揭榜挂帅（军令状）机制实施方案》。结合吉林省科技创新发展的现实需求，探索多种发榜揭榜形式，突破"企业找技术"的单一榜单模式。设置企业与科研人员双向发榜对接的方式，畅通技术对接渠道；增设重大科技任务榜单，瞄准国家和吉林省委、省政府重点紧急任务，突出有组织科研的导向性。优化资金投入方式，探索"谁投科研、谁出成果，资助谁"的模式，进一步提升科技投入效能，推动企业主导的产学研深度融合，多措并举提升企业科技创新主体地位，有效解决成果转化和市场需求信息对接不够畅通问题。

（二）强化服务意识，深入企业专项调研

深入企业、高校和科研院所开展"揭榜挂帅"专题调研，听取意见建议、了解技术和成果转化需求。实现了从零散征集到集中谋划、从被动需求到主动服务、从单向申请到双向对接、从集中受理到常态化对接的重要转变。畅通实验室与市场的信息渠道，搭建高校院所与企业市场关键技术攻关和科技成果转化的桥梁。

（三）注重创新引导，加强政策支持保障

强化企业创新主体地位，以企业需求谋划项目，让重点企业牵头实施项目，带动企业加大研发投入，目前已组织实施了三批次共22项"揭榜挂帅"（军令状）项目，投入6495万元，引导企业投入资金2.7亿元，是财政资金的4.2倍。激励科技人才创新创业，落实科研人员"松绑减负"，扩大科研人员自主权，明确勤勉尽责与免责条款；以成果为导向，合并技术验收和财务验收，开展一次性综合绩效评价，正向激励创新，让企业和科研团队将更多的宝贵精力投入技术创新，解决吉林省产业发展、企业壮大的"卡脖子"技术难题。

三 经验启示

（一）聚力攻坚，推动构建"464"新质生产力发展新格局

按照省委、省政府深入实施"一主六双"高质量发展战略和构建"464"发展新格局工作部署，为加快推动"有组织科研攻关＋有组织成果转化"，加快培育新质生产力，建立目标导向、绩效管理、协同攻关、快速转化的全省科技创新有组织聚力攻坚机制。聚焦吉林振兴发展现实需求，加快推动科技创新流程优化、业务再造，全链条部署技术创新决策、研发投入、科研组织、成果转化，为吉林高质量发展、可持续振兴注入强劲动能。

（二）创新机制，营造助力吉林经济社会发展的创新生态

积极深化科技体制改革，"围绕产业链部署创新链、围绕创新链布局产业链"，以科技创新引领产业创新，大力推动科教人文优势转化为发展新优势，坚持目标导向和问题导向相结合，从吉林省经济社会发展面临的实际问题中凝练最紧急、最紧迫的科学技术问题，前瞻部署一批战略性技术研发项目，加快构建企业牵头、高校院所支撑、各创新主体相互协同的创新体系，努力把科教和产业优势转化为发展优势。

（三）协同创新，加快构建具有吉林特色的现代化产业体系

充分发挥政府作为重大科技创新组织者的作用，聚焦重点产业领域关键核心技术和产业发展急需的科技成果实施"揭榜挂帅"。抓系统布局、系统组织、跨界集成，把政府、市场、社会等各方面力量拧成一股绳，集聚国内外优势科研力量，加强原创性、引领性科技攻关，进一步扩大"揭榜挂帅"实施范围，激发创新创造活力。在巩固存量、拓展增量、延伸产业链、提高附加值上下功夫，整合和优化科教创新资源，掌握更多关键核心技术，加快科研成果落地转化，推动产业链向上下游延伸，形成较为完善的产业链和产业集群。充分发挥企业主体作用和政府统筹作用，促进

资金、技术、人才等要素对接，推动创新链、产业链、资金链、人才链深度融合，强化协同攻关，坚持以科技创新的"关键变量"催生高质量发展"最优增量"，形成关键核心技术攻关的强大合力，促进科技成果转移转化。

贯彻践行"两山"理念　推进森林旅游开发

——国有森工企业推进森林旅游项目建设的实践探索

李林岩*

一　背景情况

国家全面停止重点国有林区天然林商业性采伐以来，国有森工企业认真贯彻习近平生态文明思想和"两山"理念，立足森林资源保护修复和生态建设，积极谋划国有林区转型发展。按照森工集团提出的双主业战略安排，三岔子林业公司和所属各林场积极行动，谋划了一批各具特色的森林旅游项目，认真研究项目建设中的各类问题，并提出解决方案。

一是白江河林场旅游项目接续发展问题。2022年，白江河林场动员职工集资，利用林场场部后身空地，建成了集旅游观光、餐饮民宿于一体的小型旅游项目，取得了较好的经济效益。项目接续发展，需增加新的娱乐观光设施，但林场职工已很难再投入资金。

二是三道湖林场真人CS户外拓展训练基地占地问题。2023年，三道湖林场谋划利用林场周边闲置的废旧转材场，开展真人CS户外拓展训练基地项目建设。原转材场地类为林业设施用地，开展项目建设，首先要解决用地审批问题。

三是景山林场花溪谷道路审批问题。2023年，景山林场经与属地政府商议，决定共同开发花溪谷观赏旅游项目。目前，通往花溪谷的3千米道路是一条防火道，靖宇县政府有意将其修建成一条油渣路，便于游客进山观光。

---

* 李林岩，吉林森工三岔子林业公司副总经理。

修建油渣路涉及硬覆盖，需履行用地审批程序。

二　主要做法

（一）白江河林场旅游项目

为推动林场旅游项目接续发展，三岔子林业公司提出了以股权投资或固定资产投资支持林场转型发展的意见，考虑到股权投资程序多，同时又和职工集资混在一起，产权较为复杂，最后确定了以固定资产投资的方式，固定资产为三岔子林业公司所有，与前期职工集资建成的项目不产生联系，产权较为明晰。项目建成后，林场可将其作为独立项目自主经营，也可以租赁的方式开展合作经营，三岔子林业公司享有固定资产投资收益。

（二）三道湖林场真人CS项目

三道湖林场作为项目建设主体，负责协调靖宇县武装部和驻地部队，以国防教育基地的角度申请立项，取得用地审批；或在安全防火处、资源处支持下，以防火野外训练场地角度申请立项，再取得用地批复。

（三）景山林场花溪谷项目

景山林场作为项目建设主体，负责项目立项路径的确定。一是协调靖宇县政府和驻地部队，将其纳入国防路网，再向省林草局资源处申请用地批复。二是在原防火路的基础上，不铺设油渣路，而是修建一条高标准的砂石路。

三　经验启示

（一）以森林康养旅游为突破口推进林区转型发展

吉林省东部林区位于长白山腹地，域内山川秀美、层峦叠嶂、气候宜人、景色各异。丰富多彩的原生态旅游资源，是发展长白山旅游的重要支撑。大力发展森林康养旅游，是吉林省打造万亿级旅游产业的必然选择，也是国有林区转型发展、职工增收致富的必由之路。要把文旅产业作为主攻方向，深入挖掘域内可开发资源，使之成为长白山大旅游圈建设的重要策源、有效呼应和可选驿站。

（二）以解决制约性因素推进林草行业高质量发展

实现林草行业高质量发展，既要在生态建设上久久为功，做绿水青山的守护者，又要在破解转型发展难题上持续发力，做金山银山的践行者。要结合林区资源实际、森工企业资金实际和林业用地审批实际，高起点谋划、少资金投入、多政策支持，解决制约林区转型发展的关键性因素，推进森林旅游项目加快建设、不断壮大、形成优势。

（三）以传统行业升级改造发展林业新质生产力

林业作为事关经济、社会、生态的重要行业，有着巨大的发展潜力。同时，林业作为传统行业，其产业升级改造对发展林业新质生产力也具有重要意义。要在中国式现代化的大格局中，深入研究林业现代化和森工企业现代化的实现路径，汇聚起新质生产力竞相涌现、中国式现代化稳步推进的磅礴力量。

狠抓落实、以考促干　助推企业高质量发展

——科学运用"五化"工作法确保年度重点工作任务高效落实

白婧贤*

一 背景情况

党的十八大以来，为积极应对错综复杂的国际形势、艰巨繁重的国内改革发展稳定任务，习近平总书记对各级领导干部提出"增强狠抓落实本领"的要求。2023年12月，中央经济工作会议召开，习近平总书记再次强调，"要坚持和加强党的全面领导，深入贯彻落实党中央关于经济工作的决策部署。要不折不扣抓落实，确保最终效果符合党中央决策意图。要雷厉风行抓落实，统筹把握时度效。要求真务实抓落实，坚决纠治形式主义、官僚主义。要敢作善为抓落实，坚持正确用人导向，充分发挥各级领导干部的积极性主动性创造性"。①这为国有企业深入贯彻落实中央决策部署，指明了正确方向、提供了根本遵循。作为省属国有企业，吉林省投资集团始终以强烈的使命担当和责任意识，积极融入吉林省经济高质量发展大局中，通过科学谋划，精准施策，将"五化"（任务清单化、进度图表化、流程模板化、操作手册化、措施机制化）工作法全面运用到年度重点工作考核中来，以确保省委、省政府和省财政厅的各项部署在集团不折不扣地贯彻落实。

---

　* 白婧贤，吉林省投资集团有限公司党委办公室副主任。

　① 《中央经济工作会议在北京举行》，《人民日报》2023年12月13日。

二 主要做法

（一）政治引领为先，逐项对标省委、省政府和省财政厅决策部署

一是提升全员政治站位。引导全体干部员工自觉融入吉林省重点任务推进中，通过召开专题会、职工大会、部门研讨会、支部大会，对上级任务指标的顶层设计逻辑、深远意义，开展解读研学讨论，上下"一盘棋"，向基层和一线员工延伸，牢固树立服务吉林省经济振兴大局的主人翁意识和使命担当精神。二是突出党建统领地位。积极践行"把抓好党建作为最大的政绩"理念，将党建工作摆在首要位置，由定性考核调整为定量考核，与业务考核权重保持一致。党建考核指标设置为100分，作为考核"优秀"等次的前置条件，被考核单位得分低于标准值不得评为"优秀"等次。三是强化主责主业。聚焦吉林省"一主六双"高质量发展战略，加快构建"464"新格局的重点项目，"主责主业"分值由100分调整为120分，被考核对象可选择性认领加分工作项，鼓励创新，激励超额。

（二）高效落实为本，科学精准运用"五化"工作法实现闭环管理

成立专项工作组，集团主要负责人带队，科学谋划顶层设计，通过运用的"五化"工作法，全流程、全方位、系统性优化绩效考核工作。一是清单化提列重点任务。围绕省委、省政府年度任务部署安排，提列任务清单，做到任务分解到位，工作目标明晰，责任落实到人，形成《年度重点工作任务计划表》《年度经营业绩目标考核责任书》，作为年度绩效考核的重要依据。二是图表化聚焦工作进度。设定月度、季度、年度周期考核目标，挂图作战，按月向经营层报告进展情况，按季度向党委报告阶段成果，领导小组按季度开展督导。三是建立模板化工作流程。为确保工作过程有迹可循、有据可查，提质增效，对包括年度重点工作计划、季度目标分解、工作调度及考评等相关文档均使用统一模板。四是推行手册化管理方法。编制印发《吉林省投资集团"五化"工作法推进落实年度重点工作任务手册》，包括"五化"工作法的各项内容及相关表格，以此作为集团全员的

"口袋书""操作指南"。五是构建闭环工作机制。按照"周督办—月调度—季评价"的模式构建落实收口机制，狠抓事事有结果，件件有回音，确保整体工作有效闭环。

（三）以考促干为要，统筹联动强化考核"指挥棒"作用

一是强化考核联动作用。发挥考核"指挥棒"作用，将集团业绩考核指标、财务指标纳入绩效考核指标体系，突出量化结果，明确得分要求，严格评分标准，强化考核结果运用，提升考评效率。与4个业务部室、12家全资子公司签订《年度考核任务责任状》，构建全盘联动、横向协同的高质量发展格局。二是坚持考用结合，构建考核结果挂钩体系。充分发挥绩效考核"风向标""指挥棒"作用，实行考核结果双挂钩：考核等次与薪酬水平挂钩，对"优秀""良好""合格"的子公司，按规定实行绩效薪酬差异化分配；考核结果与评先树优、干部选拔任用挂钩，对于优秀等次的部室和子公司优先推荐，对于考核连续两年排名靠后的单位和个人开展绩效谈话。建立奖优罚劣，树立实绩导向，激励员工担当作为。

三 经验启示

（一）有效激发全员干事创业积极性

"五化"工作法为企业运营的顶层设计提供了一套行之有效的解题思路，使公司上下贯通，统一思想，凝聚人人参与、人人尽力、人人成就的强大合力，树立"功成不必在我，功成必定有我"的责任意识和担当精神。为发挥绩效考核的激励约束效用提供了更加优化的平台机制，全面激发员工抓铁有痕、踏石留印的工作劲头，为打造人才"头雁"效应和"雁阵"格局奠定良好基础。

（二）为企业持续健康稳定发展提供保障

近年来，省投资集团面对复杂多变的外部市场环境和企业转型升级发展

的机遇挑战，坚持确保省委、省政府和省财政厅决策部署在集团不打折扣的完成落实。"五化"工作法在绩效改革中的运营，明显提升集团内部运行效率，灵活应对市场变革，使集团内部有限资源得到高效配置，对省委、省政府和省财政厅下达的各项任务，在集团做到一分部署、九分落实，为贡献吉林振兴大局发挥了排头兵作用。

实施"两找一服务"工程
全面促进公共就业服务提质增效
——破解"就业难""招工难"问题的探索与实践

曹宝富*

一 背景情况

习近平总书记在党的二十大报告中指出,"强化就业优先政策,健全就业促进机制,促进高质量充分就业",为我们做好就业工作提供了根本遵循。吉林省人力资源社会保障厅党组坚决贯彻落实习近平总书记重要指示精神,创新实施了"想就业找人社、缺人才找人社"服务创新提升工程和高校毕业生就业创业服务专项行动(以下简称"两找一服务"工程),初步破解了"就业难""招工难"问题,为推动吉林全面振兴率先实现新突破贡献了人力资源和社会保障力量。工程实施以来,得到了用人单位和劳动者的广泛认可,省委、省政府主要领导给予肯定性批示,同时荣获全国公共就业服务专项业务竞赛一等奖,入选中国民生发展论坛"2022年民生示范工程",列入省直机关"奋进'十四五'、建功新时代"主题实践活动突出业绩名单。

二 主要做法

(一)促进资源整合,再造就业公共服务新流程

创新打造了"96885吉人在线"服务平台,运用大数据、云计算等技术

---

* 曹宝富,吉林省人力资源社会保障厅办公室主任。

手段，实现找工作、找人才、就业地图、智能匹配等服务功能，实现对各类群体、单位、就业形态及就业环节全方位、无死角服务。目前，96885服务平台及小程序注册企业20.1万家，累计访问量达249.2万人次，共为1.8万家用人单位发布招聘需求15.1万人。

（二）创新工作模式，构建就业帮扶指挥新体系

建立"96885吉人在线"就业帮扶指挥系统，依托全省9000多名"两员一师"（就业服务专员、人才服务专员、就业创业指导师）队伍，对重点群体和重点企业实施"一对一"精准服务。针对企业一次性招工量较大等市、县难以解决的问题，通过系统提级办理，实现"省、市、县三级联动，一点需求、多点响应"。先后对延边州凯莱英药业、通化市通鑫玄武岩科技、吉林市建龙钢铁等企业开展提级服务，解决了企业缺工的燃眉之急。

（三）聚焦重点群体，开辟高校毕业生就业新路径

坚持把高校毕业生就业作为稳就业的重中之重来抓，2024年4月，省委、省政府印发了《关于促进高校毕业生就业创业若干措施》，顶格落实一次性就业补贴、一次性扩岗补助等政策。高频次开展"创业奋斗'就'在吉林"系列专项招聘活动，做到周周有专场、月月有活动。在全省各县（市、区）建立高校毕业生就业创业实训中心，"一对一"帮扶毕业生就业创业。2023年，高校毕业生留吉人数达到13.3万人，留吉率超过60%，创历史新高。

（四）开展专项行动，打造人社公共服务新品牌

在全省人力资源和社会保障系统实施"万名人社干部进万企"活动，建立政府与企业沟通互动的工作机制，帮助企业解决急难愁盼问题。目前，共与9127家企业完成了"一对一"对接联系，为企业解决涉及社保、用工、劳动关系等问题8000多项。2023年，指导松原市社保局针对吉林油田2000余名职工养老保险断档问题，研究制定了科学合理的补缴方案，目前已完成补缴1005人，切实帮助企业解决了实际困难。

三 经验启示

（一）强化服务意识是工程实施的出发点和落脚点

为解决"就业难""招工难"并存的突出矛盾，厅党组提出实施"两找一服务"工程，实现了有效市场与有为政府的有机结合，变补充兜底保障为全方位服务，变"坐等上门"为"主动服务"，有效化解结构性矛盾，确保全省就业局势稳定。

（二）科学统筹谋划是工程实施的前提和基础

"两找一服务"工程实施过程中，所有厅领导都带队组织开展大调研、大讨论，统一思想、凝聚共识，推动各项就业政策措施落细落实。全系统统筹利用政策、资金和服务资源，坚持同向发力、攻坚克难，为工程全面实施推进奠定了良好基础。

（三）健全制度规范是工程实施的政策支撑

发挥省就业工作领导小组统筹协调作用，持续健全"1+N"政策体系，打出稳就业、保就业政策"组合拳"。出台96885服务平台管理办法、指挥中心建设方案、"两员一师"管理办法、高校毕业生专项行动方案等配套文件，为做好"两找一服务"工作提供有力的政策支撑。

（四）专班机制推进是工程实施的重要保障

集中力量，专人负责，统筹推进，运用"五化"闭环工作法狠抓落实，编发"两找一服务"工作手册，明确落实措施、任务分工、项目推进、媒体对接4张清单，成立综合协调、平台建设、业务推进、就业服务、督导考核5个工作组，各负其责推进工作，确保各项工作措施落地见效。

聚焦优培、聚力优用 激活年轻干部履职尽责新动能

——常态化培养选拔优秀年轻干部的探索与实践

张志文*

一 背景情况

习近平总书记在党的二十大报告中强调，建设堪当民族复兴重任的高素质干部队伍，要"抓好后继有人这个根本大计，健全培养选拔优秀年轻干部常态化工作机制"。东北电力大学党委深入学习贯彻习近平总书记关于党的建设的重要思想和新时代党的组织路线，全面落实吉林省委优秀年轻干部"强基培苗"选育工程，紧盯"关键少数"，抓牢"关键环节"，不断健全"发现储备、跟踪培养、科学使用、从严管理、正向激励"五位一体的年轻干部工作体系，持续锻造有信仰、敢担当、能吃苦、善作为、勇创新、守规矩的高素质专业化年轻干部队伍，为推进高水平大学建设提供坚强组织保证和干部人才支撑。

二 主要做法

（一）立足优选，激活源头"蓄水池"

注重在盘活存量、优化增量上下实功，突出"三个坚持"，抓好年轻干部的发现和储备工作。坚持科学选人，建立年轻干部常态化选拔机制，制定

---

* 张志文，东北电力大学党委常委、组织部部长、党校副校长。

《东北电力大学常态化培养选拔优秀年轻干部若干措施》，定期开展年轻干部队伍建设专题调研，实行"组织推荐、调研发现、一线识别、跟踪分析、适时使用"选拔模式。坚持精准识人，建立年轻干部重要行为纪实机制，制定《东北电力大学加强年轻干部教育管理监督若干措施》，突出近距离、多角度、立体式考察，科学改进年度、平时、专项、任期一体化考核评价体系。坚持事业留人，建立核心人才重点培养考察机制，有组织有计划地把"长江学者奖励计划"青年学者、国家优秀青年科学基金获得者等青年人才放到重要岗位锻炼，引导青年骨干在实践实干中练就真本领硬功夫，培养了一批以吉林省"攻坚克难、担当作为"好干部等为代表的优秀年轻干部群体。

（二）紧扣优育，拓宽成长"快车道"

注重在精准滴灌、靶向提升上出实招，精心设计"1234"干部培养机制。"1"为打造一个干部教育培训特色品牌——"青年教工骨干培训班"，截至目前，已开展2期，参训的95名学员中有41人得到提拔，占比43%。"2"为针对党务、业务两类干部，深入实施"铸魂赋能、强基固本"系列培训，重点围绕政治能力、科学决策、领导艺术、应急处突、群众工作、调查研究、压力管理等方面，差异化制订干部能力提升计划。"3"为开设理想信念、能力提升、素质拓展三类课堂，完善上下联动、按需施教、分级分类、梯队培育模式，实现年轻干部储备库人员培训全覆盖。"4"为突出系统性培训、经常性教育、研讨式学习、融合式实践四种模式，定期举办年轻干部专题读书班、开展沉浸式体验式党性教育，推动树立和践行正确政绩观。近5年，坚持每年选送10名处级干部赴国家教育行政学院参加专题研修，学校目前参加省级以上党干校一个月以上培训的处级干部占比近59%。

（三）着眼优用，锤炼担当"铁肩膀"

注重在蹲苗培养、岗位磨炼上求实效，积极搭建"校内＋校外"实践锻炼平台。创新推出校内挂职锻炼机制，选派青年骨干到教务处、科技产业处等职能部门挂职处长助理，前期组织业务对接、中期开展阶段考核、期满全面总结评估，挂职工作考核满意度达100%。主动争取校外挂职锻炼资源，近年来先后选派10余名青年骨干到国家相关部委、地方各级党委和政府进行挂职锻炼，累计选派17名青年人才赴重点边境村开展乡村振兴包保帮扶工作，年轻干部队伍攻坚克难能力明显提升。学校干部队伍中，45岁及以下处级干部占比超过49%，40岁及以下科级干部占比近47%，已形成了青蓝相继、薪火相传的生动局面。

三 经验启示

（一）聚焦干部队伍建设需要，做好机制建设

坚持制度先行，夯实选育基础，深入学习贯彻习近平总书记关于年轻干部队伍建设的重要论述，紧密围绕落实新时代党的组织路线和吉林省委优秀年轻干部"强基培苗"选育工程有关要求，健全完善常态化培养选拔优秀年轻干部的工作体系和落实机制。

（二）聚焦干部队伍结构特点，做好储备选育

加强对干部队伍进退留转、配备需求、存量优化、增量补充等情况的前瞻性思考和整体性谋划，多措并举有针对性地发现、识别和储备一批"好苗子"，坚决避免急用现找、降格以求、青黄不接等问题，推动各层级年轻干部"蓄水池"相对充盈。

（三）聚焦业务干部能力短板，做好精准培育

遵循年轻干部成长客观规律，针对不同层次、不同岗位精准施训，有计划地组织跨学科、跨部门轮岗交流，通过校内外挂职、跟班学习、援派帮扶、驻企服务等方式提高干部综合能力，全方位锻造业务水平过硬、综合素质突出的年轻干部队伍。

（四）聚焦树牢正确用人导向，做到人尽其才

树牢"优者奖、能者上、平者让、庸者下"鲜明用人导向，突出把好政治关能力关廉洁关，推动干部能上能下常态化。落实好"三个区分开来"重要要求，坚持严管厚爱相结合，持续激发年轻干部的干事热情和蓬勃活力，助力年轻干部健康成长。

发挥数字政府建设先导作用
加快推进"数字吉林"建设
——推进"数字政府"建设工作创新实践

刘　爽*

一 背景情况

党的十八大以来，以习近平同志为核心的党中央从推进国家治理体系和治理能力现代化全局出发，准确把握全球数字化发展趋势，围绕数字中国、网络强国、数字政府建设等作出了一系列重大部署，连续发布了多项重大举措。吉林省委、省政府主要领导聚焦数字政府建设，谋划提出"以数字政府为先导，发挥数字吉林建设的引领作用，推动高质量发展"的工作目标，统筹推进数字政府建设工作。

二 主要做法

（一）坚持统筹集约高效推进基础设施建设，数字政府核心支撑能力显著增强

创新构建"省级统建，市县应用"模式，坚持"主权在我、不立不破、小步快跑"，推进政府部门信息系统云上部署、云上运行、云上共享，推动从物理整合向数据整合、业务协同、平台统一有序过渡。"吉林祥云"云网一体大数据平台采用"同城双活、两地三中心"模式部署运算资源，运算

---

* 刘爽，吉林省政务服务和数字化建设管理局数据资源处处长。

能力超过13万vCPU，部署了4条万兆级"负载均衡"链路，在全国政务云中处于领先地位。标准化、规范化的政务服务事项库、社会信用信息数据库、法人库等相继建成，统一身份认证、电子证照、社会信用核验等公共支撑能力不断强化，逐步夯实全省推动治理体系和治理能力现代化的数字化基础。

（二）坚持全面推进技术融合、业务融合、数据融合，政务服务能力实现跨越式提升

推进省市县乡村五级政务服务事项集中办理，推行"入门精准导服、前台综合受理、后台分类办理、统一窗口出件、全程留痕监督"的运行服务模式，1315个政务服务事项实现全省一套系统、一个平台全流程审批。统建覆盖全省的数据共享交换平台，汇聚电子证照725种、4490余万个，全部网上展示、亮证。集约建设全省310个政府网站，搭建全省统一网上办事大厅，全省已有5.3万个事项实现全程网办，"吉事办"移动端应用服务达653个，推动服务从"能办"向"快办、好办、易办"转变。在全国一体化政务服务能力评估中，吉林省五年三跃升，2022年、2023年综合指数连续两年保持全国领先。

（三）坚持在创新应用上寻求突破，数字化赋能深化"放管服"改革、优化营商环境

统建吉林省信用综合服务平台和融资信用服务平台，一体推进信用综合评价、联合奖惩管理、信用监督预警和信用修复等，各地城市信用监测指数多项指标跃升至全国前列。深入推进工程建设项目审批制度改革，吉林省是全国为数不多的省市县三级共用一套审批流程、审批系统、政策体系和监管体系的省份，系统综合运行指标稳居全国首位，审批数据实时共享率始终保持在100%。全面推行行政检查执法备案智能管理改革，在全省推广应用行政检查执法备案智能管理平台，国务院办公厅将其作为提高政府监管效能推动高质量发展典型案例在全国推广。

三 经验启示

（一）强化顶层设计，理顺体制机制是吉林省数字政府建设实现跨越式发展的核心前提

省委、省政府超前谋划，提早5年设置"政务服务和数字化建设管理局"，不但实现了从顶层设计到基础应用平台，再到政务服务体系终端的全流程、闭合式统筹管理，而且权责职能最明晰、业务衔接最合理、政务功能最完备、体系支撑最有效，为实现优化协同高效的改革目标奠定了坚实基础。

（二）强化集约统筹，创新建管模式是吉林省数字政府建设实现跨越式发展的关键路径

在全国率先实现数字政府建设管理的"省级统建，市县应用"模式，推动完成了吉林省政务信息化建设由"项目管理"向"需求管理"转变，实现项目立项、硬件建设、资金使用、应用开发、安全管理、运营维护等全链条各环节统筹，极大地避免了政务信息化项目建设"小、散、乱"、衔接不畅和重复建设的现象。

（三）强化系统观念，增强服务能力是吉林省数字政府建设实现跨越式发展的目标导向

始终把人民群众满意不满意、高兴不高兴，作为数字政府建设和服务能力提升的出发点、落脚点，统筹推进政府治理流程再造、模式优化、方式重塑和能力提升，持续提高跨地域、跨系统、跨部门、跨业务的协同管理和服务水平，优化利企便民数字化服务，让企业群众办事体验感更优、便捷度更高。

推动学习培训革命 打造人才生产线

——吉林银行探索实践人才培养新模式

崔志超*

一 背景情况

吉林银行目前在岗员工10915人，营业网点363家，分行11家，村镇银行10家，参股金融公司1家，专营机构1家。环境变化催生改革变革，改革变革集聚发展动能。2020年，吉林银行坚持以习近平新时代中国特色社会主义思想为指导，按照省委、省政府决策部署，准确把握历史机遇，服务地方实体经济，大力实施改革变革，企业发展的需要和战略目标的实现，对人才发展提出了更高的要求。深化继续教育，提升员工队伍专业知识水平和与时俱进的服务管理意识，是全行经营战略、转型发展和改革的重要人才保障和智力支撑。如何优化企业教育培训体系，培养与组织快速发展相适应的人才队伍成为吉林银行近年来教育培训工作中的重点、难点问题。

二 主要做法

（一）顶层设计明思路

2023年，随着吉林银行学习培训革命的推动，提出"打造人才生产线"这一目标，旨在实现人才的批量化生产。在学习路径图方法论的指导下，结合岗位任务和能力胜任评估，通过制作、使用制式化、标准化和规范化的课

---

* 崔志超，吉林银行教育培训部总经理。

程与讲师，科学规划员工培训体系，建立人才自主培养体系和提高培育人才队伍的能力。以最快速度、批量、高效地输送岗位胜任人员，为组织创造价值。

（二）择优试点树典型

2023年，以财富新员工培训为试点，探索实践吉林银行第一条人才生产线的打造。财富新员工培训主要存在三方面问题：一是人员流动大；二是培养难度大；三是资源投入大。基于此，吉林银行试点打造财富新人生产线，实现课程共享、随到随学，知识分层、由浅至深，课程多样、科学分布，标准培养、省时增效。

（三）流程管控稳推进

从2023年11月15日开始，组建专项工作组，6个人，用时44天，梳理开发37门课程，累计课程时长2242分钟，知识覆盖面全且课程质量有保障。一是设计学习计划。以问题为导向，明确新员工需要掌握的知识和技巧，确定新员工成长的典型工作任务和关键动作，划分不同学习阶段，由简入繁，设计学习内容和形式，梳理现有课程，测算各阶段所需时长。二是梳理课程。明确新员工成长必需的4项典型工作任务、10个关键动作，梳理对应各项任务、各项动作的现有课程，并按照知识、工具、标准、对策4个维度进行课程分类，查缺补漏。三是设计学习课表。根据学习计划和课程内容设计：在新员工上岗1个月内，线上学习基础知识；上岗3个月内，以师徒机制、新人PK百日赛的形式，重点学习基础营销技巧，树立营销信心；上岗3~6个月，重点通过训后实践、习惯养成达到消除畏难情绪的目的；上岗6~9个月，聚焦复杂产品营销，熟练开展微沙龙。四是课程补充开发。以共创工作坊的形式，围绕产品、客户、流程和销售技巧，补充开发新人生产线课程。通过财富新人生产线的打造，实现200名新员工快速上岗，现有队伍产能加速提升。

三 经验启示

（一）聚焦重点

在确定生产线开发规划的基础上，以一线为导向，总分联动绘制目标岗位学习路径图；以问题为导向，确定人才生产线课程表单，体现生产线强制性要求；以效果为导向，组织课程开发、开展试点班试讲活动，形成统一的培训内容、统一的讲授标准、统一的组织形式，体现生产线标准性要求。

（二）聚焦难点

人才生产线建设难点在于如何科学开发，如何有效落地。在开发阶段，要坚持探索精神，善于发现问题，敢于面对问题，针对存在的问题制定有效培养方案。在生产线复制落地阶段，注重对生产线内容的跟踪反馈，定期对生产线的运行情况进行评估，不断推进更新与迭代。

（三）以点带面

本着"从高意愿部门辐射至所有部门、从业务部门辐射至所有部门、从关键岗位辐射至重要岗位"的原则，及时宣导成功经验，以点带面，推动吉林银行人才培养项目建设。

走出生态优先绿色发展新路

——辽源市生态环境治理典型经验及启示

高 宇*

一 背景情况

辽源地处长白山余脉和松辽平原的过渡地带，东辽河发源于此，起着重要的生态屏障作用。但随着长期破坏性开采和粗放式发展，辽源的生态环境逐步恶化，各类生态问题开始集中显现。2018年4月4日，习近平总书记就东辽河流域污染问题作出重要批示，给辽源以极大震撼。辽源市委、市政府坚持以习近平总书记重要批示为遵循，把生态环境治理作为一项压倒一切的政治任务，集中各种资源，动员各方力量，系统推进全域生态修复与治理，经过持续努力，生态文明建设取得显著成效。2023年，辽源作为全省唯一一个"环境治理工程项目推进快，重点区域大气、重点流域水环境质量改善明显"的真抓实干典型，被国务院办公厅通报表扬。

二 主要做法

（一）牢固树立生态优先的绿色发展理念

2018年，辽源提出"从绿色转型入手，推进全域生态修复"的思路，在制定国土空间总体规划、产业发展等专项规划时，把生态保护作为关键要素来考虑，并将绿色辽源建设写入《辽源市国民经济和社会发展第十四个五年

---

* 高宇，辽源市委政策研究室副主任。

规划和2035年远景目标纲要》，从生态制度、生态环境、生态空间、生态经济、生态生活、生态文化等六大领域，确定推动生态文明建设的重点任务。

（二）全面建立生态文明制度"四梁八柱"

滚动实施30余项生态文明体制改革任务，严格落实《吉林省党政领导干部生态损坏责任追究实施细则（试行）》《领导干部自然资源资产离任审计规定（试行）》，设立各级林长、河长1315名，实行最严格水资源管理制度、土地资源红线制度，科学划定"三区三线"，严格落实三线一单，全面建立起源头严防、过程严管、后果严惩制度体系。

（三）大力推动经济社会发展全面绿色转型

坚持发展绿色产业，促进产业绿色化。发掘培育了梅花鹿、柞蚕、蛋鸡等六大农业特色产业。成功打造东山体育公园等特色文体项目，引进总投资286亿元的天楹风光储氢氨醇一体化项目，推动辽源从产煤城市向生产新能源的城市蜕变。2023年，辽源单位GDP能耗同比下降8.80%。

（四）系统推进山水林田湖草生态修复工程

累计造林58.51万亩，治河368.05千米，建设高标准农田61万亩；完成东辽河、仙人河河岸带修复61公顷，城区绿地率提升至34.10%；强力实施大气治理"六控一减"举措，全市空气优良天数占比89.30%；实施村屯绿化美化工程，新建村屯绿化434个，乡村道路绿化1242.2千米。2023年7月26日，辽源"见空补绿"、修复植被，城市生态美景亮相央视《新闻联播》。

三 经验启示

（一）必须坚持理论指导与实践探索相统一

习近平生态文明思想是我党的重大理论和实践创新成果，是新时代推动生态文明建设的根本遵循。近年来，辽源认真贯彻习近平生态文明思想，坚持一手抓水污染防治、一手抓水生态修复，在兼顾生态效益、经济效益、社会效益的基础上，步入了生态优先、绿色发展轨道。

（二）必须坚持环境保护与绿色发展相统一

在生态环境修复与治理的过程中，辽源注重把握好保护与发展之间的关系，坚持在发展中保护，在保护中发展，一体推动生态农业、生态工业、生态旅游和生态文明建设，促进了生产、生活、生态良性互动。

（三）必须坚持整体推进与重点突破相统一

生态文明建设是一项系统工程，必须整体协同、全域推进、重点突破。辽源立足解决生态环境保护的根本问题，坚持"小步快走"，组织编制50余个推进规划、方案，并聚焦重点区域、领域，集中精力攻坚克难，确保做到前瞻性思考、全局性谋划、整体性推进。

（四）必须坚持有为政府与有效市场相统一

辽源注重调动政府和市场两个积极性，坚持以新能源引领产业转型，以新旅游引领城市转型，以新消费引领市场转型，有效地促进了产业生态化、生态产业化，实现了从过去高能耗、高污染的煤炭经济向生态、低碳的新能源经济的转变。

集聚新动能迸发新活力
提升科技成果转化效能
——白山市科技成果转化工作实践与思考

王奕丹*

一 背景情况

近年来，白山市坚持生态立市、产业兴市、特色富市，着力转变依靠资源的经济增长模式，坚持把绿色转型放在经济发展的核心位置，把科技引领作为白山市发展的战略支撑。白山市经济总量不优、区位优势不明显，科技创新之路曲折漫长。2023年以来，白山市科技局在市委、市政府的坚强领导下，坚持建设践行"两山"理念试验区，实施"一山两江"品牌战略、构建"一体两翼"发展格局，深入实施创新驱动发展战略，把握产业变革趋势和新旧动能转换关键节点，将"有组织科研+有组织成果转化"作为科技工作主体思路，充分发挥外脑资源，破解白山高等教育资源不足、人才结构不优的现状，通过政府搭台，校企唱戏，开展多角度、深层次的产学研和成果转化，破解企业创新发展难题，提升科技企业创新能力，培育企业发展新质生产力。

二 主要做法

（一）锚定方向，搭建合作平台

制定白山科技发展整体规划，召开专题会议，研究科技系统创新工作融入省委"一主六双"发展格局、市委"一山两江"战略的举措办法。通过问

---

*　王奕丹，白山市科学技术局局长。

卷、走访、座谈、蹲点等多种方式，与白山科技企业深入交流，掌握企业科研成果、创新资源、科研人才等基本情况，征集企业亟待解决的技术难题55项，为破解企业发展瓶颈夯实基础；针对白山市发展需要，围绕医药康养、绿色食品、矿产新材料等方面，与省科技厅反复磋商，明确项目路演方向，精心选取适合白山发展急需的科研成果，制作高质、精良推介成果，科技领航作用凸显；在会场布置、设备调试、新闻媒体、网络直播等方面采取灵活多样的方式，实现活动的高标准、广覆盖。

（二）精准对接，解决发展难题

科技系统先后成立多个领域科技成果转化对接专班，挂图作战、协同配合，破解制约科技成果转化难题。根据白山企业技术需求，精准对接域内、外高校院所，借助吉林省科技大市场资源优势，邀请浙江清华长三角研究院、长春中医药大学专家就绿色食品、医药健康领域分别作了题为《食品制造业创新与成果转化》《健全中药产业链促进产业发展》的主旨演讲。中国科学院长春分院、吉林大学等7家单位推介各自科研优势，采取"现场路演+线上直播"模式面向全国投资机构和省内科研单位进行项目推介，为高校、科研院所与企业穿针引线、双向对接，实现合作双赢、共同发展。

（三）持续跟踪，确保项目落地

树立"保姆式"服务理念，以科技成果在白山成功转移转化为目标，对企业、高校、科研院所的合作意向进行持续跟踪，不断将科技成果转化工作落细、落实。推行专班工作服务机制，为达成合作协议的科技项目配备项目秘书，提供"点对点"跟进、"一对一"指导，第一时间掌握最新动态，迅速化解项目落地中遇到的实际难题。白山市科技企业与长白山中药研究所、长春中医药大学等25家单位达成科研成果转化合作协议，项目达产后预计实现销售收入2.3亿元。

三 经验启示

（一）借助外脑优势，产学研合作不断加强

选准方向、借力外脑是根本，科技系统确定科技成果转移转化目标后，首要任务是研究上层最新科技政策资源，着力突出白山特色、实行差异化对接。科技成果路演活动，为长白山中药研究所与长春中医药大学等25家单位搭建起合作桥梁，建立产学研合作渠道；为白山靖珍天麻开发有限公司、白山市江源区泓泰山野菜有限公司等16家企业现场解决技术难题，并持续深入企业，助力企业开展产业转型和技术升级；白山市喜丰塑业有限公司等6家企业先后与高校达成产学研合作意向，确定联合申报省级以上科技项目8项。

（二）推进成果转化，企业发展瓶颈得到解决

白山市拥有丰富的人参医药产业资源，但企业科技含量不高，缺乏具有核心竞争力的产品，通过科技成果路演活动，已有"高纯度人参皂苷Rg3产业化及产品开发""人参纳米化妆品"等6项科研成果与抚松县沿江林下参专业合作社、华润和善堂人参有限公司、抚松县中药有限责任公司等公司达成成果转化意向。这些优秀科研成果的转化落地，将不断提升白山市人参医药产品的科技含量和市场竞争力。

（三）联合技术攻关，企业高校共谋发展大计

通过科技成果路演活动，白山企业与省内高校、科研院所联合申报省级科技创新项目29项，组织提名省科技奖励6项，获得科技进步奖项1项。企业在人参医药、新材料新能源等领域共获得1189.1万元科技创新资金的支持。这些项目的实施极大撬动了白山市的科创资源，对于壮大白山市3个千亿级产业具有十分重要的推动作用。

"雄关漫道真如铁，而今迈步从头越。"全市科技系统将勠力同心、砥砺前行，不断提升科技成果转移转化效能，为推进白山绿色转型高质量发展贡献力量。

大力弘扬劳模精神　为实现中国式现代化汇聚磅礴力量

王　顺*

一　背景情况

党的十八大以来，习近平总书记多次强调要大力弘扬劳模精神、劳动精神和工匠精神，指出"各级党委和政府要尊重劳模、关爱劳模，贯彻好尊重劳动、尊重知识、尊重人才、尊重创造方针，完善劳模政策，提升劳模地位，落实劳模待遇，推动更多劳动模范和先进工作者竞相涌现"。[①]多年来，松原市各级工会系统把习近平总书记关于工人运动和工会工作的重要指示精神作为总的遵循，大力选树典型、强化宣传引导、积极落实政策、注重工作整合，集中优势资源开展了多角度高频次的弘扬三种精神的活动，尊重劳动、尊重劳模蔚然成风，为全市经济社会高质量发展注入了工会力量。

二　主要做法

（一）立足新形势做好劳模选树工作

突出全面加强党的领导这一政治方向，强调建设产业强国这一价值取向，弘扬建功立业新时代这一文化导向，在坚守"爱岗敬业、争创一流、艰苦奋

---

* 王顺，松原市总工会常务副主席。

① 习近平：《在全国劳动模范和先进工作者表彰大会上的讲话》，人民出版社2020年版，第5页。

斗、勇于创新、淡泊名利、甘于奉献"的劳模精神内涵前提下，推动劳模人选由过去的"出大力、流大汗、老黄牛"式候选人逐步向"学习型、技能型、创新型"候选人转变。特别是我们一些专业技术方面的骨干力量进入了评选视野，在全社会树立营造尊重人才、尊重技术、鼓励创新的氛围和导向。

（二）充分发挥劳模的政治引领作用

突出注重发挥劳模的政治引领力，每年都有计划地组织劳模进企业、进车间、进班组，结合自身奋斗经历宣讲党和国家大政方针，这些鲜活的事例和人物，在工人阶级和劳动者群体中具有强大的影响力、感召力，帮助我们引导广大职工学习贯彻新思想、新理念，增强了他们对党和国家大政方针的政治认同、思想认同、行动认同和情感认同。

（三）探索强化劳模创新引领作用的有效途径

立足于松原市转型发展、产业升级的现实需要，进一步发挥劳模推动发展、促进科技创新方面的积极作用，首推劳模创新工作室。联合市委组织部、市人社局创建了48个劳模和工匠人才创新工作室，给予资金和组织保障，使劳模"传帮带"作用得到充分发挥。开展了一系列劳动和技能竞赛。给劳模群体提供相互学习、交流、展示的舞台，促进劳模自身业务和技术的精进，更在工人群体中营造了重技术、重钻研的良好氛围。强化技术攻关，通过劳模领题、企业支持、岗位练兵、技术比武一整套模式和流程，聚焦生产技术难题和经营薄弱环节，促进企业技术攻关工作。

（四）增强劳模精神宣传力度和广度

在全社会营造劳动光荣、技能宝贵、创造伟大的时代风尚，引导更多人尊重劳动者、崇尚劳动精神，激励更多劳动者学习技术技能。先后制作100期《劳模风采录》，摄制组进工厂、进学校、进班组，来到群众身边，通过画面展现劳模的工作日常和奋斗精神，让劳模事迹更加鲜活生动，通过电视台播放，扩大影响面，让劳模精神家喻户晓，在全市营造了尊敬劳动模范、赞颂劳模精神的良好氛围。

三 经验启示

（一）强化组织保障

将劳模评选作为"一把手"工程坚持面向基层、面向生产一线、面向普通劳动者，真正体现劳动的价值，在推荐评选过程中，严格条件、严守程序、严控比例，不断扩大向基层一线倾斜的力度。

（二）强化制度保障

强化劳动模范待遇顶层设计，逐步确立联系机制、沟通机制、推介机制和宣传制度，从制度上为其保驾护航，调动劳动模范的积极性，从而更好地发挥劳动模范的作用。

（三）强化思想引领

大范围开展各种形式劳模精神进校园、进企业、进机关活动，运用电视、广播、报纸、自媒体等立体化媒介平台开展劳模事迹展播，举办劳模经验分享会等活动，进一步营造崇尚劳动的社会风气。

殷殷嘱托催奋进　凝心聚力谱新篇

——做好新时代党史工作的实践与启示

吴言洪*

一 背景情况

近年来，中共吉林省委党史研究室坚持以习近平新时代中国特色社会主义思想为指导，深入贯彻落实习近平总书记视察吉林重要讲话和重要指示精神，抢抓机遇、敢闯敢试，不断推动解放思想再深入，以深化研究促进成果转化，以创新求变提升服务效能，充分释放红色吉林影响力，扎实迈出新时代党史工作新步伐。

二 主要做法

（一）充分聚焦重大选题导向力

实施"习近平新时代中国特色社会主义思想吉林实践研究工程"，全面记录、深入研究新时代吉林振兴发展生动实践。启动《新时代的吉林（2012—2022）》编纂工作，以《习近平生态文明思想在吉林的实践及经验研究》为题，申报中央党史和文献研究宣传专项引导资金，《以习近平生态文明思想为引领推动美丽中国建设——"冰天雪地也是金山银山"的生动实践》入选第四届"全国党史和文献论坛"。

---

　　*　吴言洪，中共吉林省委党史研究室研究三处处长。

（二）切实增强红色文化引领力

实施"红色血脉赓续传承工程"，深入挖掘利用红色吉林文化资源。启动《中国共产党吉林历史》（第三卷）编写工作，连续出版《中国共产党吉林执政实录》《中国共产党吉林历史大事记》，《长春红色资源的挖掘、规划、开发》《四战四平新闻报道选编》被中央党史和文献研究宣传专项引导资金获批立项，《东北抗联基本问题研究》《吉林省脱贫攻坚口述史》等多部书稿进入出版流程，启动《东北抗联大事记》等编写项目，资政报告《新中国成立以来党的五位领袖在吉林视察调研的回顾与思考》获省领导批示。

（三）努力夯实红色阵地守护力

实施"党史资料抢救发掘工程"，切实加强党史资料征集、保护、利用工作。仅2023年，新征集党史资料5257件，其中，包括东北抗联将领、开国少将王效明日记等史料，省委组织部原部长陈洪在延安时期日记及离退休同志书稿资料。实施"意识形态阵地'守土'工程"，压紧压实意识形态工作责任，对涉及党史图书、影视作品、音像制品进行严格审读审校，起草《吉林省中共党史教育基地管理办法》，规范省级党史教育基地申报、评审、命名及建设管理等工作，切实强化自办媒体管理和网络意识形态工作，对自办网站、公众号、短视频平台等信息发布严格履行审批流程，针对涉党史网络舆情，成立由室主要负责同志任组长的工作专班，切实防范化解意识形态风险。

（四）持续激发红色吉林影响力

实施"党史学习教育常态化长效化推进工程"，充分发挥党史部门资政育人作用。会同相关部门（单位）举办陈翰章诞辰110周年纪念活动，按照省纪委监委要求，编撰《中共吉林党史中的纪律作风故事》，编辑出版《吉林省中共党史教育基地指南》，组织"带你走进党史馆"直播活动，开展"誓言如初"东北抗联故事专题展线上线下直播互动，紧扣抗美援朝胜利70周年、"9·3"抗战胜利纪念日等重要时间节点，组织开展"党史进校园""党史进社区"等宣讲活动，不断掀起红色文化热潮。

三 经验启示

第一，习近平新时代中国特色社会主义思想是做好新时代党史工作的强大思想武器。党的十八大以来，以习近平同志为核心的党中央高度重视党史学习，这是新时代党史工作地位更加突出、全国党史工作取得切实成效的根本原因。

第二，各级党委的高度重视是做好新时代党史工作的根本前提。近年来，吉林省委党史研究室提出的许多新理念、新思路能够变成新实践、新经验，离不开省委的正确领导，更离不开省委主要领导的高度重视和大力支持。

第三，继承优良传统是做好新时代党史工作的必要条件。吉林有着光荣的革命传统，曾涌现出杨靖宇、魏拯民、童长荣等无数红色英模，他们的事迹和精神激励人、鼓舞人，是做好新时代党史工作的榜样和力量。

第四，勇于担当、敢于创新是做好新时代党史工作的必然要求。在吉林全面振兴率先实现新突破过程中，党史部门必须主动作为，充分发挥党史部门职能优势，把党史资源优势转化为强大动力，让全国人民重新认识曾经为中国人民抗日战争、解放战争、抗美援朝和共和国建设作出突出贡献的红色吉林，为推动吉林全面振兴率先实现新突破凝聚力量。

乘势而上、冲刺万亿　打造世界级汽车先进制造业集群

——推动吉林省汽车产业高质量发展的实践

李　挺*

一　背景情况

习近平总书记多次强调，要优先培育和大力发展一批战略性新兴产业集群，打造有国际竞争力的先进制造业集群；他在视察吉林时更是指出，"我们要成为制造业强国，就要做汽车强国"。汽车产业是吉林省第一支柱产业。产业集群是现代产业发展的重要组织形式，是国家推进现代制造业高质量发展的重要抓手，是全面贯彻吉林省"一主六双"高质量发展战略的重要着力点，也是加快构建"464"新格局的重要聚焦点。2023年初，省工信厅忠实践行习近平总书记视察吉林重要讲话和重要指示精神，认真落实省委、省政府部署要求，以长春市汽车集群获评国家先进制造业集群为契机，全面启动实施汽车产业集群"上台阶"工程，全力打造万亿级、世界级汽车先进制造业集群，有效应对以能源和信息技术为主导的产业变革，加快走出一条吉林汽车产业发展的新路。2023年，全省汽车制造业同比增长11.4%，整车产销分别增长16.7%和17.6%，较全国分别高出5.1个百分点和5.6个百分点。2024年一季度，全省汽车制造业同比增长10.1%，整车产销量分别增长22.1%和27.3%。

---

* 李挺，吉林省工业和信息化厅综合处处长。

二 主要做法

（一）坚持高位推动

推动以省政府名义出台《吉林省人民政府关于实施汽车产业集群"上台阶"工程的意见》，设定"两步走"中长期发展目标，从创新驱动、服务能力、数字化支撑等6个方面，明确22项新举措。成立以省政府主要领导任组长的领导小组，统筹全面工作，形成完整的落实体系。加快构建以长春市汽车集群为核心，吉林、四平、辽源、松原、白城、延边、梅河口等地区专业化"配套集群"协同联动的新发展格局。

（二）坚持自主创新

支持一汽集团重点聚焦关键核心技术，发挥大院、大所、大校创新资源优势，聚焦"关难急卡"等技术瓶颈，接续突破基于SOA软硬件开发的智能网联整车设计、车用直流电机驱动控制系统用ASIC芯片等"卡脖子"技术。竞速新能源汽车"新赛道"，争取长春市入选全国首批公共领域车辆全面电动化先行区试点城市，设置汽车产业自主创新重大科技专项，面向全国"揭榜挂帅"，集聚包括清华大学等32家创新主体的813名科研人员，推动新能源、智能网联等新兴技术领域不断产出"硬核"成果。2023年全省新能源汽车产销量分别同比增长43.2%、62.7%。

（三）坚持成链集群

积极构建大中小企业融通发展集群生态。突出"头部"企业引领，打好红旗、解放、奔腾等民族品牌振兴攻坚战，全省汽车产量稳居国内市场前列。引培创新力强、附加值高、发展前景好的专精特新零部件企业，天合、李尔、佛吉亚等50余户世界百强汽车零部件企业在吉投资办厂，捷翼汽车、玲珑轮胎等企业扩能升级。针对奥迪一汽新能源汽车项目产业链供应链本地化，建立协同工作机制，加快配套项目落地，2023年省内项目承接数实现大幅度增长。围绕集群公共服务体系建设，成立长春市汽车零部件制造业商会等促进组织，累计"黏合"247家会员企业，产值规模突破1300亿元，占长春市汽车零部件总产值的80%。

（四）坚持数字赋能

面对电动化、智能化、网联化、共享化发展趋势，积极推动制造业智能化改造和数字化转型，通过创新举措和政策引导，加速推进生产换线、机器换人、企业上云，重点支持的一汽红旗繁荣工厂总装车间应用数字孪生技术实现整车下线、数字车上线，智能网联覆盖率达到90%，首次采用车间级中控系统，实现了装配过程及检测过程全数据采集，关键工序实现100%防错；一汽解放J7智能工厂在生产、质量、设备、物流、能源等方面全过程广泛应用数据采集及分析、信息智能推送与智能决策等行业前沿技术，见证多个"行业首创"诞生。

三 经验启示

（一）紧跟国家战略，才能赢得更多发展机遇

持续强化产业集群特别是汽车集群发展组织领导，成立五位省领导挂帅的高规格领导小组，省市共建推进落实机制，政企携手、聚力前行，凝聚起强大工作合力。在工信部指导帮助下，紧跟国家战略，嵌入"揭榜挂帅"、基础再造等重大工程，持续提升集群竞争力。

（二）突出项目引领，才能获得发展不竭动力

加快推进产业项目建设是培育壮大优势产业集群的根本路径。全省工信系统强化"项目为王"鲜明导向，坚持大抓项目、抓大项目、抓好项目，专班推进奥迪一汽新能源汽车、一汽弗迪新能源动力电池、一汽株洲中车合资电驱系统等重大项目建设，吸引带动更多配套项目沿产业链上下游集聚。

（三）强化龙头带动，才能营造最优产业生态

充分发挥一汽龙头带动作用，积极为全省规上汽车零部件企业提供资金、技术、订单等多维度要素支持，助力全行业中小企业专精特新成长，推动形成了涵盖动力系统、车身系统、汽车电子、底盘和新能源等较为完善的产业体系。

筑牢"工匠之师"培养根基

——吉林工程技术师范学院师德师风建设实践

程 宇*

一 背景情况

教育是国之大计、党之大计。教师是立教之本、兴教之源,承担着让每个孩子健康成长、办好人民满意教育的重任。作为教师队伍的第一标准,师德师风直接影响教师队伍整体素质,关乎高等学校立德树人根本任务的落实,关乎培养社会主义建设者和接班人的教育使命和职责。作为一所以培养职教师资为主要职能的普通高等师范学校,吉林工程技术师范学院始终坚持"两代师表一齐抓",着力推动建立师德师风建设长效机制。将师德师风作为第一标准,已成为全校师生的价值认同、情感认同,成为提高学校教育教学质量的动力之源。

二 主要做法

(一)有效发挥党建引领作用

学校坚持把党的政治建设摆在教师队伍建设首位,充分发挥基层党组织政治核心和思想引领作用,提升推进师德师风建设的思想自觉和行动自觉。强化理论学习,通过党校培训、专题报告、辅导讲座等方式,覆盖所有教研室和教师党支部,开展师德师风学习教育;大力实施教师党支部书记"双带

---

* 程宇,吉林工程技术师范学院党委常委、党委宣传部部长、统战部部长、教师工作部部长。

头人"培育工程，学校"双带头人"教师党支部比例达到99%。在学校全力做好疫情防控期间，学生管理、安全保卫、服务保障、宣传新闻、转移隔离等7个专班、21支党员突击队始终坚守岗位，基层党组织和广大党员始终冲在前、作表率，充分发挥先进模范作用，成为师德师风建设强有力的写照。

（二）搭建工作体系四梁八柱

学校领导班子提高政治站位，主动担当作为，不断健全和完善师德师风制度，搭建完备工作体系。校党委常委会专题分析和研判师德师风形势，把师德师风工作抓细抓实；学校成立党委教师工作部，在人员、编制、经费等方面给予充分保障；成立校教师师德考核领导小组，校党委书记和校长担任组长，指导师德师风工作；相继出台《吉林工程技术师范学院关于加强教风建设实施方案》《吉林工程技术师范学院学术道德规范》等文件，为师德师风建设工作提供了制度保障。

（三）用提升思政能力巩固建设成果

学校高度重视对教师思政能力的培养，把专业课程思政建设内容纳入教师职前培训、在岗培训和师德师风、教学能力专题培训，并把课程思政能力作为开发培训课程、实施培训方案和评价培训实效的核心构成，形成"思政育师"新体系。马克思主义学院对接全校15个教学单位，为专业教师提供专门的思政理论指导；抽调全校各分院教学骨干，成立40余人组成的课程思政研究小组并组织学习研讨；策划并启动课程思政优秀教学资源和示范课程评审，目前已建设省级课程思政示范课程3门、省级课程思政教学团队3个、省级课程思政教学研究中心1个。

（四）厚植潜心育人高尚情怀

作为专门为职业教育培养专业师资的高等院校，学校全力构建起了体现特色的精神文化平台载体和师德师风实践教育基地。2021年7月，在原有的中国现代职业教育史馆基础上，学校又与长春市政府在长春市职教园区，共同建设了全国首个中国职业教育博物馆，全景式展现中国职业教育发展历程和成就，学校组织新生和新入职教师开展多种形式的师德师风学习教育活动和主题活动。

三 经验启示

（一）与理论学习相融合

教育的根本问题在于"培养什么人、怎样培养人、为谁培养人"，这必然要求高校要以习近平新时代中国特色社会主义思想为指导，加强理论学习，抓实抓细，努力推进学校师德师风建设工作，建设高质量的教师队伍。

（二）与制度建设相融合

制度问题是根本性、全局性、长期性的问题，通过抓好制度建设，进一步完善师德师风相关制度文件，推动师德师风建设常态化、规范化。

（三）与思政工作相融合

坚持思政工作落点在学生、关键在教师的原则，统筹谋划、协同推进，着力落实教师思政与师德师风建设结合，有效激发了专业教师的课程思政改革热情，提高了教师课程思政育人水平。

（四）与文化相融合

打造精益求精、崇师尚学的学校文化，通过文化推动师德师风建设工作，为学校高质量发展筑牢发展之基。

提升办学水平　服务吉林高质量发展

——延边大学综合改革的实践

孙佰兴*

一 背景情况

《中共中央关于全面深化改革若干重大问题的决定》对教育领域深化综合改革提出明确要求。全国高等教育综合改革工作在部属高校已经全面展开，深化教育领域综合改革为中国高等教育改革发展及延边大学的发展提供了重大机遇。

根据学校第十三次党代会和"十四五"事业发展规划总体目标：到2025年，办学综合实力确保省内领先、国内同类大学前列；到2035年，基本建成国内一流、国际知名、特色鲜明的高水平大学。

面向新的发展目标，学校教育质量和办学水平要适应建设高水平大学的总体要求；学校人才培养、科技创新、社会服务等要适应国家和吉林省的重大战略需求；学校内部治理结构及运行机制要适应现代大学制度建设要求。改革是解难题、破瓶颈的唯一出路。

二 主要做法

（一）加强党的全面领导，发挥党建引领保障作用

以习近平新时代中国特色社会主义思想凝心聚魂，打通育人"最后一公

---

* 孙佰兴，延边大学发展规划处处长。

里"。制定《延边大学优秀年轻干部"5100"选育工程实施方案》，打造高素质专业化干部队伍。构建"大统战"工作格局，铸牢中华民族共同体意识。推进全面从严治党，出台《落实全面从严治党主体责任清单》，营造风清气正的育人环境。

（二）推进治理结构改革，完善现代大学制度体系

修订《延边大学章程》，形成以章程为核心的内部治理体系。完善教授治学的组织形式和制度保障，尊重并支持学术委员会行使学术职权。强化学校办学主体地位，完善《延边大学事业发展关键指标学院年度考核奖励实施方案》，激发学院的积极性、创造性。加强服务型非教学部门建设，理顺部门职能，构建协同机制。

（三）加强"一流学科"建设，带动学校整体发展

围绕国家重大战略需求和学科前沿，加快世界一流学科建设，发挥对相关学科及学校整体建设的带动作用。发挥马克思主义学科在培养德智体美劳全面发展的社会主义合格建设者和可靠接班人上的引领作用。推进基础学科建设，培养国家急需高层次人才。推动学科交叉融合，建设交叉学科发展第一方阵。

（四）深化教育教学改革，全面提高人才培养质量

完善人才培养机制，落实立德树人根本任务。构建人才分类培养体系，推动学校"四新"建设工作全面落实。以社会需求与专业发展为引导，完善"招生—培养—就业"三级联动专业优化调整机制。进一步完善分类考试、综合评价、多元录取、严格监管的研究生考试招生制度体系，不断提高生源质量。

（五）深化人事制度改革，打造一流人才队伍

构建分类管理与评价体系，建立教师、教辅、管理、保障队伍协调发展机制。完善教师岗位聘期目标与考核制度，优化教师结构。完善人才工作服务体制机制，优化教师特别是中青年教师、优秀拔尖人才成长发展脱颖而出的制度环境。完善教职员工收入分配制度，优化酬金分配结构，打通职称、

职务之间奖励性绩效分配的通道。

（六）深化科研体制改革，提高服务社会能力

建立科研人员分类学术评价体系，延长评价周期，激发广大科研人员的积极性和主动性。规范科研平台和团队评价机制，推动重点研究平台的校内外合作、国内外合作研究模式。瞄准国家重大战略和吉林省"一主六双"高质量发展战略，开展长期有组织攻关，为地方和区域发展战略提供学术支撑。

三 经验启示

（一）坚持问题导向原则

改革是由问题倒逼而产生，又在不断解决问题中深化。要坚持问题导向，注重有的放矢，全力聚焦并着力解决影响学校发展的核心问题、重大问题、主要问题，寻找解决问题的新办法、新思路、新举措，切实破解发展中的深层次矛盾和制约科学发展的瓶颈问题，为学校更好地发展铺平道路，确保改革取得实效。

（二）坚持目标导向原则

综合改革不同于局部或单项改革，是系统、整体和协同的改革。改革要有明确的目标导向，要以是否有利于人才培养、科学研究、社会服务、文化传承与创新来衡量改革成效，要以学校办学综合实力和核心竞争力是否增强、服务国家和吉林省经济社会发展能力是否提升作为改革成败的评判标准。

（三）坚持循序渐进原则

按照顶层设计、整体推进、重点突破、试点先行的路径，注重抓重要领域和关键环节，注重整体推进和重点突破相统一。要从广大师生反映强烈和制约学校、学院、学科发展的热点及难点出发，从工作有基础、思想有共识、师生能感知的环节突破，以核心改革促进其他方面的改革。

适应新形势新任务　全面增强履职本领

——前郭县政协推进履职能力现代化建设的实践与思考

高立柱*

一　背景情况

以习近平同志为核心的党中央高度重视人民政协事业，强调人民政协要主动适应新形势新任务，全面增强履职本领，着力提高政治把握能力、调查研究能力、联系群众能力、合作共事能力。政协委员是人民政协履行职能的主体，也是做好政协工作的源头活水。政协委员倾听人民呼声，反映人民诉求，是发挥政协政治协商、民主监督、参政议政职能的重要组成部分。提高政协委员履职能力建设，切实履行好委员职责，做一名懂政协、会协商、善议政、守纪律、讲规矩、重品行的政协委员是新时期对政协委员能力建设提出的新要求。

政协委员的履职能力会影响政协整体作用的发挥，目前部分政协委员履职能力不强主要表现在6个方面：一是政协界别存在感不强，发挥作用不明显；二是部分政协委员履职意识不强，能力素质有差异；三是对政协工作的认知度和重视程度还不够；四是提案撰写积极性不强，提案质量不高；五是政协组织的各种调研、联谊、文体等活动参与度不高；六是深入基层联系群众程度欠缺，不了解县域经济、社会发展概况。

---

* 高立柱，前郭县政协党组书记、主席。

二　主要做法

（一）紧抓学习，强化内功，全力打造"学习型"政协

按照懂政协、会协商、善议政、守纪律、讲规矩、重品行的十八字要求，完善学习培训制度，把机关干部和委员学习的"软任务"变成"硬约束"。号召政协委员，不仅要学好党章、学好法规、学好章程等基础知识，掌握其基本要义、基本方法，使委员懂政协、会协商、善议政，更要加强党的政治理论学习，尤其要学习习近平新时代中国特色社会主义思想、习近平总书记关于加强和改进人民政协工作的重要思想，也要注重学习县委政府的文件精神，紧紧围绕县委政府的年度大项工作、重点工作，确保认识上同心、目标上同向、行动上同步，力求理论学习与履职实践有机结合。

前郭县政协注重在学习培训常态化和学习平台多样化上下功夫。常态化开展内容丰富、灵活多样，多层次、全覆盖的学习培训。结合各级、各类培训班，开展任职、履职培训；通过专题研讨、集中学习、上专题党课等形式，抓好理想信念教育和党性修养锤炼，确保政协事业沿着正确政治方向向前发展；两会期间邀请政协系统的重量级专家、学者为全体政协委员进行大型专题讲座；常委会会议，安排相关常委，结合自身工作领域，围绕时政热点，深入浅出讲授一些法律、金融、理财等专业知识，为常委们"充电""加餐"；发挥界别作用，结合各界别的专业特点，开展一些小型的、大家喜闻乐见的讲座、报告会之类的学习活动；不断开拓委员视野，每年组织委员外出培训，开展专题讲座、辅导报告、红色教育等活动，吸取外地的先进做法和经验，取长补短，为己所用，努力打造一支政治强、业务精、纪律严、作风硬的协商议政队伍。

（二）科学考核，奖惩分明，约束和激励机制双管齐下

政协委员管理，除了纪律约束、自我管控之外，很重要的一点就是要加大对委员履职的考核力度。考核是一面镜子，考核是一根指挥棒，建立委员履职档案，把委员参加会议、提交提案、反映社情民意信息、撰写调研报

告、开展公益事业等情况都记录进履职档案。开展委员述职活动，由委员进行自我评定、自我总结，发现自身不足，并明确整改措施和努力方向。通过综合考评，量化打分，将履职档案转换为具体的分数，评定档次，每年年底公布委员全年履职情况，按照分数排名，对于排名靠后的委员，实施警告提醒、限期整改。将考核情况作为委员继任、提拔任用、评先评优的重要依据。对经常不参加政协组织会议和活动、不履行义务、失去代表性的委员，通过必要程序给予通报、告诫，并视情况对不能有效履职的政协委员进行劝退。在强化考核的同时，注重加强对委员履职的奖励、激励。每年开展"优秀政协委员""优秀提案"评先活动，在全委会期间安排颁奖仪式，增强委员的荣誉感、获得感，并以此作为其个人当年年度绩效奖励、评先评优和干部任用的重要依据。

（三）发挥优势，强化界别，进一步彰显政协履职特色

界别是人民政协的组织形式，是政协区别于其他组织的重要特征。每个界别代表着社会特定的领域和利益群体，把各个界别的情况汇总起来，就构成了社会的整体状况。政协组织掌握了各个界别的情况，就能较好掌握整个社会的情况，摸清各个界别存在的问题，就能抓住整个社会的一些关键问题，只有这样，政协履职才能切中要害，政协建言才能更具体、更准确、更实在。政协委员都是兼职的、分散的，通过界别的形式，有利于把分散状态的委员组织起来，从而更好地发挥好委员主体作用，增强政协履职实效。

前郭县政协把突出界别优势、发挥界别作用作为提高履职组织化程度、加强履职能力现代化建设的重要突破口，在界别工作上进行了一些有益的尝试。如建立了由专委会联系界别、界别联系委员、委员联系群众的工作机制，将委员参加界别活动纳入履职考核；由专委会牵头组织，每个界别每年召开一次至两次座谈会，深入了解各界别群众的意见和诉求，分析本界别存在的主要问题，探讨解决问题的对策建议；就界别座谈会反映的主要问题，组织界别委员开展专题调研，形成界别集体提案；通过召开提案办理协商会、主席会议成员领衔督办等形式，不断推动界别提案的转化落实。为开展好经常性的界别活动，通过界别协商，选出有号召力、凝聚力、热心界别工作的委员担任界别召集人，定期召开恳谈会。利用网络、微信等现代信息传播方式加强界别委员的日常联系。根据界别特色、委员专长，开展专题讲座、爱心公益等界别活动。以集体的力量支持委员开展活动扩大影响，以委员个人影响力的不断扩大来提高界别的影响力，进而提高整个政协的社会影响力和凝聚力。

（四）创新探索，擦亮"招牌"，推动履职工作提质增效

前郭县政协坚持弘扬传统和勇于创新相结合，以经常性工作加强推进工作创新，带动整体履职水平提升。一是推进智慧政协建设。主动适应信息化、数字化发展大势，依托"政协吉云"平台，按照"能线上不线下、能电子不纸质、能网上不手工"总体要求，做到会议材料网上分发传达、传阅文件网上传输、提案社情民意网上处理。用信息化赋能委员履职，构建起政协委员"线上+线下"协同履职新格局。以实战实效让"智慧政协"真正为政协委员履职聚力赋能，助推政协工作高效落实。二是擦亮"协商在前"委员工作室招牌。围绕经济、文化、旅游等重点工作精心设计恳谈议题，开展形式多样的履职活动，坚持高起点，画好"同心圆"，持续增强工作室的活力和吸引力，实现以"小协商"激活"大能量"，以"小实事"服务"大民生"，让委员有"家"的存在感、归属感和责任感，达到学习交流、建言资政、凝聚共识的目的。三是创新开展系列协商议政活动。贯彻落实全面发展协商民主新部署新要求，构建完善以全体会议为龙头，专题议政会为重点，双月协商座谈会为亮点的系列协商新模式。围绕停车难、路不平、网不快等群众急难愁盼问题，邀请政府部门、政协委员和群众代表共同参与"前来议事"圆桌会；聚焦民营企业、民营经济人士关心关注的问题，邀请行管部门和企业代表参加"政商恳谈会"；围绕经济发展、乡村振兴、城乡建设、教育医疗、查干湖保护发展等全县重点工作任务，逢双月召开一次"双月协商座谈会"，实现协商形式与效率有机统一。四是组建"前程似锦智囊团"。针对协

商议政对不同专业、不同领域人才的现实需要，将实践经验丰富、理论水平较高、具有广泛群众基础和较强社会影响力的行业翘楚和业界精英纳入智囊团，覆盖经济、社会、文化等不同领域。智囊团成员将应邀参与县政协重大决策部署和重大事项调研论证、列席县政协各类会议、参与有关调研视察活动，提出建设性意见建议，为更好发挥政协专门协商机构作用，提高建言资政水平提供智力支撑。

（五）搭建平台，深入基层，发挥委员在实践中的作用

政协委员履职能力的提高，最终要能在实践中"掷地有声""落地开花"。前郭县政协着力搭建能使委员广泛参与，充分调动其积极性的履职载体，鼓励委员围绕经济社会发展焦点问题，多走基层，到一线搞调研、访民情，让委员建真言、献良策、做实事。一是针对重点部门、重点领域，成立专项民主监督小组，积极发挥政协委员民主监督作用。开辟委员履职"第二场所"，并持续加大建设力度，力求在全县范围内全面推广。扎实开展提案督办，促使委员能够主动作为，深入相关部门督促、推动，促进问题有效解决，在实践中提高委员履职能力。在社情民意信息反映上，充分整合利用委员反映的信息，进行质量提升、成果转化。二是开展"两代表一委员""一驻三服务"活动。建立健全协调联动机制，统筹政协协商与基层协商探索基层民主监督同社会治理有效结合的新形式。在乡镇（街道）、党（工）委建立副书记联系政协工作机制。在乡镇（街道）、社区建立政协委员联络站，开展委员进基层活动，积极参与乡镇、村屯、社区的协商活动。各乡镇（街道）、党（工）委建立副书记担任各委员联络站的站长，发挥在活动中的主体作用。各委办负责人在活动中担任副组长，配合处级领导干部主体工作，按照方案的分工，搞好对接，制订活动计划，及时开展活动。广大委员积极参与活动，在坚持突出各自优势，丰富活动内容的同时，把"一驻三服务"活动与委员联系群众工作紧密结合起来。通过深入基层，定期驻点，进一步倾听群众所思所想，解决群众所需所盼，充分发挥政协委员在关注民生、汇聚力量、服务大局上的积极作用，当好党的政策"宣传员"、解疑释惑"调解员"、

助力发展"战斗员"、民主协商"监督员"、为民履职"勤务员",让委员履职"实"起来、联系群众"密"起来、民声民意"聚"起来。

三 经验启示

实践表明,有规可依,按章办事,政协工作才能克服随意性,统筹谋划,有序推进;突出政协特色,才能使目标更明确,把工作精力用在履职的刀刃上;政协机关以绩效考核为"指挥棒",才能形成以实干促工作、以实绩论英雄的良好导向,营造机关干部干事创业的浓厚氛围;只有发挥好委员主体作用,才能使人民政协事业充满生机与活力。

前郭县政协对于推动履职能力的系列探索,对创新履职形式、提高提案质量、增强履职实效起到了较好的促进作用。一是激发了委员的履职热情。促进委员加强与界别群众的联系,深入界别调查研究,收集和反映界别群众意见诉求,委员的履职责任心、使命感、积极性不断增强,委员影响力不断提高,主体作用得到了更好发挥。二是提高了提案质量和成效。相对委员个人提案而言,界别提案围绕界别重大问题,集中界别委员集体智慧,视野更开阔,选题更准确,对策建议更具针对性和可操作性,质量高、分量重、影响大,更能够引起党政重视,落实率更高。三是增强了参政议政深度。政协委员是一条民主渠道,通过委员及时了解社会各界不同利益群体的意愿诉求,凝聚界别共识,使社会上分散的、个别的意见得到系统、综合的表达并推进问题的解决,有利于发挥民主、增进共识、促进和谐。

加强政协委员管理,提升履职能力建设是队伍建设的永恒主题。在今后的工作中,我们将努力学习、认真实践,进一步探索积极有效的创新做法,让政协智慧在建言献策中展示出来,让委员潜能在履行职责中释放出来,打造一支能在社会上树形象,能为群众解难题,能为发展建功勋的政协委员队伍。

创建"四型"模范机关　走好省直机关"第一方阵"

——提升机关党建成效的探索与实践

赵曙薇 *

一 背景情况

创建模范机关是贯彻落实习近平总书记关于机关党的建设重要论述和重要指示精神的重大举措,是践行"两个维护"的必然要求,是贯彻落实以人民为中心发展思想的具体体现,是更好履行新时代宣传思想工作职责使命的坚强保障。但在省直机关实际党建工作中,依然存在个别基层党组织政治站位不够高,缺乏与时俱进的创新思维和方法,服务大局能力水平和群众工作本领不够强等问题。省直机关工委印发了模范机关创建标准,要求各部门坚持高质量推进、高标准落实新时代机关党建工作任务,努力建设政治、执行、服务、廉政"四型"模范机关。必须增强工作的自觉性和主动性,拿出切实举措,推动基层党组织政治建设、思想建设、组织建设、作风纪律全面过硬,为推动新时代吉林全面振兴率先实现新突破提供坚强政治保证。

二 主要做法

(一)提升政治站位,推动政治机关底色更加鲜明

牢固树立"广电部门是政治机关、广电工作是政治工作"理念,以葆本

---

* 赵曙薇,吉林省广播电视局机关党委专职副书记。

色、淬党性、铸忠诚为主题，在局直系统持续开展对党忠诚教育。把党的政治建设与广电业务工作紧密结合，以政治建设新成效推动机关整体建设、干部队伍建设及各项业务工作提质增效。巩固深化主题教育成果，建立健全党组（党委）领学、机关党委督学、党支部研学、青年学习小组促学、党员个人自学的"五学联动"体系，推动党的创新理论入脑入心，增强"四个意识"、坚定"四个自信"、做到"两个维护"。

（二）树立务实之风，展现真抓实干、拼搏进取的精神风貌

深入基层、深入一线，念好调查研究"深、实、细、准、效"五字诀。力戒形式主义、官僚主义，优化工作流程、防止层层加码，切实为基层部门减负。充分利用省内红色资源和广电行业红色资源，开展思想政治教育、艰苦奋斗教育、理想信念教育，传承红色基因，赓续红色血脉，汲取奋进力量。

（三）履职尽责服务大局，切实做到为民惠民、勤政高效

持续深化广播电视"头条"建设、网络视听平台"首页首屏首条"建设。牢牢把握正确政治方向、舆论导向、价值取向、审美取向，指导推出更多更好的视听作品。充分运用广电5G、大数据、人工智能等新技术新应用，推动行业创新发展、转型升级。大力实施智慧广电固边工程、应急广播体系建设，提升广播电视公共服务效能。坚持主管主办和属地管理、分级负责，把好关口、管好队伍、守好阵地，维护广播电视和网络视听良好发展秩序。

（四）持之以恒正风肃纪，开创清风广电新局面

高标准开展党纪学习教育。锲而不舍落实中央八项规定精神及省委具体规定，持续深化纠治"四风"。在局直系统开展以案说纪、警示教育、廉政谈话，督促党员干部知敬畏、存戒惧、守底线。组织召开全局季度工作调度会、内设机构"一把手"年度述职述廉会、基层党组织书记述职述责评议考核会，做实做细近距离常态化监督。

三 经验启示

（一）必须坚持以党的政治建设为统领

省直机关是践行"两个维护"的第一方阵，必须把讲政治的要求贯穿业务工作全过程和事业发展各方面。要持续巩固拓展主题教育成果，在党的创新理论深化内化转化上下功夫，始终做习近平新时代中国特色社会主义思想的坚定信仰者、忠实实践者、有力传播者。

（二）必须坚持大抓基层的工作导向

党支部是党的全部工作和战斗力的基础。基础不牢，地动山摇。必须督促基层党组织认真落实"三会一课"、主题党日、民主生活会和组织生活会等制度。持续培育打造政治功能强、支部班子强、党员队伍强、作用发挥强的"四强"党支部。

（三）必须坚持重实干、强执行、抓落实的优良新风

为政之道，贵在落实。落实之要，重在执行。必须按照"五化"闭环工作法，形成有学习、有认识、有部署、有行动、有结果、有反馈的工作闭环。细化全面从严治党各项重点任务，压实各级党组织书记第一责任，推动领导班子成员履行"一岗双责"，强化基层党组织主体责任意识，形成以上率下、协调联动、齐抓共管，一级抓一级、逐级抓落实的党建工作良好机制。

（四）必须坚持党建为中心工作服务

机关党建只有坚持围绕中心、建设队伍、服务群众，才能找准职责定位。要深入开展"奋斗'十四五'、建功新时代"主题实践活动，深化"我为群众办实事""双百共建"活动，引导基层党组织不断增强围绕中心抓党建、抓好党建促业务的意识，推动党的建设与广播电视和网络视听业务工作同频共振、相融共促。

以"三光荣"精神凝心聚魂
在实干担当促发展上下足功夫

——以高质量党建引领地勘事业高质量发展的探索与实践

李世兴*

一 背景情况

吉林省有色金属地质勘查局六〇五队现有在职人员65人，其中在职在岗人员43人（管理人员15人，地质及相关专业技术人员28人），正式党员29人。在职在岗人员结构偏年轻化，专业结构以地质、钻探方面为主，且存在专业技术人员"断层"情况。近年来由于受世界经济下行和国家经济结构调整的双重影响，全国地勘行业进入了一个新的发展时期，矿业形势、行业政策、市场环境以及事业单位分类改革状况等正在发生深刻变化。为积极主动融入国家新一轮找矿突破战略行动，在国家能源资源安全保障方面发挥地勘单位主力军优势作用进行探索与实践。

二 主要做法

以献身地质事业为荣、以艰苦奋斗为荣、以找矿立功为荣的"三光荣"精神是地质人在长期艰苦创业奋斗过程中形成的"主人翁"精神，是地勘行业核心价值理念的具体体现。

---

* 李世兴，吉林省有色金属地质勘查局六〇五队党委书记、队长。

（一）强化理论武装，筑牢思想根基

六〇五队始终坚持不懈强化理论武装，深刻把握习近平新时代中国特色社会主义思想的世界观和方法论，并用以指导实践、推动工作、破解难题。为了把"最难讲"的课上得"最精彩"，让职工群众真正看得见、听得懂，队领导们多次结合开展"送总书记讲话到一线"活动，将党的创新理论送到职工身边，并将"三光荣"精神融入其中，讲经历、谈体会、说道理，让党课更加生动，令职工更受教育，真正让"三光荣"精神在一线落地生根、开花结果。

（二）丰富宣传载体，树立鲜明导向

通过微信群推送、党员大会、座谈会等形式和载体，进一步加强思想政治工作引领，不断培育和践行社会主义核心价值观。同时，运用我局"情满大地　勘查先锋"党建品牌创建，结合"四明四建四共同"党建活动和生产实际，成立3个野外一线临时党小组，将"三光荣"精神条幅、标语张贴在野外施工现场，亮明身份、明确职责，激励生产一线职工不忘初心、牢记使命。

（三）发挥典型引领，激发内生动力

树立典型示范，通过"两优一先"评比表彰，广泛宣传先进模范事迹，引导广大党员学习身边榜样、争当榜样。搭建"以老带新"平台，不断增强新入职员工的野外技能水平，目的在于加快融入、共同进步。抓好"关键少数"，站在全队发展的角度，从技术培养、思想引领、职业规划等方面，有针对性地培养高精尖专业技术人才，为地勘事业高质量发展储备力量。

通过一系列重要举措，六〇五队在国家新一轮找矿突破战略行动中展现新作为、实现新担当，发现大型金矿床1处；践行绿色发展理念，服务吉林省东部"山水蓄能三峡"建设工程，累计完成钻探施工项目18个，进尺5万余米，生产经营业绩连续三年实现翻番的良好发展态势，切实发挥地质工作基础性、公益性、战略性职能，为全省经济社会发展提供技术服务发挥了主力军作用。

三 经验启示

（一）加强党的领导，坚持不懈用党的创新理论统一思想意志行动

一要坚持思想引领，用习近平新时代中国特色社会主义思想统一思想、统一行动。二要强化理论武装，持续提升党的创新理论学习成效。三是突出典型示范，充分发挥模范带头作用，全力打造一支讲政治、守纪律、担责任、有作为的党员干部队伍。

（二）坚持问题导向，坚持推动党建引领与地勘产业深度融合

一要找准切入点和落脚点，切实做到解决思想问题与解决实际问题相结合、不脱节。二要"面对面"与职工交心谈心，加强沟通交流，及时掌握职工思想动态，达到化解矛盾、团结干事的目的。三要将心比心，通过及时有效的心理疏导、帮扶解困，帮助职工群众树立乐观向上的良好心态，积极营造和谐氛围。

（三）坚持苦练内功，打造高素质的地质勘查队伍

一要紧紧围绕地质找矿主责主业，把思想政治工作贯穿地勘事业高质量发展的全过程、各环节，充分调动广大职工的生产积极性和创造性。二要加强队伍建设，选拔任用一批政治强、业务精、作风好的中青年干部等充实到党务干部队伍中来，达到选优配强目的，持续激发内生动力和发展活力，不断推动党建工作与地勘产业深度融合，切实践行和弘扬地质"三光荣"精神，为地勘事业高质量发展提供强大的精神动力。

准确识变、守正创新　扎实推进金融供给侧结构性改革

——吉林信托推动业务转型发展的工作实践

鲁长瑜*

一　背景情况

习近平总书记在2023年10月中央金融工作会议及2024年1月省部级主要领导干部推动金融高质量发展专题研讨班上强调，要深化金融供给侧结构性改革，坚定不移走中国特色金融发展之路。2023年9月，习近平总书记主持召开新时代推动东北全面振兴座谈会时指出，要继续深化国有企业改革，实施国有企业振兴专项行动，提高国有企业核心竞争力。2023年3月，中国银保监会发布《关于规范信托公司信托业务分类的通知》，以顶层设计明确信托公司未来转型方向，也标志着信托转型进入深层次阶段。面对新时代新形势新要求，吉林信托适时重新规划中长期战略、引领创新突破、重构业务布局、优化资源配置、完善管理机制、重塑增长动能，推动了信托产品和服务供给的质量变革、效率变革和动力变革。

二　主要做法

（一）战略先行，用新规划引领业务转型和改革发展新方向

依照党中央国务院、吉林省委省政府、股东单位、监管部门对国有企业和

---

* 鲁长瑜，吉林省信托有限责任公司发展研究部总经理。

金融机构的诸多新部署新要求，并基于行业和公司发展实际，适时重新制定规划类文件，《关于落实主业突围战略推进创新突破工程的实施意见》《关于贯彻落实习近平总书记在新时代推动东北全面振兴座谈会上的重要讲话精神工作方案》《改革深化提升行动实施方案（2023—2025年）》相继过会，2024年开始制定公司新的三年发展规划，为公司中短期改革和转型进行了一系列战略安排。

（二）搭建机制，推动创新突破常态化开展

发布《关于鼓励业务新突破的通知》和《关于鼓励员工开展"正面清单"事项的通知》，并制定配套激励制度，切实推动品类突破、规模突破、创收突破、化险突破及清单项下事项落实落地。同时，推动创新业务立项，开展"百日攻坚战"行动。组织创新业务实践分享会，进行思想碰撞，及时推广创新思路和产品模式。

（三）管理创新，以破题、补短为目标用提级会商方式达成高效协同

成立周会商工作领导小组，建立周会商制度，聚焦市场展业、创新攻坚、监管沟通、制度构建、流程优化、人才配置、科技支持、跨部门跨机构协调等问题，每周由公司董事长、总经理主持，提报部门与相关部门共同研商，并配有督办和考核，极大提升了公司转型变革期的协同谋划、协作执行、携手落实效率。

（四）加强研究，及时追踪和吸收同业创新经验

构建起涵盖宏观经济分析、政策及热点解读、同业业务追踪、新模式专题研究、省内政策速递等的研究报告体系，竞标参与行业协会、学会多项创新课题并获好评和奖项，与时俱进地对公司业务转型方向和产品体系建设进行研判，将同业学习与自身能动性相结合，着力培育创收新路径。

（五）树立品牌，扩大新型信托产品和服务市场影响力

对标品信托、家族信托等新产品启用新的品牌命名，出台"讲好吉信故

事"系列工作方案，形成宣传作品供应、审核、发布及促进常态机制，对官网进行升级改造，发展"受人之托、忠人之事"特色企业文化，加快培育吉信特色品牌。

（六）专班推进，有序有力聚焦重点攻坚突破

基于各业务部能力禀赋和展业重点，对前台团队进行有效整合，打破无序拓客和攻坚主体不清状态，成立债券、家族信托、地方政府化债、服务中小银行等若干工作专班，在政信合作、预付类资金信托、标品信托、风险处置信托、慈善信托等细分领域深耕细作。已在标品产品线多元化、家族信托、公益慈善信托、保险金信托、专精特新支持、乡村绿色金融、风险受托服务等方面实现首单落地、取得突破性进展，信托产品的供给结构改革扎实推进。

三 经验启示

（一）金融强国建设必须坚持党建引领，提高政治站位

准确把握在金融强国建设征程中坚持和加强党的全面领导的重要性，深刻领会金融工作的政治性、人民性，保持中国特色金融发展正确方向，加快建设与全面从严治党体系相匹配、与中国特色现代企业制度相衔接、与金融供给侧结构性改革任务相适应的党建工作新格局。

（二）金融国企要在新形势下主动应变，在培育发展新动能上实现新突破

聚焦主责主业，加快创新突破，深化务实合作，围绕维护国家"五大安全"、做好金融"五篇大文章"、有力支持新质生产力发展、切实服务实体经济和民生福祉，开发新业务模式、拓展新服务空间，逐步培育发展新优势新动能，实现金融供给质的有效提升和量的合理增长。

（三）国有企业要取得新一轮改革实效，就要在激发内生活力上实现新提升

全面落实"两个一以贯之"，进一步完善中国特色国有企业现代治理和市场化经营机制，重点围绕治理结构深化改革，持续提升公司治理效能；围绕活力效率深化改革，做深做实市场化经营机制；围绕人才素质深化改革，构建专业担当人才队伍；围绕收入分配深化改革，更好发挥激励机制引导作用。

（四）金融改革需要在敢于担当中营造良好氛围

金融机构转变固有思维和传统盈利模式依赖，摒弃地产和城投信仰，适应新质生产力发展大势，必然要重新配置人财物资源，营造快创新、勇突破、敢担当、善作为的良好氛围，这其中管理者的担当、整个组织的协同配合、外部力量的支持、企业文化的发挥、干部员工意愿和士气、规划和激励等构成了改革发展生态系统的重要组成。

吉林信托的业务转型和产品供给改革已起步在程，将始终以深耕吉林、服务振兴为使命，深刻把握"464"新格局战略部署，聚焦服务实体经济、防控金融风险、深化金融改革，充分运用信托横跨三大市场和三块牌照优势，切实发挥资产服务、资产管理、公益慈善等方面功能，为高质量融入新时代吉林全面振兴发展新格局贡献信托力量。

横向融合、纵向提升　构建卓越学科与人才体系

——长春工业大学数学与统计学院建设系统化路径探索

王纯杰*

一 背景情况

建设世界一流大学和一流学科（以下简称"双一流"建设）是党中央、国务院作出的重大战略部署。"双一流"建设实施以来，各项工作有力推进，改革发展成效明显，推动高等教育强国建设迈上新的历史起点。目前，"双一流"建设中仍然存在着高层次创新人才供给能力不足、服务国家战略需求不够精准、资源配置亟待优化等问题。习近平总书记指出，要根据科技发展新趋势，优化高等学校学科设置、人才培养模式，为发展新质生产力、推动高质量发展培养急需人才。要落实《中华人民共和国国民经济和社会发展第十四个五年规划和2035远景目标纲要》《中国教育现代化2035》等文件，进一步深化教育领域综合改革，推动高等教育高质量发展，并以推进新工科建设再深化、再拓展、再突破、再出发为工作重点，深化改革创新。

二 主要做法

在"学生中心、成果导向、纵横融合、持续精进"的OBE（基于学习产出的教育模式）理念下，提出统计学科"横向融合，纵向提升"人才培

---

* 王纯杰，长春工业大学数学与统计学院院长、教授、博士生导师。

养模式，旨在解决传统的教育教学中存在的学生理想信念较为薄弱、理论与实践衔接不够及发展力不足、创新性不足等问题。解决方法主要有以下三个。

（一）贯彻落实思想引领，将习近平新时代中国特色社会主义思想全面融入教学全过程，建立适应工科特色的典型思政示范专业

全面贯彻理论与实际相结合，构建科学合理的课程思政体系，建设优质思政课程，组织读书会、学术沙龙等活动，健全教育机制，积极落实学校思政教育改革；全面落实显性与隐性相结合，推动思政课改革创新，增强思政课的思想性、理论性和针对性，坚持灌输性和启发性相统一，深入开展课程思政学习教育；全面实行智育与德育相结合，加强师德师风的建设，提升思政队伍素质，学生配有兼职班导师，帮助学生进行思想政治教育教学实践，引导学生形成正确的人生观、价值观。

（二）坚持横向融合，即坚持思专融合、科教融合、产教融合，积极创造培养应用型创新人才的重要条件

坚持思想政治与专业相融合，优化课程思政内容供给，在专业教育教学过程中引导学生践行社会主义核心价值观、培养社会责任感。坚持科学研究与教学相融合，依托优质的科研资源，打造适合地方高校的特色课程，制作视频教学网站、课堂实践公众号，开发数字化教学资源，形成新型教学模式。坚持产业与教学相融合，依托获批7项教育部产学研协同育人项目，组建吉林省数据服务产业公共技术研究中心等多个省部级重点实验室，建立综合性创新教学实训平台。

（三）坚持纵向提升，即推动教学改革纵深发展，推进学科专业、师资队伍、学生能力等方面持续提升

在学科专业建设方面，以"六名"建设工程为指引，促进学科建设稳步发展，同时依托国家一流课程，建设适应工科院校特点的系列精品课程；在团队建设方面，改善教师的工作条件，构建新型的人才培养模式，创造教师

的海外交流机会，有计划地引进国内外高层次人才，加大对青年教师的培养力度，建立层次合理的优秀教学科研团队。在学生培养方面，依托省级数据科学与智能计算拔尖学生培养基地，搭建国际校际合作平台，建立拔尖创新人才培养模式，形成学士、硕士、博士贯通的完整人才培养体系。

学院从2005年获批统计学本科专业到2019年获批统计学博士后科研流动站，经过近20年的发展，形成了完备的学科体系，学院拥有统计学、经济统计、数据科学与大数据技术、信息与计算科学4个本科专业；数学、统计学、数据科学与人工智能3个学硕点，应用统计专硕点；统计学一级学科博士点，数据科学与人工智能二级学科博士点；统计学博士后科研流动站；统计学和信息与计算科学两个本科专业是国家一流专业。所在团队是吉林省黄大年教师团队，吉林省巾帼建功先进集体，吉林省基层优秀教学组织，拥有吉林省名师工作室等。自2018年重新成立数学与统计学院以来，学院在教师队伍建设，博士后科研流动站，省部级重点实验室，国家级各类科研项目，省部级优青、重大、重点专项，300万元以上横向融合项目，国家级一流专业，国家级一流课程，吉林省教学成果奖一等奖，吉林省自然科学二等奖，吉林省重点教材，连续11年全国高校SAS数据分析大赛进全国十强等方面实现20余项突破，学科排名突破C+。

三 经验启示

（一）推进多样融合导向，确立培养目标创新

以培养目标为核心，以融合发展为导向，塑造高素质学生队伍。促进思政理论与专业特点紧密融合，结合工科院校教育特点，把思政工作融入专业人才培养全过程；推进科学研究与教学有效融合，以国家一流课程及省级重点教材为牵引，以优质科研资源为基石，形成"人才+项目"的创新性培养模式；建立产业与教学有机融合，实现各行业为主体的跨界整合创新，形成协同育人的特色培养体系。

（二）建立特色实践平台，推动教学方式创新

以省级黄大年式教师团队、省统计学名师工作室为依托，建设SAS软件为驱动的统计学专业学科特色竞赛平台，创建了工科院校"课程–案例驱动"和"问题驱动"的教学体系，形成了翻转式、讨论式、研究式、互动式等典型特色教学方法，并建成了系列精品课程群及完整的教学评价体系，有效推进了教学计划、教学组织、教学质量一体化的创新型教学制度改革。

（三）构建个性拔尖体系，实现培养过程创新

以学生个性发展、精准优化专业和夯实学科建设为三大重要支撑，通过科研促进教学改革，通过竞赛培养创新精神，形成以"六名"建设工程为引导的特色化培养体系，创建了"三级递进+全人教育"的常态化培养过程。同时以省级拔尖创新人才培养基地为平台，确立"专才培养"思路，形成"知识驱动、问题驱动、案例驱动、项目驱动和需求驱动"有机结合的工科院校特色培养过程创新。

（四）组建新型专业团队，推进团队建设创新

以专业引领、团队互助、交流研讨、共同发展为宗旨，以产学研协同创新为路径，建立融科学性、实践性、研究性于一体的新型专业教师团队。教师以教育科研为先导，以课堂教学为主阵地，注重政治引领，结合产业需求导向，关注学生全面成长，致力于有温度的教育，建成以德立学、以心传心、以爱执教、以诚待人的特色师资团队。

新一代信息技术引领未来
创新驱动加速吉林振兴发展

——长春工程学院人工智能技术研究院创建的经验启示

赵 佳*

一 背景情况

近年来，以人工智能、大数据、区块链为代表的新一代信息技术日新月异，深刻改变着经济社会发展和人们的生产生活方式。抢抓新一轮科技革命和产业变革机遇，推动数字产业化和产业数字化，对培育新发展动能、助推高质量发展具有重要意义。2019年，国务院印发了《国家产教融合建设试点实施方案》，标志我国产教融合进入新阶段。对地处东北老工业基地的吉林省来说，加快新旧动能转换，推动数字经济和实体经济深度融合，既面临难得机遇，也存在困难挑战。高校作为科技第一生产力和人才第一资源的重要结合点，要发挥学科优势，提升服务区域经济社会发展能力，为新时代吉林振兴发展赋能赋智。

二 主要做法

2021年，为深入贯彻《新一代人工智能发展规划》《高等学校人工智能创新行动计划》等文件精神，结合吉林省"一主六双"高质量发展战略需求，解决人工智能现代产业发展人才培养供给侧结构问题，长春工程学院人工智

---

* 赵佳，长春工程学院计算机技术与工程学院院长、人工智能技术研究院院长。

能技术研究院正式筹建成立。研究院联合东北地区优质学科资源组建学科群，瞄准新一代信息技术前沿领域，广泛开展产学研用合作，努力打造吉林省数字经济发展的创新高地和人才高地，为加快建设数字吉林、助力全面振兴提供有力支撑。具体做法主要有以下四个。

（一）汇聚一流人才，打造创新团队

人才是第一资源，也是创新发展的根本保证。研究院成立伊始，就制定了优惠的人才政策，为青年学者提供广阔的发展平台。研究院创始团队是由从牛津大学、葡萄牙米尼奥大学、纽约市哥伦比亚大学、中国地质大学、吉林大学等知名高校邀请来吉的青年科技人才组建而成。经过两年的发展，研究院已经汇聚了一批长期从事人工智能、大数据、区块链技术研究的中青年学科带头人，组建了吉林省首支新一代信息技术应用研究创新团队，拥有青年博士10余人。同时，研究院还积极引进海外高层次人才，现有国外知名大学博士后2人。团队获批吉林省首个面向大数据基础理论研究的国家自然科学基金面上项目，承担了吉林省首个面向AIGC（生成式人工智能）领域应用的科技发展计划重点研发项目等，为吉林省数字经济发展提供智力支持。

（二）搭建协同创新平台，加强关键技术研发

立足多学科交叉优势，研究院创新提出整合人工智能、大数据、区块链、移动云计算等领域创新资源，面向吉林省产业数字化和数字产业化发展需求，广泛开展协同创新与关键技术攻关。主动对接吉林省汽车、装备制造、医药健康等支柱产业，加强关键核心技术研发，加快科研成果产业化应用。目前，研究院已与省内50余家企业和机构建立合作关系，近3年科技成果转化率达80%以上。

（三）共建协同创新生态，提升产业创新力

研究院立足吉林省特色优势产业和迫切发展需求，积极开展产学研用合作，着力提升区域产业创新力。与中国科学院长春应用化学研究所超分辨

电化学团队、吉林大学附属第二医院耳鼻喉科、中国一汽解放研究院等单位开展协同创新。围绕最优化高熵合金催化材料的高通量制备、高发癌症的检测与治疗、汽车产业先进技术研究等方向，与合作单位共同开展深度联合研究，打造"政产学研用金"深度融合的创新共同体。截至目前，研究院重点研究成果在吉林省本地企业进行了应用转化，累计新增产值超6亿元，新增利税超7千万元，取得了显著的经济与社会效益。

（四）推进产教融合，培养数字化复合型人才

立德树人是高校的根本任务。围绕吉林省数字产业发展需求，研究院积极推动新一轮科技革命和产业变革，广泛联系本地企业，推进产教融合，创新人才培养模式，着力培养数字经济发展急需的复合型人才。研究院承办了全国职业技能大赛区块链应用操作赛项吉林省选拔赛，获批建立了吉林省首个省级区块链应用操作职业技能实训基地。与吉林省内重点ICT企业开展深度合作，共建大学生实习实训基地。让学生参与真实项目开发，在项目环境中强化实践技能。近年来，研究院学生团队在中国"互联网+"创新创业大赛中取得了多项省级、国家级奖项，平均每人发表一篇高质量SCI期刊文章，展现了良好的创新实践能力。

三 经验启示

一是高校要立足自身学科优势，主动融入区域创新体系，努力成为区域经济社会发展的思想库、智囊团和人才高地。要准确把握国家战略需求和区域发展需要，汇聚学科领军人才，打造高水平创新团队，加强关键核心技术攻关，在服务地方中彰显"顶天立地"的价值担当。

二是高校要坚持问题导向，紧密对接区域产业数字化、数字产业化发展需求，广泛开展产学研用协同创新。要充分发挥高校多学科交叉融合优势，搭建技术创新联盟、产业技术创新战略联盟等协同创新平台，打通基础研究、应用开发、成果转化、产业发展的"最后一公里"，让科技成果在服务

区域发展中落地生根。

三是高校要主动适应新技术、新产业、新业态、新模式对人才培养提出的新要求，加快推进新工科建设，创新人才培养模式。要深入推进产教融合，优化专业布局和课程设置，打造校企命运共同体，充分发挥行业、企业在人才培养中的重要作用，培养造就一大批德才兼备的高素质创新人才。

四是要立足自身学科专业优势，加强对区域创新发展的前瞻性、针对性、储备性政策研究，推动高校智库建设与地方政府决策相互促进、良性互动，在服务地方发展中彰显使命担当。

推动"四链融合" 壮大"新医药"产业

——吉林医药学院创新实施"双百双进"专项行动

冯宪敏*

一 背景情况

建设医药强省是吉林省委、省政府重大决策部署，省第十二次党代会明确要实施"一主六双"高质量发展战略，做强医药健康板块，强调整合省内大校、大院、大所、大企资源，推动"政产学研金服用"深度融合。省委十二届四次全会将"新医药"产业列为"六新产业"之一重点发展。吉林医药学院是吉林省唯一独立设置的西医本科院校、唯一的应用型医学院校，学校党委紧跟时代需求，着眼吉林全面振兴实施新突破，出台《吉林医药学院贯彻落实"一主六双"高质量发展战略的实施意见》，创新开展"双百双进"专项行动（百名企业家进校园，百名博士教师进企业），力促产业链、教育链、人才链、创新链"四链融合"，走出应用型高校特色发展之路，为吉林省"新医药"产业高质量发展注入强劲动能。

二 主要做法

（一）聚焦产业布局，推动"四链融合"加速发力

一是强化顶层设计。找准学校办学与"四链融合"的联结点。出台《吉林医药学院关于开展"双百双进"专项行动 助力吉林省"一主六双"高

---

*　冯宪敏，吉林医药学院科技处处长。

质量发展战略的实施方案》，实施"校企专家互聘""创新平台优化""成果转化促进""实践技能提升""人才需求定制""就业质量提升""优秀人物励志"7个专项计划。二是突出应用特色。坚持应用、需求与服务导向，实现"长辽梅通白延医药健康产业走廊"节点城市战略合作全覆盖。

（二）聚焦人才关键，推动"四链融合"蓄势赋能

一是打破实践壁垒。聘任省内医药企业高管、技术骨干或创业先锋为学校客座教授，鼓励博士教师进驻企业出任科创专员，实现教研相长、理实贯通。二是完善政策激励机制。先后出台《专任教师赴行业企业实践管理办法》《"双师型"教师认定与培养办法》《吉林医药学院绩效工资分配办法》，开展正向激励和反向鞭策。

（三）聚焦科技创新，推动"四链融合"提质增效

一是建强团队。打破学科边界，与企业组建联合科技攻关团队，开展有组织科研。二是优化平台。汇集科技人才和高精设备，联合建立共享型、开放型科技创新平台。三是集聚资源。牵头组建吉林省高校医药健康现代产业学院协作体等整合校企资源。四是力促转化。搭建企业技术需求问题库和学校科技创新成果推介平台。建立科技创新成果质量评价机制和科技创新成果转化风险评估机制。

（四）聚焦教育先导，推动"四链融合"强基固本

一是强化实践教学。以新医药产业需求为参照，以岗位胜任力为导向，与企业联合修订学校人才培养方案，开发产教融合课程。二是强化订单培养。强化应用培养开设"亚泰"班、"美康"班、"君正"班和"天晴"班等6个定制班，共建教学基地和研究基地。三是强化省内就业。落实就业"一把手"工程，深入"访企拓岗促就业"，精准提供就业服务。

三 经验启示

（一）坚持政治引领，服务振兴办教育

必须深入贯彻落实习近平总书记重要讲话精神、国家战略部署和吉林省委重大决策，聚焦"强省建设、高校何为"，积极融入吉林全面振兴发展的新格局，才能真正扛起时代赋予的重任。

（二）坚持组织筑基，优化功能办教育

必须贯彻新时代党的组织路线，推动党的建设与业务工作相融合，以高质量党建引领高质量发展，持续优化党的政治功能、组织功能，才能为高校高质量发展厚植组织基础，提供坚强保障。

（三）坚持紧扣需求，把牢定位办教育

为党育人、为国育才，是教育的终极目标。作为应用型高校，必须聚焦应用型人才培养、应用技术研究、应用型师资队伍和应用型科技平台建设，持续深化产教融合、校企合作，不断增强服务吉林振兴的能力，才能使教育更接地气、更具活力、更有前景。

（四）坚持整合资源，协同联动办教育

全面深化改革开放，是党中央重大战略部署。办好高等教育，必须打开校门、融入社会，广泛汇聚有利于推动学校高质量发展的资源，充分激发社会力量办学的强大合力，才能使教育发展更加顺应时代脉动，在中国式现代化的奋斗征程中贡献教育力量。

党建引领建设特色样板
多元融合共育高铁英才

——新质生产力背景下高铁智能控制专业教学的探索

莫建国*

一 背景情况

2021年4月，习近平总书记对职业教育作出重要指示，在全面建设社会主义现代化国家新征程中，职业教育前途广阔、大有可为。对于轨道交通类职业教育来说，推进高质量发展，就要对接产业的新质生产力，要深化产教融合、深度校企合作、深入科教融汇，实现与产业发展和城市建设的同频共振、互融共生。因此，对于轨道交通职业院校来说，应该密切关注高铁发展、紧贴技术标准、对接改革创新，才能精准促进职业教育新质生产力的发展。随着中国式现代化进程的不断加快，轨道交通产业快速发展，因此带来了职业教育一时不能适应的问题，主要体现在路径、资源、范式、机制等方面。为了解决该问题，吉林铁道职业技术学院以国家级技能大师工作室为平台，以国家首批样板支部为引领，持续探索"小样板、大体系"教学成果改革，对接培养模式、课程体系、实训条件、教学水平四个维度，建设"小样板"来促进教学"大体系"，从小到大、从点到面、从内到外逐步推开，解决了产业升级背景下的职业教育不适应问题，取得了良好成效。

---

* 莫建国，吉林铁道职业技术学院高铁综合技术学院院长。

二 主要做法

（一）建育人样板，促专业与产业升级联动——优化培养模式

为更好地优化专业群结构，实现区域内教育和企业之间的优势互补和样板资源共享，学校成立吉林铁道职业教育集团，优选高铁生产单位、行业领先院校、一流龙头企业为合作伙伴，强化党建水平、强调党建引领，利用国家首批样板支部平台，实施校企、校际、校城共建党支部的品牌特色，以处处建样板、人人做样板、课课成样板、大师推样板的做法，打通了校、企、行共建样板的育人渠道。同时创设样板建设和动态考核模型，规范考核标准，让合作方有章可依、有据可循。

（二）携龙头企业，建融合型育人产业学院——丰富课程资源

高铁智能综合控制专业群与中国通号研究设计院集团有限公司开展深度产教融合，共建"吉铁院-中国通号"产业学院。发挥学校国家双高建设单位和省双高重点专业群的优势，结合中国通号研究设计院集团有限公司的国企资源，提高合作质量、牢固合作基础、联合行业强项，以培养业精、技湛、品端的复合应用型高技能人才为目标，按照"一课一主题"的思政教学主题，逐步形成了多维岗群设计、三段培养学程、动态模块分流、终身职业培训的全过程人才培养模式，再通过产业学院，为样板资源共享、样板基地共建、样板师资互聘等合作提供保障，从而有效丰富了课程系统和资源。

（三）为技术升级，创建产教融合实训基地——优化实训条件

学校与北京智联友道科技有限公司合作共建吉铁-友道产教融合实训基地。包括城市轨道交通信号控制系统实训区、车站行车控制技术演练实训区、高端智能技术虚拟模拟实训区三部分。校内服务于高铁智能综合控制专业群，主要面向高铁、城轨、智能控制技术等领域培养应用型人才，同时针对区域行业企业开展铁路信号产品性能技术改进、新品技术研发等技术服务，并承担引领地方轨道交通产业发展，培养区域、行业企业骨干技

术人员的任务。基地建设以"国家级名师名匠工作室"等4个工作室为平台，通过植入科研攻关基地、名师工作站、教授工作站等，结合国家轨道交通发展战略和东北区域交通行业需求，完成了"135"计划，即创建1个"卓越品牌"，实施3个"精准对接"，推行5个"深度融合"，搭建成了适合区域交通结构的产教融合实训基地，成为"岗、课、赛、证"融通的有效载体。

（四）建教学小样板，系统筑造育人大资源——提高教学水平

通过研讨、座谈、观摩、实习、跟岗、竞赛等方式，遵循按需建样板的理念，推广校、行、企"互助式"样板，合力打造样板实训区。近3年共投入2000万元，建设实训场地400平方米，相关设施3万件，吸引企业来校投资310万元，人才培养用于职教出海培训留学生110人。通过校企共投、共建、共管、共维、共享的系列做法提高了教学水平，学生竞赛获国家级奖22项、省级奖110项，教师四次蝉联吉林省一等奖，两次闯进全国总决赛，国际化教学水平明显提高。

三 经验启示

实践表明，通过"小样板"建设促进校企共建高铁智能综合控制专业群的升级，解决了当前职业教育产教融合面临的路径、策略、机制等方面的问题，在推广应用中产生了突破性影响。

（一）深入对话，用"小样板"拓开产教融合路径

对应高铁产业转型和技术更新，以样板党支部建设为引领，采取多元联合的互助推开的方式，打通专业样板建设的路径，从而通过局部带动整体，形成源于企业生产需求的教学资源和标准，创设多元融合下的合作机制和动态考核，快速响应了高铁"综合一体化"新质方式下的课程改革，实现了人才质量和生产效率全面升级，改革获得国家级教学成果奖。

（二）互利共赢，开启校企联合共同体新局面

校、行、企形成联合体，共同推进"2+1"定向培养、共建大师技能工作室、共建校内外实训（培训）基地，实现校企资源共建共管共享、校企人才共培共练共升。对接新质生产力，精准优化课程体系，创新思政引领下的教学改革，让党建引领专业建设、教学紧跟企业改革、课堂紧贴企业现场、思政紧靠企业文化，获评国家级大师技能工作室、国家级教师创新团队、国家级教学资源库等。

（三）成果共享，强化教育成果转化内驱动力

积极践行教育教学成果转化，通过党建引领形成内生驱动力，通过资源和标准运用体现执行力，通过在全国推广和职教出海拓展影响力，通过竞赛和科研促进创新力，服务了吉林地区、东北区域，增加了成果运用的深度和广度，在此基础上，获评国际认证课程、国家精品课程等，教师获国家级奖15项，成果获吉林省一等奖，在全国32所校企单位运用推广。

聚焦"国之大者" 以研究型审计助力乡村振兴

——乡村振兴战略落实情况审计的实践与启示

韩　超*

一 背景情况

党的二十大部署了"全面推进乡村振兴"重大战略。中央一号文件提出，必须坚持不懈把解决好"三农"问题作为全党工作重中之重，举全党全社会之力推动乡村振兴。开展乡村振兴审计，是审计机关心怀"国之大者"，以有力的审计监督保障乡村振兴战略有效执行的重要举措。做好乡村振兴审计的关键是贯彻研究型审计理念和方法，审计组通过"1+N"审计模式，在实施地方党政主要领导干部经济责任审计过程中同步对该地区乡村振兴战略落实情况进行审计，深入研究和破解影响乡村振兴的政策束缚、体制障碍、机制缺陷等问题，为党和政府及时提供决策参考，为乡村振兴的推进做好"参谋"和"卫士"。

二 主要做法

（一）提高政治站位，开展多层面主线研究

全面实现乡村振兴是我国现代化建设中重大的政治任务。在组织地方党政主要领导干部经济责任审计过程中，审计组聚焦吉林省作为粮食主产区定

---

*　韩超，吉林省审计厅经济责任审计处处长。

位，承载了中央关于粮食安全的部署要求，因此，审计组将乡村振兴战略落实情况作为准确评价经济责任的重点事项。一是深刻把握党和国家对乡村振兴的新要求、新举措，加大对黑土地保护、高标准农田、乡村建设等情况的审计力度，促进党中央政策落地生效，维护农民群众切身利益。二是将研究的基本路径确定为沿着"政治—政策—资金—项目"主线，以乡村振兴战略推进过程中的政治责任为起点，针对政策目标落实情况，分析乡村振兴资金管理使用和绩效情况，跟踪项目落地实施见效情况，从"业审融合"角度，聚焦该地区乡村振兴的重点工作和具体行动，精准定位审计重点。

（二）聚焦主责主业，开展全过程链条研究

审计组在实施乡村振兴战略落实情况审计过程中，基于审计项目立项、实施、报告全过程开展研究，为乡村振兴战略的实施提供源源不断的养分。一是研究党和国家对乡村振兴战略的决策部署、政策导向、改革目标等；二是深入调研各相关单位及人员，广泛听取意见，研究乡村治理的模式和政策执行情况，查找被审计单位内部控制漏洞和制度缺陷；三是研究不同地区、不同阶段被审计对象推进乡村振兴战略的要点和目标，确定具体审计内容；四是认真梳理被审计单位项目实施总体情况，聚焦乡村振兴规划制定、各项政策措施落地效果、经费投入绩效和资金合规使用等方面准确揭示问题。

（三）推动源头治理，全面提升乡村振兴审计价值

审计组以"既把握政策又促进发展，既发现问题又促进整改"为原则，在全面准确揭示问题的基础上，从就事论事的微观审计，转变为具有宏观全局视野的研究型审计。一是从经济监督中体现政治导向和政治要求，深入分析问题背后的原因，提出对于推进乡村振兴战略具有实用性、战略性、预警性和建设性的对策建议，发挥研究型审计助力乡村振兴的建设性作用；二是充分发挥审计整改效能，通过"举一反三"式排查、完善内控、化解风险等方式，督促被审计单位高质量完成问题整改，从而推动源头治理；三是通过问题梳理汇总和综合报告，服务党委、政府宏观决策。

三 经验启示

（一）持续将研究型审计做细做实

通过对乡村振兴战略落实情况开展审计实践，充分说明了审计人员把研究型审计贯穿全过程，通过提高站位、聚焦政策、分析资金、关注项目，深刻揭示和反映问题、剖析原因、提出建议、推动整改，全面提升审计价值。

（二）发挥审计职能作用推动高质量发展

着力推动各项事业"高质量发展"，是党的二十大报告的关键词，也是中国式现代化的本质要求之一。审计工作开展研究，要紧紧围绕"国之大者"，聚焦党和国家重大发展战略，准确把握国家战略推进的进程和政策落地等情况，更深入地认识问题，更准确地揭示问题，更透彻地分析问题，更好地为党和政府提供决策参考。

修好一座桥　赢得百姓心

——基层巡察解决群众反映强烈问题的生动实践

刘丽丽*

一　背景情况

巡察是巡视向基层延伸的重要制度安排。习近平总书记多次强调，要推动市县巡察向基层延伸，强化对村（社区）巡察，促进解决基层问题和群众身边问题，巩固党的执政基础。2021年7月至9月，××市委第×巡察组对××市××镇党委开展巡察"回头看"期间，发现并推动解决百姓出行难的"断路桥"问题，赢得了广大干部群众的一致好评。

二　主要做法

（一）"下"基层，广泛听取群众呼声

巡察期间，巡察组在对××镇及所属村级党组织明察暗访时，深入基层一线，与群众面对面交流。部分群众反映，××村举家窝堡桥桥体破损严重，给群众出行及当地产业运输造成不便，同时在汛期也存在潜在的安全隐患，生产生活均受到严重影响。

（二）"察"实情，深入了解发现问题

对暗访时群众反映的"险桥"情况，巡察组高度重视，立即组织工作人

---

* 刘丽丽，吉林省委巡视办四处处长。

员两次实地察看，并对××镇各村屯桥梁进行全方位走访排查、认真调查，发现××村田家窝堡桥也是如此，路肩塌陷，路陡坡斜，坑坑洼洼。田家窝堡桥是村民对外通行的必经之路，群众、车辆通行极为困难，而且正值汛期，桥梁护坡安全性大大降低，随时有发生冲垮坍塌的可能。

（三）"破"难题，边巡边改推动解决

对群众反映的安全隐患问题，巡察组立即向××市××镇党委下达《立行立改问题通知书》，要求镇党委立即整改、全面整改。该镇党委接到通知书后，第一时间联系市水利局详细说明桥体本身和群众出行有关情况，推动修桥项目尽快落地，向上争取维护资金41万元，并派遣专业工作人员现场指导修缮工作。同时，巡察组及时与××村、××村两委沟通，发动两村群众全力配合党委和水利部门，对举家窝堡桥和田家窝堡桥进行修缮、加固，及时排除安全隐患，让修桥项目尽快竣工，打通连接乡村振兴的"最后一公里"。

（四）"聚"民心，齐心协力共促发展

在全镇干部群众20余天共同努力下，长21米、宽5米、承重15吨的举家窝堡桥，长138米、宽5米、承重40吨的田家窝堡桥顺利竣工，铺平的桥面、加固的护坡，既保障了村民的出行安全，也保障当地花海旅游业发展和特色农产品（西瓜）销售运输通畅。同时，在巡察组督促下，镇党委与村两委根据实际情况，制定科学有效的日常管护措施，避免了有人建设无人管理问题的发生。

三 经验启示

修缮的是危桥，连通的是民心。巡察延伸至村级党组织就是要解决人民群众最急、最忧、最盼的问题，化解一件件老百姓身边可见可感的小事，真正让群众看到可检验、可评判、可感知的巡察成效。

（一）以人民心为心

"治国有常，而利民为本。"民心是最大的政治，政治巡察要始终坚守人民立场，坚持群众生产生活在哪里，巡察就跟进到哪里，推动查处群众身边腐败和作风问题，推动解决群众急难愁盼问题，让人民群众感受到党的关心就在身边、正风反腐就在身边、公平正义就在身边。

（二）用心用情用力

"慎易以避难，敬细以远大。"对基层党组织的巡察全覆盖，实现了巡察触角的有效延伸。围绕与群众切身利益息息相关的民生问题进行分析、研判，增强实地考察、走访主动性，从细微处敏锐发现问题，精准突破、深入挖掘，解决群众生活中遇到的问题，对群众关切积极回应，才能赢得群众的支持和拥护。

（三）上下同欲者胜

"治其本，朝令而夕从。"要抓住根本、与时俱进，推动党委、政府树立"经营村庄"的新理念，把整治村庄和经营村庄结合起来，把改善村容村貌与发展生产、富裕农民结合起来，把单纯的村庄整治过程变成开发利用乡村特色优势资源、发展特色产业的过程，推动乡村功能重塑、城乡关系重构、发展方式绿色蝶变，以巡察成效助力乡村全面振兴。

强化责任担当　以高效优质服务推动振兴新突破

——长春市委办公厅"五个坚持"工作实践

律星光*

一　背景情况

党的十八大以来，习近平总书记高度重视办公厅工作，多次发表重要讲话，作出系列重要指示。特别是2014年5月8日到中共中央办公厅调研视察时，明确提出了"五个坚持"重要要求，为新形势下做好党办工作指明了前进方向、提供了根本遵循。长春市委办公厅深入学习贯彻习近平总书记关于办公厅工作的重要讲话和指示批示精神，积极践行"五个坚持"，高标准、高效率、高质量推进"三服务"工作，全力打造一流队伍、树立一流作风、创造一流业绩，努力在推动长春全面振兴率先实现新突破中走在全市前列、展现更大担当。

二　主要做法

（一）深学细悟笃行，在学思想、讲政治上走在前列

党办作为政治机关，讲政治是第一要求，学理论是首要任务，要努力推动理论学习走深走实、见行见效。一是学出绝对忠诚。坚持以习近平新时代中国特色社会主义思想凝心铸魂，在学深悟透党的创新理论中强化党性锤

---

*　律星光，长春市委办公厅机关党委专职副书记。

炼，筑牢信仰之基、补足精神之钙、把稳思想之舵，更加自觉拥护"两个确立"、做到"两个维护"，始终在思想上、政治上、行动上同以习近平同志为核心的党中央保持高度一致。二是学出过硬本领。深学细悟习近平总书记关于办公厅工作的重要讲话和指示批示精神，时刻同"五个坚持"对标对表，认真落实快、稳、严、准、细、实要求，紧密结合党办各条线业务需要，坚持干什么就重点学什么、缺什么就重点补什么，努力在办文办会上精益求精，在文稿起草上多出精品，在督查督办上提质提效，真正做到协调有方、参谋有道、督查有效、保障有力。三是学出责任担当。紧跟习近平总书记最新重要讲话和重要指示批示精神，紧跟党中央决策部署和省市委工作要求，第一时间学习、第一时间领会、第一时间落实，始终与市委中心工作节奏同步、思路同频、目标同向，尽最大努力服务保障振兴发展大局，真正为一域争光、为全局添彩。

（二）主动深化交流，在拓视野、促提升上走在前列

新形势下党办系统面临一系列新任务新要求新挑战，需要从"总开关"入手，进一步解放思想、更新观念、拓宽眼界。一是坚持对标高位。积极对标中共中央办公厅"四最一中枢"定位，密切与省委办公厅联络交流，紧扣"三服务"职能强化观摩学习，主动在对标和思考中找差距、补短板、促提升，推动各项工作提标提速提质提效。二是强化横向交流。组织各条线与各地党办建立联系，明确业务标杆，深化学习交流，对文稿质量好的地区在网络上持续跟踪学习，对办文办会效率高的地区注重研究流程机制、加强借鉴运用，对督查督办成效好的地区主动学习经验，找到理念创新、机制创新、方法创新的突破口，推动工作迈上新台阶。三是总结基层经验。有针对性选择党办工作好、基层运转效率高，或者问题比较集中、打不开局面的地方和部门，深入开展调查研究，把基层办公系统一些好的机制、好的经验总结提炼出来，充分学习借鉴、加以推广运用。

（三）突出建章立制，在促协同、提效能上走在前列

党办系统是承上启下、沟通内外、协调左右的重要枢纽，衔接是否顺畅直接影响到工作成效，必须强化全局意识、系统思维，做到同心实干、同轴共转。一方面突出健全上下联动、左右互动的外部协调机制。建立跨地区、跨层级信息互通机制，对市委的战略决策、工作部署，各地区各部门的重要举措、重大进展，强化双向沟通，确保实现上情下达、下情上报。完善县（市）区、开发区间实地互访、视频连线等交流机制，建立党委办公系统例会制度，加强定期调度、集中研讨、互动交流，对工作中的重难点问题及时发现解决。完善党委与人大、政府、政协等系统办公厅联络机制，探索建立四大班子办公厅联席会，提升各方工作协同水平。另一方面突出健全精准高效、协调配合的内部运转机制。压实环环相扣的责任链条，实行统一归口管理，制定副职领导分管、各处处长具体管的职责清单，逐级健全任务督促、谈话提醒、工作验收机制，对全员实行定岗定责，确保每项工作有人抓、有人管、有人负责。完善内部协调联动机制，坚持"一盘棋"思想，加强各处（室）间各环节衔接，对工作变动要提前互通、进展变化要及时通气、完成任务要及时交接，实现工作同频共振。

三 经验启示

（一）树立鲜明导向，注重抓班子、带队伍

坚持内培外引相结合，超前做好干部梯次储备，打造团结干事、结构合理、能力过硬的党办队伍。一是持续增强班子凝聚力。严格落实民主集中制，完善办公厅议事规则，做到重大事项集体商议、集体决策，大事讲原则、小事讲风格。二是树立正确选人用人导向。坚持五湖四海、任人唯贤，打破身份年龄门槛限制，畅通人才引进渠道，在公开招考的同时，协调组织部门深入一线选拔人才，真正把优秀干部充实到党办系统队伍。三是强化一线实践锻炼。结合全市大局需要，选派优秀干部到乡村振兴、社区治理等基

层一线，到招商引资、信访维稳、安全生产等急难险重任务一线，到援疆援藏的边疆一线，强化多领域、多方面实践锻炼，让党办干部不仅站起来能讲、坐下来能写，还要甩开膀子能干。四是健全干部流动机制。严格落实全市关于激励干部担当作为的三个"办法"，完善干部交流、转岗等制度，根据任职年限、德能勤绩等标准，把大家公认的好干部放到重要岗位上使用和培养，切实解决干多干少一个样、干好干坏一个样、干与不干一个样的问题。

（二）坚持从严从实，注重树新风、塑形象

带头落实作风建设各项要求，严格执行中央八项规定及其实施细则，坚决清除作风积弊，弘扬"严新细实"新风正气。一是在减负提效上下功夫。办公系统承担着为基层减负的具体职责，需要在精文减会上持续用力，严格会议审批制度，严格控制发文程序和数量，持续改进文风会风。规范精简督导检查，多采取"四不两直"方式，高度警惕"材料流转""调研甩锅""求量不求质"等异化苗头，让基层把更多精力放在抓落实上。二是在推动工作上高标准。把思想教育、党性教育、作风教育贯穿干部教育始终，引导大家把艰苦付出当作成就事业的历练、当作个人成长的机遇，从大到工作流程、小到文本样式的每一个细节审视工作，始终以零差错落实、高效率服务体现"严新细实"要求。三是在遵规守纪上严要求。开展好党纪学习教育，自觉对照党规党纪约束言行，严守政治纪律和政治规矩，严肃党内政治生活制度，加强干部监督教育管理，一体推进廉政教育、警示教育，旗帜鲜明抵制享乐主义和奢靡之风，厉行勤俭节约、反对铺张浪费，严格按照标准规范公务接待和公车管理，确保各项工作都经得住检验，努力成为党委的坚强前哨和巩固后院。

凝聚志愿力量　让青春在服务中心
工作中绽放光彩

——白山共青团青年志愿服务工作案例分享

郭大鹏*

一 背景情况

　　组织动员广大团员青年参与社会服务，加强社会建设，是党交给共青团的一项重要任务，而青年志愿服务则是共青团动员引领青年参与社会服务的重要抓手之一。共青团白山市委组织各级共青团组织立足城乡社区，着眼群众需求，动员广大青年志愿者开展环境保护、暖心关爱等志愿服务项目，服务人民群众的急切需求，成为服务中心工作的可靠力量。

二 主要做法

（一）壮大服务队伍，完善管理机制

　　建立以团市委为中心，以县（市、区）团委、青年志愿服务组织为基础，各类青年社会组织为补充的青年志愿者组织管理网络，并不断向学校、企业、基层社区以及新兴领域等延伸拓展。通过多种媒介向社会公开发布志愿者招募信息，宣传志愿服务理念和基本内容，充分利用"亿联志愿者时间云"微信小程序，规范青年志愿者招募注册及青年志愿者团队管理工作。截至目前，在"亿联志愿者时间云"注册青年志愿者达到5000余人，累计为社

---

　　* 郭大鹏，共青团白山市委员会书记。

会提供了超过10万小时的各类志愿服务，青年志愿服务队伍建设规范化水平显著提升。同时，按分领域有序推进的原则，举办基层志愿者、志愿服务骨干人员培训班等各类培训10场次，不断提升志愿服务组织、志愿者的理论素养和专业水平。

（二）培育优质项目，推动服务创新

聚焦青年所长及社会所需，积极打造"青"字号志愿服务品牌。一是践行"两山"理念，打造"绿美白山"志愿服务项目。聚焦白山市建设践行"两山"理念试验区工作，组织青年志愿者持续开展环保宣传、环境整治、保护母亲河、义务植树等志愿服务活动，全面展示了白山市广大青年志愿者良好的青春风采。截至目前，累计开展志愿服务活动50余场，5000余人次青年志愿者参加。二是服务城市发展，打造"暖冬行动"志愿服务项目。为保障春运期间旅客出行便利、安全、畅通，共青团白山市委连续六年组织青年志愿者在火车站、汽车站等地为旅客提供指引咨询、文明督导、应急救援、爱心帮扶等春运出行志愿服务，用自己的热情让八方旅客感受到"青春温度"。三是聚焦困难群体，打造"暖心关爱"志愿服务项目。通过假期集中服务、专业团队支持、建设服务阵地等举措，持续推动"情暖童心"关爱农村留守儿童工作，为400余名困境及留守儿童提供3万余元的爱心衣物和学习用品；开展圆梦微心愿、圆梦大学、"青企助学·爱心圆梦"等活动，募集资金37.5万元，帮助721名学生。四是助推文旅发展，打造"活力白山"志愿服务项目。在首届中国·吉林松花江滑冰马拉松挑战赛、世界机器人大赛总决赛、吉林省第八届少数民族传统体育运动会举办期间，组织招募350名青年志愿者提供接待、活动保障等志愿服务；在中秋节、国庆节等节日，组织开展"青年志愿者助力环境卫生"专项服务活动，到北山公园、江堤等地开展环境卫生整治20余场，参与志愿者1000余人次。

（三）强化宣传引领，完善激励保障

共青团白山市委积极探索志愿服务宣传方式，通过举办座谈会、发布新

闻报道等多种方式，大力宣传杰出青年志愿者的感人事迹，吸引更多的社会公众投身志愿服务事业。积极组织开展全市青年志愿者分享会，分享青年志愿者工作的成果，激励和带动更多的团员青年加入青年志愿者队伍。同时，共青团白山市委从物质激励、精神激励等方面给予青年志愿者回馈。在物质激励方面，根据志愿服务时长，建立积分机制，青年志愿者根据积分可以在基层团组织兑换文体用品、日用物资；在精神激励方面，建立优秀青年志愿者人才储备库，将参与志愿服务情况作为评选各类团内先进荣誉的重要参考条件，并积极选树推荐青年志愿服务先进典型，近三年，共有68名青年志愿者获得省、市级表彰。

三　经验启示

（一）注重价值引领

新时代青年志愿者行动要始终坚持在习近平新时代中国特色社会主义思想指引下，始终坚守以人民为中心的价值追求，积极发挥专业引领和创新引领的作用，努力达成政治引领、精神引领和文化引领的使命。

（二）注重实践导向

实践先行、青年先行、活动先行和榜样引领是青年志愿服务的鲜明特点。开展青年志愿服务活动要认真谋划示范性志愿服务项目，引导广大青少年踊跃参与，在志愿服务的实践中去感悟奉献、友爱、互助、进步的志愿精神。

（三）注重力量培育

要大力加强青年志愿者队伍建设，积极延伸团的基层组织"手臂"，更大力度把青年组织动员起来，持续壮大志愿服务队伍。要创新载体，广泛筹措社会资源，为基层团组织、青年志愿者组织提供有力指导和支持，更好地满足群众多样化需求。

健全基层监督体系 提升基层监督质效

——梅河新区纪检监察工委加强基层监督的探索与实践

车延锋*

一 背景情况

基层监督体系是党和国家监督体系的"神经末梢"，是保障党和国家方针政策执行的"最后一公里"，是维护人民群众切身利益的重要保障。党的十八大以来，习近平总书记就基层监督问题作出一系列重要论述，为推动全面从严治党向基层延伸指明了方向。近年来，梅河新区纪检监察工委（梅河口市纪委监委）深入贯彻落实习近平总书记关于全面从严治党的重要论述，以解决基层监督突出问题为导向，积极探索实践基层监督有效路径，以有力监督促进基层治理提质增效。

二 主要做法

（一）完善监督体系，构建上下联动的立体监督网

一是强化监督力量整合。建立联动协作区机制，按照部门职责相近、乡镇地域相邻、人员搭配合理的原则，划分为7个联动协作区，每个协作区实行"1名委班子成员+1个监督检查室（派驻纪检监察组）+1个审查调查室+N个乡镇（街道）纪（工）委"的联动监督模式，凝聚监督合力。二是

---

* 车延锋，梅河新区纪检监察工委副书记，梅河口市纪委副书记、监委副主任，梅河口市委巡察办主任。

强化监督工作联动。发挥协作区联动作用，推行"室组"联合监督、"地地"交叉互检、"室组地"联合办案等模式，实现基层监督由"单打独斗"向"合力攻坚"转变，监督质效全面提升。三是强化监督向下延伸。擦亮基层监督"探头"，全面加强基层巡察监督信息员和巡察工作站建设。选聘千名梅城监督员，打造百所梅城监督联络站，明确工作职责和反映问题渠道，打通基层监督"最后一公里"。

（二）创新监督方式，建立靶向精准的监督模式

一是实施清单式监督。围绕党中央、吉林省委重大决策部署和梅河口市委重点工作安排，结合被监督单位需承担的职责，建立"共性""个性"清单，实现精准监督。二是实施"嵌入式"监督。督促被监督单位领导干部及重点岗位人员，结合工作职责编制权力清单和运行流程图，明确风险点和制约方式，做到有权必有责、用权受监督。三是实施"跟进式"监督。对重大决策部署和重点工作任务贯彻落实情况，进行全程监督；对违纪违法问题多发或出现严重违纪违法问题的单位，实行蹲点监督，帮助被监督单位找症结、查根源，有针对性地做好监督促治和以案促改。

（三）做实乡案县审，推动基层办案质效双提升

一是规范办案流程。先行先试开展乡案县审工作，被确定为吉林省乡案县审规范化工作专班成员，承担制度起草、流程图、文书模板设计等工作，形成了以"一书"（乡案县审工作指引）、"一图"（乡案县审工作流程图）、"一模板"（乡案县审工作文书样式）为主要内容的乡案县审工作规范，并在全省推广试行，切实提高了基层案件审理和执纪水平。二是严把办案质量。严把材料关，对乡镇（街道）纪委调取和认定的违纪事实材料进行严格审查，力求事实清楚、证据确凿；严把程序关，对查办案件的程序进行严格审查，确保手续完备、程序合规；严把执纪关，对量纪过程中存在的问题及时予以纠正，做到定性准确、处理恰当。三是深化以案促改。做实做细基层监督办案"后半篇文章"，针对查办案件暴露出的制度短板和监管漏洞，通过下发

"两书一函"等方式，推动案发单位完善制度、堵塞漏洞、真改真治。

三 经验启示

二十届中央纪委三次全会强调，要完善基层监督体系，优化基层纪检监察机构设置，统筹用好县乡监督力量。对新时期做好基层监督工作提出了新要求，梅河新区纪检监察工委（梅河口市纪委监委）将以习近平新时代中国特色社会主义思想为指导，深入贯彻落实中央纪委三次全会精神，全面加强基层监督和办案工作，打通全面从严治党"最后一公里"。

（一）健全制度体系，夯实监督基础

围绕贯彻落实党的路线、方针、政策，"三重一大"事项、惠民政策落实等重点内容，完善监督事项清单、操作流程指南、履职行权手册，确保基层监督履职有抓手、监督有方向、工作有聚焦。

（二）凝聚监督合力，实现多元联动

深化联动协作区机制，构建区级管片、乡镇（街道）管面、村级管点的监督框架，通过片区联动、提级监督、交叉监督等方式，实现监督效果叠加。进一步拓展基层监督渠道，充分发挥"四员一站"作用，确保基层监督全覆盖、无死角。

（三）强化队伍建设，提高专业能力

常态化实施岗位练兵，以协作区为单位定期召开典型案件剖析会、研讨会，做实以学强能、以案带训。深化全员业务培训，采取机关讲堂、动力微课堂、专题辅导、"双导师"帮带等方式，全面提升纪检监察干部执纪执法能力。

以"三个五"为统领 切实提升党支部政治功能和组织功能

——吉林省委台湾工作办公室经济联络处对提升基层党建工作的探索

林 丛[*]

一 背景情况

党的十八大以来,以习近平同志为核心的党中央高度重视基层党组织建设,围绕基层党组织建设工作提出一系列重要论述,作出一系列重要指示,提出要增强党的基层组织的政治功能和组织功能。党的二十大报告对增强党组织政治功能和组织功能作出新的全面部署,明确指出严密的组织体系是党的优势所在、力量所在。党的基层组织建设成效,关乎党的路线方针政策及各项工作任务能否落细落实,吉林省委台湾工作办公室经济联络处党支部注重加强基层组织建设,以党的政治建设为统领,加强党建与业务深度融合,积极探索形成"三个五"基层党建工作格局,切实为吉林与台湾经贸交流合作,深化两岸经贸融合发展保驾护航。

二 主要做法

(一)注重"五种资源",下足"硬功",强化政治引领

一是用好专家等政治理论教学资源。持续推动学习贯彻习近平新时代中国特色社会主义思想走深走实,坚持把学习贯彻党的二十大精神作为重点内

---

* 林丛,吉林省委台湾工作办公室经济联络处处长。

容和实践要求。二是用好教育基地的革命传统资源。强化支部党员对党忠诚教育，赴杨靖宇烈士陵园、长春革命烈士陵园等地开展主题党日活动。三是用好上级培训平台。积极参加各地各部门组织的各类培训，高站位精准把握国家大政方针。四是用好互联网等社会媒体资源。运用信息化手段开展专题学习，通过支部微信群适时发送对台领域相关政策。五是用好机关文化建设等资源。采取"学习+研讨"的方式，系统学习上级党组织下发的各类书籍报刊，在思想碰撞中实现学学相长。

（二）注重"五个聚焦"，下足"内功"，形成工作合力

一是聚焦主体责任。制定党建工作清单、业务工作清单、台商台企纠纷清单，推动工作有效落实。二是聚焦基础工作。严格执行民主集中制、"三会一课"和主题党日等组织生活制度，为支部建设把关定向。三是聚焦打造"一盘棋"。完善形成支部书记主业主抓、全体党员共同参与的工作格局，在党建引领对台经济工作中，建立工作协同机制。四是聚焦典型引领。善于发现、培养、选树先进典型，以身边事教育身边人，以身边典型带动身边人。五是聚焦"五化"闭环工作法。有效运用"五化"闭环工作法，制定"一个手册"，提出"两项机制"，建立"三个系统"，摸清"四个底数"，提高工作针对性。

（三）注重"五个联动"，下足"真功"，锤炼过硬队伍

一是加强与机关党委联动。完整、准确贯彻执行机关党委部署的各项工作任务，配合机关党委开展全办大型党建活动。二是加强与平行党支部联动。在牵头举办的大型活动中，充分发挥各党支部的作用，确保支部党员的先锋模范作用辐射到全办的重要活动。三是加强与"双百共建"社区联动。为"双百共建"社区捐赠，建立与社区的联络工作机制，想方设法帮助社区解决实际困难。四是加强与台企党支部联动。帮助台企长春旺旺食品有限公司打造了全省第一家台企党支部，并与其开展联建共建，双向赋能共促支部发展。五是加强与相关厅局党支部联动。统筹全省对台工作资源，与商务

厅、农业农村厅、长春新区等相关党支部保持常态化联动，实现党建工作和业务工作的双融合、双促动。

三 经验启示

（一）提高政治能力是支部建设的首要任务

深刻理解和把握对台工作的政治性，坚持谋划部署工作从政治上考量，在实践历练中涵养政治能力。支部建设只有在思想上、政治上、行动上始终与上级党组织同频共振，才能全面提高支部党建的质量和水平。

（二）提升理论素养是支部建设的必然路径

坚持理论建党、思想强党，用党的科学理论武装头脑是提升党支部战斗力的重要法宝。持续跟进学习习近平新时代中国特色社会主义思想和党的创新理论，才能筑牢广大党员的思想理论基础，才能保证支部始终沿着正确方向不断前进。

（三）加强基础建设是支部建设的重要保障

党支部是党的基层组织建设中的战斗堡垒，是党全部工作和战斗力的基础。只有持之以恒抓基层、打基础，才能为党支部创造良好的工作氛围和推进动力，支部建设才能不断得到加强，各项工作才能落地生根、见到实效。

改革赋能、转型升级　增强国有企业核心竞争力

——吉林水投集团提升核心竞争力的探索与实践

李洪春*

一　背景情况

吉林水投集团所属水工局公司是1957年成立的企业，存在着体制机制落后、思想观念陈旧、市场意识不强、人才流失严重等突出问题，吉林水投集团通过实施"吉林水工"品牌创建专项行动等措施，企业核心竞争力与核心功能获得有效提升，改革成效十分显著。

二　主要做法

（一）把市场营销专项开发打造成为品牌创建专项行动的"强基工程"，培育"开放水工"

加大市场开发力度，与大型国企和央企深度合作。完善资质体系，通过资质升级实现优势升级，为做强做优注入强劲动力。全员找市场跑项目，建立市场开发奖励和追责、追偿机制，超额完成指标给予奖励。

（二）把安全质量专项提升打造成为品牌创建专项行动的"保障工程"，培育"平安水工"

建立三级网格化管理责任体系，构建网格化、立体化、智能化安全体系。

---

*　李洪春，吉林水投集团企划经营部部长。

严抓工程质量管理。深入开展工程质量标准化建设，加大对在建工程项目的隐患排查和监督检查力度。加快推进"大风控"体系建设，打造风险防控、内控建设、合规管理、法治建设、审计监督"五位一体"协同发展格局。

（三）把管理水平升级打造成为品牌创建专项行动的"品质工程"，培育"卓越水工"

完善财务内控制度，强化资金集中管理，严控预算管理。实行项目经理分级管理制度，建立完备的评级与进退机制。强化工程成本管控完善材料、设备采购资源库和施工队伍资源库建设并实施动态管理。

（四）把体制机制变革打造成为品牌创建专项行动的"牵引工程"，培育"活力水工"

实施以经理制为核心的职位层级框架设置。建立灵活的薪酬分配机制，树立重能力、重业绩、重贡献的鲜明导向。完善薪酬分配和绩效考核体系。实现薪酬分配"三个倾斜"，即薪酬和荣誉向市场倾斜、向一线倾斜、向能人倾斜。

（五）把工匠精神打造成为品牌创建专项行动的"旗帜工程"，培育"创新水工"

建立"工匠工作室"，发挥服务生产、服务基层和传帮带作用，助推科技创新和数字化建设，把工作室打造成为科研和专业技术成果的产销地，成为鲜活的品牌样本。

（六）把加强党的建设打造成为品牌创建专项行动的"护航工程"，培育"凝心水工"

坚持规范合标、简便易行原则，统筹研究提出具体工作标准、流程、清单和细则，一体化推进"支部＋工地"标准化双建双创活动。坚持标本兼治，一体推进"三不腐"，常态长效纠治"四风"，开展中央八项规定精神"过一遍"监督检查，驰而不息开展党风廉政建设。

三 经验启示

回顾吉林水投集团的改革举措，带给我们一些深刻启示。

（一）必须坚持以政治建设为统领

全面贯彻习近平新时代中国特色社会主义思想，深刻领会"两个确立"的决定性意义，增强"四个意识"、坚定"四个自信"、做到"两个维护"，坚持"两个一以贯之"，不断强化党对国有企业的全面领导。

（二）必须拥有坚强有力的领导班子

充分发挥各级领导班子的凝聚力、创新力、战斗力，谋划全局、精准决策、驾驭风险，敢于破解历史难题，敢于突破创新，敢与最优者对标，敢与最强者竞争，引领企业实现高质量发展。

（三）必须坚持系统思维

把企业发展放在全国大势中思考，放在全省大局中谋划，结合行业发展现状和未来趋势，明确自身定位，统筹兼顾企业改革发展各个方面，做到系统性思考、全局性谋划、整体性推进，多方联动，综合施策，从而实现更高质量、更高效益的发展。

（四）必须加快转变发展理念

积极推动管理模式升级，由过去的侧重生产建设管理逐步向管资本、资产、资金、资源转变，实现由"管理"向"治理"、"管理"向"管控"的升级。

（五）必须狠抓工作落实

坚持"五化"闭环工作法，充分发挥工作专班作用，灵活运用"赛马"机制、考核奖惩机制、督查督办机制等方式方法，确保各项工作落实落细、见行见效。

深入实施"三大增粮行动"
坚决扛起维护国家粮食安全重任

——白城市狠抓粮食增产工作的实践与思考

董 伟*

一 背景情况

习近平总书记高度重视粮食安全问题，赋予东北地区当好国家粮食稳产保供"压舱石"的新使命。省委、省政府认真贯彻习近平总书记视察吉林重要讲话和重要指示精神，坚决扛起维护国家粮食安全重任，深入实施"藏粮于地、藏粮于技"战略，全力推进"千亿斤粮食"产能建设工程。白城把突出抓好粮食增产作为头等大事，立足耕地面积大、未利用地多、粮食单产低的实际，大力实施改地增粮、科技兴粮、以水保粮"三大增粮行动"，充分挖掘粮食生产潜力，切实做好粮食增产这篇大文章，努力让中国人的饭碗多装"白城粮"。

二 主要做法

（一）坚持改地增粮，充分释放资源优势

一是抓好盐碱地综合治理。积极探索盐碱地综合开发利用路径，承接盐碱地综合利用国家试点项目，累计实施改造项目66个、新增耕地33.8万亩，形成了以水定地、集中连片、生态改良、良种自育、现代化生产经营的"大

---

* 董伟，白城市委副秘书长。

安模式"。二是全力建设高标准农田。按照"缺什么、补什么"原则，深入开展"黑土粮仓"科技会战，创新"国有公司＋新型经营主体＋农民＋水肥一体化＋合理密植"高标准农田建设"五位一体"模式，积极引导社会资本、新型经营主体和广大农民参与高标准农田建设，全市完成高标准农田建设667.8万亩。三是坚持农牧联动培肥地力。发挥畜禽养殖规模优势和主粮深加工副产品资源优势，与新大地、佳沃等企业合作，年生产有机肥30万吨，实现工业副产品资源化利用与培肥农田地力的双赢。

（二）坚持科技兴粮，提升粮食单产能力

一是强化良种、良机、良法支撑。持续加大洮南市国家级玉米种子繁育基地建设，推动大安市省级耐盐碱常规水稻种子繁育基地向国家级迈进，全市制种面积达到8.5万亩。加强全程机械化新型农业经营主体建设，主要农作物全程机械化率达到94.8%。测土配方施肥、航化作业、水肥一体化、绿色防控、稻渔综合种养等新技术集成应用超过2000万亩（次）。二是发挥项目撬动作用。落实中央财政新型农业经营主体能力提升项目，支持279个农村合作社、207家家庭农场发展壮大，补贴农业生产社会化服务面积达到126.1万亩。三是突出适度规模经营引领。推广村党支部领办辣椒合作社，抓好通榆县农业社会化服务平台省级试点建设，全市农业适度规模经营面积达到658万亩。

（三）坚持以水保粮，夯实粮食增产基础

一是抓好重点水利工程。抢抓全省"大水网"建设契机，重点实施引嫩济洮、大安灌区二期扩建等"五大水利工程"，构建嫩江、洮儿河区域循环水系，打通入田到户"最后一公里"，为粮食生产提供充足水源保证。二是大力发展节水灌溉。推广生物节水、农艺节水和高效节水灌溉技术，全市农田全程灌溉面积1379.3万亩，其中高效节水灌溉面积694.8万亩，占全程灌溉面积的50%以上，收到了节本、增产、增收的良好效果。

通过实施"三大增粮行动"，白城粮食综合生产能力持续提升。截至

2023年，全市粮食产量达到116.1亿斤，实现"十二连增"，占全省比重由2011年的10.3%提升到2023年的13.9%。作为全省粮食增产的主体区，全市力争到2030年新增粮食50亿斤，粮食产能达到160亿斤以上。

三 经验启示

一是高层推动是关键引领。市委、市政府把维护国家粮食安全作为政治责任，列入年度重点工作事项来推动，形成齐抓共管的工作格局。

二是融合发展是有效途径。引进梅花集团、益海嘉里等农业产业化龙头企业，实现粮食就地加工转化、稳粮增收，保护农民群众种粮的积极性。

三是市场参与是有力支撑。引导社会资本参与盐碱地改造、高标准农田建设，发挥其在人才、资金、技术及市场等方面的优势，从而更好激活农业农村资源。

四是技术创新是重要保障。通过与国内高校、科研机构等合作，在良种繁育、培肥地力、盐碱地改良等领域研发新技术，为粮食稳定增产注入活力与动力。

贯通"大思政" 迈出"新格局"

——吉林财经大学构建"大思政"工作格局，推进"三全育人"综合改革

庞长亮*

一 背景情况

近年来，吉林财经大学深入学习贯彻习近平总书记在全国高校思想政治工作会议和全国教育大会上的重要讲话精神，以立德树人为宗旨，紧紧围绕"培养什么人、怎样培养人、为谁培养人"的根本问题，大力推进全员育人、全程育人、全方位育人"三全育人"综合改革，加快构建一体化高质量的思想政治工作体系。

二 主要做法

（一）坚持党的领导，把握改革正确方向

学校始终把党的领导贯穿"三全育人"综合改革全过程，成立思想政治工作领导小组，统筹推进全校"三全育人"综合改革。积极探求深化"大思政课"建设，协同推进学校文化传承创新与落实立德树人根本任务深度融合，高质量建成红色金融教育博物馆、财税思想史博物馆、营商环境博物馆、吉商博物馆、《资本论》文献馆和省级创新创业教育实践中心"五馆一基地"，在学习贯彻习近平新时代中国特色社会主义思想主题教育中获得好评。

---

* 庞长亮，吉林财经大学党委常委、组织部部长。

（二）完善制度体系，培养全方位发展人才

学校创新建立"1+6+6"工作制度体系，以《中共吉林财经大学委员会关于进一步完善"大思政"工作体系的实施意见》为指导，搭建支撑"三全育人"综合改革的6个工作平台，即涵养知礼明德之道的党建思政平台、塑造健康人格之本的群团活动平台、砥砺博学致新之术的学术创新平台、强化崇德向善之基的文化传承平台、分享友爱和谐之乐的激励保障平台、开启成功生涯之源的职业发展平台。围绕习近平经济思想、习近平法治思想、习近平外交思想、习近平强军思想、习近平生态文明思想、习近平文化思想成立6支青年大学生理论学习小组，激发学生基于兴趣的内生动力，塑造卓越担当的人生品格。

（三）创新育人体系，搭建育人长效机制

学校创新构建"一核五优"长效机制，即以立德树人为核心，坚持优势思想旗帜引领、优良机制协同创新、优质队伍支撑保障、优秀文化激励鼓舞、优美环境感染塑造，强化育人主体、细化育人过程、优化育人环境，切实落实"五育并举"到"五育五优"，促进人才全面发展，培养德智体美劳全面发展的社会主义建设者和接班人。

三 经验启示

（一）始终坚持正确的政治方向，是增强思想政治工作实效的根本前提

学校坚持以习近平新时代中国特色社会主义思想为指导，切实加强党的全面领导，全面开设习近平新时代中国特色社会主义思想概论课程，把新时代党对高等教育人才培养的要求落实到位，将社会主义核心价值观教育融入人才培养方案，确定了"开展爱心教育、弘扬爱心文化、推动爱心传承、培养爱心学生"的青年人才培养思路，涌现出一批致力社会爱心事业的公益典

型：连续24年照顾孤寡老人"爱的接力"团队，"妈妈老师"吕金华，全国"十佳孝贤"张尚昀，坚持25年的"代理妈妈""中国青年五四奖章"获得者张爽等。

（二）注重思政工作队伍的专业化建设，是提升思想政治工作科学化水平的重要途径

学校狠抓队伍建设，选精配足配强思政工作队伍，大力推进思政工作队伍专业化、职业化发展，为提升思想政治教育的科学化水平提供坚强保障。近年来，学校被确定为吉林省"三全育人"综合改革试点高校；组织育人方向被确定为吉林省高校思想政治工作创新发展中心承建单位；金融学院被确定为吉林省高校"三全育人"综合改革试点院系。

（三）坚持创新思维和系统思维，是促进思想政治工作形成育人合力的重要方法

学校全面打造课程、科研、实践、文化、网络、心理、管理、服务、资助、组织十大育人体系同频共振，丰富育人内涵，提升育人成效，让学生在第一课堂上接受理论、滋养浸润，在第二课堂体会践行、淬炼坚守，强化协同协作，形成育人合力。2023年，9支队伍入选团中央2023年中国青年志愿者协会志愿服务团队、全国大学生暑期"三下乡"社会实践专项活动，1个团队获评2023年全国"三下乡""新疆学子百村行"专项社会实践活动优秀团队；在第十八届"挑战杯"全国大学生课外学术科技作品竞赛中，学校获主体赛全国一等奖1项，"揭榜挂帅"专项赛全国二等奖1项。

坚持改革导向　强化国有企业核心功能

——长春市市属国有企业改革发展实践

一 背景情况

习近平总书记高度重视国资国企改革发展工作，发表系列重要讲话和重要指示，推进国资国企深化改革、高质量发展。近年来，长春市深入贯彻习近平总书记关于国有企业改革发展和党的建设重要论述，一体推进制度性、功能性改革，加快培育和发展一批市场化规模化市属国有企业产业集团，增强核心功能、提高核心竞争力，做强做优做大国有资本和国有企业，更好发挥战略支撑作用。

二 主要做法

（一）突出系统集成，抓好制度机制改革攻坚

坚持用改革的手段扫清发展障碍、增强企业活力，促进改革质量齐升。一是开展公司治理攻坚工程。全级次制定党委会前置研究讨论和董事会决策事项清单、总经理办公会事项清单，构建董事会建设"1+4"制度体系，市属企业全部实现外部董事过半目标。二是开展监管优化攻坚工程。深化"1+N"改革政策制度体系，推动监管与服务并行并重，加强服务型机关建设，印发《监管权责清单》《重大事项报告办法》等，健全投资后评价等全

周期监管，建立高质量对标考核体系，建成国资国企监管在线系统，协同属地构建服务重大项目建设"大国资"体系。三是开展市场化机制健全攻坚工程。以三项制度改革为统领，全面推行经理层任期制和契约化管理，建立管理人员竞争上岗、末等调整和不胜任退出制度，精简集团总部管理人员282人，完成56户重点亏损子企业治理，城开农投畜牧公司等竞争类子企业开展职业经理人选聘等。

（二）突出立破并举，全力以赴优化国资布局结构

坚持优化布局转业态，聚焦强链、补链、塑链，推动国有资本三个集中，提高配置效率，全力服务现代化产业体系建设。一是紧盯全市优势产业，引导国有资本投向关键领域，投资79亿元建成红旗新能源工厂，年产值超400亿元，合资打造15.3万平方米的国际汽车城创意汽车研发产业园，加快一汽专家公寓项目建设，全力服务一汽"六个回归"。二是引领服务市场主体，投资33亿元推进绿色循环畜牧产业示范园区建设，打造"吉牛"特色品牌，引领"秸秆变肉"暨千万头肉牛发展；建成长德工业园（一期）、人力资源产业园等产业孵化平台，设立科技创新基金，培育壮大国健生命银行、中希石墨等一批市场主体。三是强化国企市场主体地位，积极开展金融产业市场化并购，加快人才公寓、租赁住房建设，拓展医疗康养新业态，谋划落位5G数字产业园、算力中心等"六新产业"，高品质建成公共服务集聚区。

（三）突出功能属性，提升市属企业要素保障能力

聚焦平台、产业和要素协同布局，充分发挥国企保障支撑优势，放大国有资本功能。一是推进要素类市属国企强化担当，深入实施管网改造升级工程，市域日供水量最高达115万吨、日均污水处理量152.9万吨，运营供热面积超1亿平方米，供气保障2.5万名工商用户和228万名居民用户，形成强有力的支撑。二是推进公益类市属国企认真履行社会责任，聚焦优化公共交通运营服务网络，地面公交年客运量超4.5亿人次，推进第三轮轨道交通

建设、7个项目全部开建，助力市域空间格局和城市功能整体跃升。三是推进功能类企业发挥支撑优势，完成三环以内旧城改造，建成并运营"三馆"、长春站、龙嘉国际机场等场馆枢纽，改造北京大街、新民胡同、长拖文化创意产业园等历史文化街区，打造城市文化生活新业态。

（四）突出强根固本，坚持党对国有企业全面领导

坚决落实"两个一以贯之"要求，推进党的领导深度融入公司治理，层层完成"党建入章"，严格落实"双向进入、交叉任职""一肩挑"等相关政策要求，充分发挥把方向、管大局、促落实作用。全面铺开"BTX"体系建设，一体推进"党委运行规范化""支部建设标准化""党建创新实效化"3个专项行动，打造国企"红匠"党建特色品牌。坚持全面从严治党在国企没有特殊、没有例外的基本要求，压实从严治党主体责任，开展以案促改、以案促治，严格落实中央八项规定及实施细则，大力推进"廉洁国企""法治国企"建设。

三　经验启示

（一）统筹全市合力抓改革

国有企业改革是牵一发而动全身的工程，长春市委、市政府把学习贯彻落实习近平总书记关于国有企业改革发展和党的建设重要论述作为重大政治任务，多次召开专题会议部署，跟踪问效改革成果，分层细化市属国有企业及各属地改革任务和责任，全力推进改革各项要求落实落地。

（二）坚持市场导向抓改革

始终强化国有企业市场主体定位，以综合改革为导向，坚持一企一策、因企施策，精准研究解决办法，着力提高改革的针对性，确保企业经营发展平稳运营。

（三）强化协同高效抓改革

坚持把企业内部改革和外部监管衔接起来，把改革、发展、转型统筹起来，由点到面、点面结合，推动企业健全内控体系、精益管理，不断聚合改革的合力，实现由量变到质变的转变，确保改出动力、改出发展活力，引领推进国有企业高质量发展。

推进档案信息化建设　引领档案管理现代化

——四平市档案馆推进档案信息化建设的实践案例

高德春*

　　档案，记录着历史，传承着文明。几年来，四平市档案馆认真学习贯彻习近平总书记关于档案工作的重要指示批示精神，积极研究探索，不断总结经验，在档案信息化建设工作上取得了新的进展。

一　背景情况

　　2021年7月，习近平总书记对档案工作作出重要批示，档案工作存史资政育人，是一项利国利民、惠及千秋万代的崇高事业。并提出"四个好"和"两个服务"的工作要求，为新时代档案事业高质量发展指明了方向。新中国成立后，我国档案事业取得长足发展，馆藏档案质量数量和硬件建设、队伍建设、法规标准建设都有了巨大进步。但传统档案以纸质档案为主，存在信息载量低、占用空间大、保管要求高、检索应用不方便等突出问题。2013年，国家提出实施档案存量数字化、增量电子化战略。《"十四五"全国档案事业发展规划》就深化档案信息化战略转型作出具体工作部署。为适应时代变化和新的工作要求，四平市档案馆也围绕档案信息化建设开展了一系列工作，开启了档案信息化战略转型之路。

---

　　* 高德春，四平市档案馆馆长。

二 主要做法

（一）推进馆藏档案数字化进程

以建成全市档案数据中心为目标，加快推进存量数字化、增量电子化，截至目前馆藏档案数字化率达到42.8%。存量数字化方面，对馆藏218个全宗89000卷（件）永久档案和利用率较高的长期文书档案进行全文扫描，完成扫描400万页，目录数据49万余条。增量电子化方面，加强电子档案（档案数字化副本）接收工作，已将120余家单位2011—2020年文书类档案数字化副本3800张光盘接收进馆，市直机关2011—2023年形成的文书档案均已实现纸质与电子文件配套管理。

（二）搭建档案信息化建设平台

自2020年起，四平市档案馆以局域网资源为基础，依托四平市政务网，从立档单位在线移交、开放档案目录共享、数字档案馆三个方面搭建四平市档案馆档案信息资源共享平台。立档单位在线移交系统试运行以来，接入全市107家机关单位，云平台累计接收2021—2022年文书档案共计27918件、数码照片档案2594组6731张。

（三）加快探索信息化手段实践应用

在不断完善档案信息化建设平台的基础上，积极探索信息化技术手段的实践应用。2023年下半年，应用专业软件开展档案开放辅助审核工作，对12万件档案进行内容审核，大大提升了工作效率。此项工作走在了全省前列，得到了各方面重视和肯定。

（四）强化信息化建设保障支撑

结合四平实际，与市档案局联合制定了《四平市直机关文书类电子文件归档整理要求》《四平市市直机关数码照片归档整理细则（试行）》等业务标准。累计投入100余万元，建设了电子档案库房，配置了档案馆智慧库房管理系统，建立了档案馆一体化管控平台以及信息化设备等。引进信息化方向专业人才2人，缓解了专业人员短缺问题。

三 经验启示

（一）要立足当前、放眼未来

信息化是未来实现档案事业高质量发展的关键，档案工作必须跳出传统思维的束缚，主动融入数字经济、数字社会、数字政府建设，推动档案全面纳入国家大数据战略，在国家相关政策和重大举措中强化电子档案管理要求，实现对国家和社会具有长久保存价值的数据归口各级各类档案馆集中管理。

（二）要持续用力、久久为功

信息化建设基础投入大、技术更迭快、人员素质要求高，尤其在经济不发达地区开展档案信息化工作，资金、人才等方面存在很多困难和问题。必须克服畏难思想，深入研究问题，综合分析原因，全面权衡利弊，科学决断取舍，才能使档案信息化工作取得实实在在的成效。

（三）要积极探索、注重应用

档案信息化建设必须围绕实际需要开展，防止标新立异、贪大求洋，重点要放到档案信息互通、开放审核、编研开发、查询利用等方面，加快新技术手段和基础工作内容的融合，助力档案工作转型升级。

"全流程+三化"打造诉讼服务"一站通办" 探索司法为民"最优解"
——通化法院深化诉源治理和"两个一站式"建设工作启示

邹秀芳*

一 背景情况

习近平总书记指出，法治建设既要抓末端、治已病，更要抓前端、治未病。坚持把非诉讼纠纷解决机制挺在前面，从源头上减少诉讼增量。这些重要论述为法院抓好诉源治理指明了方向。近年来，通化法院坚决贯彻习近平法治思想，主动融入党委领导的诉源治理大格局，创新推进诉讼服务立案、调解、诉后全流程"一站通办"服务举措，深化夯实诉源治理工作。通化法院新收诉讼案件连续三年呈下降态势，导出案件调解成功率为82.9%，大量纠纷化解在诉前，诉源治理工作成效凸显。

二 主要做法

（一）以"贴心化"提升立案速度

通化法院站在当事人的视角改造升级诉讼服务中心，在服务效率、立案方式、服务内容上创新举措，有效破解"立案难"。开展"立案到乡镇、开庭到村屯、调解进家门"工作模式。定期到辖区乡镇村屯，运用"移动微法院"指导当事人就地网上立案，现场及时解纷，法庭巡回立案占立案

---

* 邹秀芳，通化市中级人民法院常务副院长。

数量的67.8%。快速瘦身立案环节，做到查询咨询、诉讼指导、材料审核、交纳费用、司法救助、卷宗移送马上办理。优化便民利民"十条绿色通道"。专门开通老年人、残障人士、企业维权、延时服务、涉农案件等绿色通道，由党员法官提供法律咨询、诉讼辅导、上门立案等定制化服务1000余次。

（二）以"多元化"提升调解质效

通化法院构建以8个诉讼服务中心为主干，22个人民法庭为分支，以86个调解组织、239名人民调解员为辐射点的立体调解网络，打出四套解纷组合拳，建立诉前多元解纷新体系。推动联合调解合力化。坚持走出去，激发协同治理能量，全市176名法官对接网格5582个，提供排查矛盾、调解纠纷等服务2320次；与市发展改革委等16家单位深化专项诉调对接；联合行政争议协调化解中心诉前化解474件，化解率82.7%。培育诉服调解品牌化。创建"金珍玉调解工作室""冰凌花调解工作室""老纪说事点"等服务品牌，打造定分止争的"金名片"。开创律师援助全覆盖。与市司法局共建全省首家"律师常驻法院工作站"，为群众无偿提供法律服务3300余人次。创新二审诉前调解机制。将上诉流转卷宗的空档期变为纠纷化解的机遇期，将调解贯穿始终，调解成功155件案件。

（三）以"集约化"提升诉后服务

通化法院将除庭审外的49项服务事项全部前移至窗口集约办理，让查询、阅卷、送达、风险评估等各项诉后服务"一站式"办理。探索判后答疑新方式。成立"司法释明服务中心"，构建释明专家智库，推动承办法官主动释明。运行以来，为当事人提供释明服务9700余人次，一审案件服判息诉率同比上升1.23个百分点。开设"办不成事"反映窗口。由立案庭庭长值班，对普通窗口办不成的"疑难杂症"对症下药，让群众时刻有人帮、有人管。推行目的地集中送达新模式，与邮政合作采取目的地集中打印邮寄的方式送达，实现"文书网上跑、邮件同城送"。

❸ 经验启示

（一）坚持一体推进，高站位统筹部署

成立全市法院诉源治理工作领导小组，统筹解决重大问题。研究工作方案和具体举措，细化分解任务，层层压实责任，推动诉讼服务提档升级，构建矛盾纠纷源头预防化解体系。

（二）坚持完善机制，全流程规范运行

研究制定诉讼服务各项工作规范和制度22个，对人员设置、服务事项、品牌创建、监督考核等各方面逐项细化。积极探索新举措，针对实践中的突出问题，及时制定相应制度推动问题解决。许多制度的制定实施都走在了全省法院前列。

（三）坚持需求导向，构建服务新模式

以更好满足群众多元司法需求为落脚点，将能动司法理念深度融入诉源治理的司法实践中。通过诉讼服务"一站通办"，从源头上、本质上化解矛盾，努力满足人民群众对司法的新需求、新期待。

推动高质量立法　保障依法治污

——吉林省生态环境领域地方立法的探索与实践

双百平合*

一　背景情况

党的十八大以来，在习近平法治思想和习近平生态文明思想指引下，通过不断完善生态文明制度体系，推进生态环境领域法治政府建设，坚持依法治污，为生态文明建设发生历史性、转折性、全局性变化提供了重要法治保障。吉林省牢固树立"绿水青山就是金山银山"理念，落实用最严格制度最严密法治保护生态环境要求，积极发挥立法的引领、推动、规范、保障作用，牢牢抓住地方立法实施性、补充性、探索性的特点，不断健全生态环境法规体系，织密生态环境法治保护网，用法治的力量守护绿水、青山、黑土地，实现绿色低碳发展和生态强省建设。下面从生态环境部门的视角谈一谈地方立法的主要做法和经验启示。

二　主要做法

（一）围绕重点要素推动立法，立法数量显著提高

为解决人民群众关心的环境问题和生态环境与绿色发展难题，省生态环境厅积极推动开展相关立法，立法步伐明显加快。近年来，先后拟订了《吉林省生态环境保护条例》《吉林省危险废物污染防治条例》等六部地方性法规送审稿，由省人大按照立法程序颁布实施。特别是2019年颁布了

---

* 双百平合，吉林省生态环境厅法规与标准处处长。

《吉林省辽河流域水环境保护条例》，进一步贯彻落实习近平总书记对辽河流域水污染问题作出的重要批示，坚持打好污染防治攻坚战，努力实现辽河流域碧水长流。2021年颁布了《吉林省危险废物污染防治条例》，深刻吸取抗击新冠疫情经验，强化医疗废物回收要求和企业责任，保障人民群众生命健康。

（二）立法质量成效明显，立法特色不断凸显

在拟订法规送审稿过程中，省生态环境厅始终坚持以人为本解决突出环境问题；坚持从省情出发协同推进经济社会发展和生态环境保护；坚持以立法推进环保领域改革，在改革中完善环保制度；坚持依法惩处违法行为，不降低标准、不突破底线、不搞下不为例；坚持不抵触、有特色、可操作的立法原则，着力提高立法质量。同时，积极贯彻习近平生态文明思想，树立了环境法治应有的权威。2020年颁布的《吉林省生态环境保护条例》坚持目标和问题导向，确立了源头严防、过程严管、后果严惩的保护路径，强化系统性保护，健全责任体系，成为吉林省具有基础性、综合性、系统性作用的地方性法规。2023年颁布的《吉林省机动车和非道路移动机械排放污染防治条例》，积极探索"小切口"立法，将污染防治实践中行之有效的举措固定下来，针对性、适用性和操作性明显增强。

（三）立法合力不断加强，立法模式得到创新

省人大常委会充分发挥立法机关的主导作用，在《吉林省辽河流域水环境保护条例》等重要立法工作中，召开协调推进会，提前介入，倒排工期，集中力量，同步征求意见、同步调研论证、同步修改完善，协同推进立法进程。省人大环资委、法制委、法工委、省司法厅、省生态环境厅等密切配合，仅用了1年零2个月的时间，就制定出台了该条例，及时将辽河流域治理纳入规范化、法治化轨道。

三 经验启示

（一）坚持党的领导，保障立法正确方向

坚持党的领导是做好生态环境地方立法的根本与前提，有利于全面贯彻落实习近平生态文明思想，全面贯彻落实党中央关于生态环境保护和高质量发展的重大决策部署。省委对立法工作的领导体现在全过程和全方面，研究五年立法规划、研究大气污染防治等重大立法事项，在制度化、规范化的轨道上展现责任担当和务实精神。

（二）坚持以人为本，保障群众环境权益

生态环境地方立法，就是体现生态惠民、生态利民、生态为民的初心。地方立法始终将实现和保护好人民群众生态环境权益作为出发点和落脚点，严肃对待、积极解决群众各类生态环境诉求，依法及时有效打击违法犯罪行为，得到了广大人民群众的广泛支持和积极参与，形成了全社会共同保护和改善生态环境的良好氛围。

（三）坚持实事求是，科学依法民主立法

全面准确把握宪法精神和上位法规定，提升依法立法能力。对争议较大的立法事项，加大协调力度，提高协调层级、妥善处理分歧；经充分协调仍达不成一致的，及时按程序报告。深化民主立法实践，有效听取人大代表、政协委员、公民、企业、社会组织意见建议，法规的及时性、针对性、有效性更加鲜明，以生态环境高水平保护助力高质量发展。

聚焦主责主业　强化使命担当

——长影电影创作管理工作的探索与实践

白晶莹*

一 背景情况

作为新中国电影的摇篮，长影在79年的发展历程中拍摄了《上甘岭》《英雄儿女》《刘三姐》《五朵金花》《开国大典》等一大批优秀电影，深深地影响了新中国几代人的成长。近年来，在省委、省政府的大力支持下，长影先后联合出品《狙击手》《流浪地球2》《志愿军：雄兵出击》等电影，荣获华表奖、"五个一工程"奖、金鸡奖等多项国内外专业奖项。在欣喜于长影取得成绩的同时，我们也清醒地认识到长影发展中所遇到的短板和困难。例如，缺少与国际国内一流电影创作机构的交流和对话，缺乏敏锐捕捉市场的能力。开放创新意识、科技强影意识、市场兴影意识较弱。

二 主要做法

新时代新征程，要坚持以习近平新时代中国特色社会主义思想为指导，全面落实作品立影、产业助影、人才兴影、技术强影、开放办影、党建管影的六大办影理念，聚焦主责主业、强化使命担当。

（一）坚持作品立影，用优秀作品擦亮长影文化品牌

始终把电影作为长影的根和魂，作为全部工作的核心任务来抓。准

---

*　白晶莹，长影集团影视管理中心主任。

确把握新时代文艺创作新要求、人民群众新期待，围绕抓原创、抓精品、抓项目持续发力，不断推出反映时代新气象、讴歌人民新创造的影视精品。现已形成谋划储备一批、拍摄制作一批、投放市场一批的有序生产格局。

（二）坚持产业助影，为振兴主业提供强有力经济支撑

以"做产业链的整合者"为指导，开创产业振兴新格局。各子公司以文化传承发展精神为指引，在"影视+"政务服务、研学、文创、展演、电商等方面，实现了突破，让文化市场"火"起来。

（三）坚持人才兴影，着力夯实长影振兴发展根基

长影集团高度重视人才工作，将"人才兴影"摆在突出位置。一方面，持续抓好自有人才的培养。另一方面，着力完善引才聚才机制。

（四）坚持技术强影，不断满足电影市场的时代需求

深入推进"虚实一体化数字内容生产平台建设"和"长影新中国珍贵纪录影像抢救性保护数字化工程"工作。

（五）坚持开放办影，着力提高对接市场、整合资源能力

一是全面融入，深度参与中国长春电影节，借助电影节平台进一步加深业内企业合作。二是广泛参与国内各大电影节（展），进一步拓展联合创作、市场开发等交流合作渠道。

（六）坚持党建管影，把加强政治建设要求落到实处

坚定不移做好新时代意识形态工作。落实全面从严治党战略部署，持续加强党风廉政建设。加强政治监督、培树新风正气，持续构建系统完善的监督体系，全面加强管理，推动各项工作提质量、上水平。

三 经验启示

（一）强化质量观念

坚持以人民为中心的创作导向和现实主义的创作方向，把握新时代新要求，自觉以"国家队"和"吉林代表队"角色思考和谋划主业创作，从故事内容、表现手法、拍摄技术、营销方式等方面不断进行创新，着力增强作品的精神厚度、思想深度和情感浓度，提高讲好故事的能力，让"长影出品"这个金字招牌焕发新的活力。

（二）强化效益观念

长影作为大型文化国企，首先要把社会效益放在首位，严格按照党的要求和人民的期望去创作，把弘扬主旋律、传播正能量作为核心任务。同时要坚持以市场为导向，算好社会效益与经济效益两本账。要增强向市场要效益，谋发展、保生存的危机感和紧迫感，推动创作质量和经营效益实现同步提升。

（三）强化创新观念

长影发展进入固本培元、守正创新的重要时期，比以往任何时候都需要创新。在推动振兴主业、做强产业，全面提升创作质量、经营效益的实际工作中，要勇于突破旧思维、老套路，善于学习接纳新知识、新技术，按照现代企业制度要求，全面推进创作机制、经营模式、管理手段创新，推动长影各项工作实现质的跨越。

精细管理、多元发力　赋能国有企业高质量发展

——吉能集团精细化管理实践与探索

刘继尧*

一　背景情况

习近平总书记在新时代推动东北全面振兴座谈会上强调，新时期东北要牢牢把握在维护国家"五大安全"中的重要使命，这一论述为新时代东北全面振兴、国企未来发展指明了方向。作为省属国有大型能源企业，吉能集团立足自身实际，按照"聚焦能源，相关多元"发展战略，以煤炭和新能源"双轮驱动"为内生动力，以推行精细化管理为重要抓手，厚植优势，集聚胜势，加快构筑新时代新发展格局，实现了企业高质量发展。

二　主要做法

（一）推进精细化体系建设

坚持从"理念引领、责任落地、机制约束、督导考核"等环节着手，以"完善体系建设、明晰责任部门、加强督导检查、严肃考核奖惩"为推进手段，构建了"一把手牵头负责、分管领导各负其责、班子成员齐抓共管、全体员工广泛参与"的精细化管理责任体系。制定《精细化管理提升实施方案》《矿井"六定"管理实施意见》等办法，理顺了日常运行机制，保证了

＊　刘继尧，珲春矿业（集团）有限责任公司总经理。

精细化管理工作的无缝衔接。精准赋予员工精细化管理参与者和实施者"双重身份",通过"软文化"和"硬指标"双重发力,引导广大干部员工将精细化管理方式方法融入日常管理,规范自身行为,改变了以往粗放式管理模式。

(二)突出矿井创效中心地位

吉能集团的生存基础、发展根基、竞争优势都源于煤炭,稳住了煤炭生产,就稳住了生存发展的"基本盘"。着力推进以"定产量、定接续、定效益、定岗位、定人员、定标准"为内容的矿井"六定"工作,将精细化管理涵盖贯穿矿井安全生产、成本管控、煤质管理、科技提效等环节,按照"一矿一策、分类指导"管控模式,提高精细化管理水平,矿井有序稳定高效生产,发展后劲和承载力不断增强。

(三)全面开展管理提升行动

自上而下推广精细化管理模式,深入开展标杆试点,提炼推广典型经验和应用样板。坚定地面竞争类企业"自主生存、自担风险、自负盈亏"经营方向,将精细化管理纳入基层单位年度经营业绩考核,盯紧月份经营目标兑现,以指标刚性考核,倒逼下属单位主动参与市场化运行,自觉在深化改革激活力、综合管控降成本、精细管理提效益上动脑筋、想办法、下功夫。

(四)精准推进新能源项目建设

精准抓好项目谋划、建设和运营,以新能源项目推进为主线,全面带动装备制造、能源服务等板块发展,形成产业集聚效应。深入研究新能源产业发展趋势,积极部署氢能产业,规划风光制氢合成氨一体化项目;发挥增量配电网作用,寻求"绿电+消纳"机遇,在源网荷储一体化项目、委托能源管理等方面开展科学论证;加快重点项目建设,精准倒排66万千瓦燃煤发电、80万千瓦风电、增量配电网15万千瓦风电、6.45万千瓦"乡村振兴"风电等重点项目工期,科学组织施工,走稳走实转型发展之路。

三 经验启示

党的二十大报告强调，国有企业要做强做优做大，提升企业核心竞争力。在推动吉林全面振兴率先实现新突破关键时期，吉能集团积极融入吉林省"一主六双"高质量发展战略，立足自身资源禀赋、产业基础，主动加压发力，做优做细做实精细化管理，践行国企使命与担当。

（一）精细化理念要与企业文化相结合

引入精细化管理理念时要注重弄清精细化管理的内涵，将企业文化与精细化管理文化相融合。要坚持从转变观念入手，从点到面、自上而下地提高对精细化管理的认识，通过宣传、激励、培训等措施，推动实现从管行为、管具体向管思想、管系统转变，促进全体员工自觉、主动实施精细化管理。

（二）精细化考核要与实践检验相贯通

精细化管理实施要坚持实践检验标准，要通过建立一套科学有效的绩效考核机制，把管理、生产等各项工作进行标准化、可度量化，将精细化管理方式精准渗透到各个环节，最大限度地调动员工积极性，从而推动战略目标真正落实落地。

（三）精细化管理要与时俱进向纵深发展

随着国企改革的不断深入，实践精细化管理更要与时俱进。要在常态化实施精细化管理基础上，深入开展对标管理，对精细化管理模式再完善、再优化，通过与一流企业进行全面对标、全员对标、全过程对标，形成符合自身实际的精细化对标指标体系，提升企业内部管理水平和整体竞争力，推动企业实现高质量发展。

点亮夜间经济、激发消费活力
打造文旅高质量发展新引擎

——梅河口打造"东北不夜城·城市舞台"的探索与实践

赵　群*

一 背景情况

吉林省委、省政府作出打造旅游万亿级产业发展规划，纳入"一主六双"高质量发展战略，梅河口市在先天缺少优质旅游资源的情况下，把旅游业作为主导产业重点发展，抢抓全省夜经济示范城市建设试点机遇，精心规划建设"东北不夜城·城市舞台"。2021年启动建设以来，经过持续运维升级，在原有533米主街区的基础上，建设陕西街、云南街、月亮湾、四川街等，形成总长2046米，占地面积近30000平方米的文旅消费集聚区。2023年客流量达到510余万人次，被评为第一批国家级夜间文旅消费聚集区、第二批国家级旅游休闲街区。梅河口一跃成为东北地区知名旅游城市。

二 主要做法

（一）"常变常新"，让游客"常来常新"

我们将创新作为核心，为避免"不夜城"昙花一现，启动实施效果提升、演绎提升、美食提升"三项工程"，坚持"有节过节，无节造节"，将国潮元素与东北风俗结合，突出假日消费和夜游属性，创新举办东北泼水狂欢节、

*　赵群，吉林省旅游控股集团综合办公室主任。

国潮七夕节、火把狂欢节、中秋梦幻节、汉服艺术节、国潮国庆节、元宇宙节、十二花仙电音泼水节、国潮杂技节、酒文化潮玩节、惊天奇幻魔术节、少数民族风情节等特色节庆活动，打造了一批"爆款"文旅产品。尤其在举办东北泼水狂欢节期间，在不夜城、海龙湖两场地双线作战，我们克服演员长期往返表演疲惫不堪、资金紧张、节庆长达1月之久等困难，为市民游客带来一场酣畅淋漓的盛夏狂欢，开幕当天接待游客6.8万人次，累计接待游客52.5万人次，泼水节的"燃爆出圈"为城市文旅经济发展带来强劲动力。

（二）"数字运营"，助街区"赋能升级"

为促进"不夜城"街区消费升级、体验升级、服务升级，打造数字化应用场景和创新消费场景，大力推动智慧文旅街区和智慧数字业态建设。一方面，完善数字化运营平台。建成完善智能集成人脸识别系统，实时抓取人流数据，为掌握客群客情与运营研判提供数据支撑。同时，建立新媒体运营矩阵，通过微信、抖音等新媒体，整体策划、合力推动、专业运营。另一方面，建立全覆盖通信网络。增设5G基站、客流摄像机、安全视频监控及广播设施，实现无线网、广播、监控全域覆盖，根据人流情况及时调整风险管控措施，保证游客在街区内网络通畅、游览安全。

（三）"线上线下"，创城市"核心IP"

聚焦品牌建设，打造全域旅游知名品牌。一是全方位推介。以"出典型精品、上大报大台、登头条要闻"为目标，加强与中央电视台、新华社、吉林电视台、《吉林日报》等中央、省直主流媒体联系，通过官方媒体全景观察、全网发声、全域推广。同时，借助"张同学""银行小姐姐"等网红力量，创作一批营销视频，通过巨大的流量让梅河口迅速"出圈"。二是多渠道招引游客。发挥"旅联体"作用，与53个城市、548家旅行机构深化合作，推出以"不夜城"为核心内容的旅游产品，整合周边网红景点形成精品旅游线路，大力吸引域外游客到"不夜城"游玩消费。三是广范围引进美食。优选云南、陕西等优质商家量身定制主题街区，针对粤菜、湘菜、杭帮菜等菜系实地招商，兼顾东北特色爆款小吃，接续引进高人气中华名小吃，成为街区引流利器，实现可持续发展。

三 经验启示

（一）看准了就抓紧干

梅河口能够打造"不夜城"，并以此为支点撬动全域旅游发展，就是抓住了国家和吉林省大力发展文旅产业和夜经济的机遇，果断把旅游业确立为主导产业，连续两年实施"旅游产业突破年"和"旅游产业跨越年"活动，并两次赴西安考察夜经济，与头部企业合作，探索出"政府主导推动＋国有企业注资＋专家团队运营"的旅游产业发展成功模式。发展文旅产业，要有看清本质、把握机遇的眼光、魄力和本领，把特色化作为旅游产业的核心竞争力，利用好吉林省冬季粉雪静风、夏季凉爽宜人的气候特点，挖掘山水林田湖草冰雪资源特色，做强冰雪避暑"双产业"，做精东西旅游"双环线"，打造独具特色的文旅品牌。

（二）"一盘棋"聚起强合力

建设"不夜城"期间，梅河口成立市级层面专班，统筹36个部门，启动审批容缺机制，组建国有管理公司，与运营方一起协同作战，创造了17天打造"不夜城"的"梅河速度"。建设文旅项目，要有等不起、慢不得、坐不住的紧迫感，在各地竞相发展文旅产业的背景下，项目建设缓慢就会失去先机，一定要克服东北施工期短的难题，坚持要素跟着项目走，在科学配置、健全机制、优化服务上下功夫，及时有效满足资金、人才、用地等各项需求，拿出开局即是决战、起步就是冲刺的劲头，千方百计推动项目早开工、早投产、早见效。

（三）一条街可以带百业

梅河口以"不夜城"为核心，建设知北村、梅小野星光花海、爨街美食不夜城、三亚火车头海鲜广场夜市等特色文旅设施，把梅河口打造成为集"夜购物、夜美食、夜旅游、夜文娱"为一体的夜经济发展集聚区，对交通、零售业、娱乐业等行业产生强力拉动，甚至一度出现了"一房难求"的火爆场面，形成"一街带一业、一业兴一城"的现代服务业新格局。必须紧紧抓住旅游产业蓬勃发展的窗口期，以夜经济为突破口，着力打通吃住行游购娱全链条，进一步丰富"旅游+"内涵、做足"旅游+"文章，做到月月有活动、季季有特色、年年有变化，培育更多旅游领域新质生产力。

勇担文化使命　提升育人成效

——白城师范学院文化育人工作的探索与实践

赵玉石*

一 背景情况

习近平总书记强调，在新的起点上继续推动文化繁荣、建设文化强国、建设中华民族现代文明，是我们在新时代新的文化使命。[①]高校作为文化研究、传承的主阵地，应立足新时代，在引领、推动文化繁荣、建设文化强国、建设中华民族现代文明中主动有为、贡献力量。白城师范学院深入贯彻习近平文化思想，扎实构筑"一主五力十维"的新时代大学文化高质量发展新格局，为建设高水平师范性应用型大学，培养德智体美劳全面发展的社会主义建设者和接班人，更好服务新时代吉林全面振兴注入不竭的文化动力。

二 主要做法

（一）初期定向，下好"先手棋"，科学布局谋篇

学校党委把文化建设纳入学校整体发展布局中，科学谋划大学文化建设工作顶层设计，出台《白城师范学院"十四五"发展规划和2035年远景目标》《白城师范学院"345"强校行动方案》，召开第三次党代会，明确提出着力推进大学文化建设，实现文化引领发展新突破，采取党建领航、学科攀

---

* 赵玉石，白城师范学院党委常委，宣传部（党委教师工作部）、统战部部长。

① 习近平：《在文化传承发展座谈会上的讲话》，人民出版社2023年版，第10页。

升、队伍锻塑、文化涵育、评价激励"五维"联动支撑举措，推动学校内涵式、特色化、高质量发展。

（二）中期攻坚，画好"施工图"，周密排兵布阵

按照学校党委的宏观规划和总体部署，出台《白城师范学院"十四五"时期大学文化建设方案》，明确大学文化建设的指导思想、基本原则、建设目标、建设内容、重点举措、保障机制、建设要求，为推进大学文化建设提供了施工图、时间表。成立以党委书记、校长为首的大学文化建设工作委员会，从精神文化、物质文化、制度文化、行为文化、学术文化五个方面，系统推进文化传承体系、文化特征体系、文化表述体系、文化识别体系、文化传播体系、文化浸润体系、文化典仪体系、文化治理体系等九大体系建设。

（三）深化破题，探好"深水区"，精准塑形提质

在大学文化建设工作全面启动、初见成效的基础上，学校推进改革创新进入"深水区"，以文化涵育为途径，以"扎根的教育"教育理念及"三个立足"办学理念和"一勤二心三向四维"文化价值理念为引领，围绕铸魂育人主线，锚定"五力提升"（以精神力实现感召激励、以执行力规范师生言行、以创新力增强文化活力、以凝聚力厚植教育情怀、以辐射力提升学校声誉）核心目标，打造具有白师特色的十大校园亮点文化品牌（文润白师、同心筑梦、风芳校园、约礼承典、瀚海拾遗、寓见青春、向美而行、桃李还林、丁香花开、静思雅集），构筑"一主五力十维"的文化建设体系，激发文化铸魂育人功能。

三 经验启示

（一）既要"高位推进"又要"群策群力"

"高位推进"即学校领导班子高度重视，自上而下产生强有力推动，实现大学文化建设落地生根、开花结果。"群策群力"即发挥广大师生和校友

的智慧，让全体白师人成为文化建设工作的主体，成为建设白师共同精神家园的见证者、体验者、参与者，在思想上达成最广泛的共识，在行动上迈出最同向的步伐。

（二）既要"一蹴而就"又要"久久为功"

"一蹴而就"即在短时间内全面启动大学文化建设工作，构筑文化建设的"四梁八柱"，确定校本文化的基调底色，快速实现文化建设从模糊到清晰、从零散到系统、从自发到自觉的跨越式发展。"久久为功"即通过持久浸润让大学文化建设成果内化于心、外化于行，持续推进文化建设工作走深走实，使白师精神、白师品格成为全体师生自觉遵守的价值追求。

（三）既要"仰望星空"又要"根植沃土"

"仰望星空"即文化建设必须坚持弘扬中华优秀传统文化、革命文化、社会主义先进文化。"根植沃土"则是充分结合学校实际，充分尊重学校传统，充分挖潜校史，形成独具白师特色的文化品牌。

（四）既要"系统施策"又要"重点聚焦"

"系统施策"是指大学文化建设中要树立全校"一盘棋"的思想，要系统推进，各部门要通力协作。"重点聚焦"则是要抓住重点领域和关键环节，着力创建文化品牌，打造文化名片。

大学文化是一所大学赖以生存发展的重要根基和血脉。白城师范学院将不断推进文化育人铸魂功能的有益探索和积极实践，凸显学校文化特色和亮点，落实立德树人根本任务，为建设文化强国、培养担当民族复兴大任的时代新人贡献智慧与力量。

大安市多措并举促进农民增收
推动乡村振兴取得新成效

管立松*

一 背景情况

习近平总书记强调:"农业农村工作,说一千、道一万,增加农民收入是关键。""要坚持把增加农民收入作为'三农'工作的中心任务,千方百计拓宽农民增收致富渠道。"[①]近年来,大安市严格贯彻习近平总书记重要讲话和重要指示精神,深入落实吉林省和白城市关于乡村振兴、促进农民增收工作的部署要求,各相关部门立足实际、主动作为,促进农民增收工作取得了较好成绩,农民收入持续稳定增长。

二 主要做法

(一)注重产业发展,夯实增收基础

在光伏项目方面,全市建成光伏扶贫电站95个,总装机近20.83万千瓦,年纯收益约4000万元,用于公益岗位工资、辅助岗位补贴,有效增加农民收入。在庭院经济方面。因地制宜种植辣椒、黏玉米、万寿菊等品种,采取"订单+农户"模式,种植面积837万平方米,户均增收达1700元以上。在其他重点产业项目方面。利用涉农统筹整合资金,重点实施了棚膜经济、肉

---

* 管立松,大安市人民政府党组成员。

① 赵永平、高云才、王浩:《"说一千、道一万,增加农民收入是关键"(总书记的人民情怀)》,《人民日报》2023年6月19日。

牛养殖、禽肉扩能、鲜食玉米加工等产业项目21个，项目全部建成后可增加300个农民就业岗位。

（二）注重就业帮扶，助力稳岗增收

在公益性岗位方面，全市开发各类公益岗位8596个，岗位人数占脱贫人口的30.1%，人均工资增收约800元。在帮扶车间方面，2023年新创建帮扶车间49家，帮扶车间总量达62家，带动脱贫人口就业220人，发放补贴资金15.3万元。在转移就业方面，全市农村劳动力转移5.28万人。为1049名县域外务工脱贫人口发放交通补助25万元，降低域外务工成本。

（三）注重社会协作，促进消费帮扶

落实小额信贷政策，发放小额信贷1460户6610万元，用于扶持农户自主创业、自主增收。发挥电商平台、"832"平台作用，结合端午文化旅游节、辽金文化旅游节，举办农特产品展销、黄菇娘直播带货等活动，现场销售近26万元，带动订单、实体店销售近70万元。

三 经验启示

（一）要紧抓产业发展"助增收"

一要持续巩固好现有产业项目，延续好"龙头企业+脱贫户""合作社+脱贫户"带户模式，通过联农带户提高收入，抓好高标准农田、肉牛、棚膜等产业项目建设，为产业带农、扩大就业、增加收入提供长远支撑。二要高质量发展庭院经济，继续严格落实补贴政策，充分调动农户种植积极性，保障农户收益。聚焦挖潜增效，探索实施高效益的庭院经济发展模式，推广高附加值的种植品种，让有限的庭院产出更高收益。

（二）要夯实就业帮扶"稳增收"

一要加大就业帮扶车间创建力度，明确目标任务和创建标准，以人社

部门为主、各乡（镇）为辅，开展就业脱贫人口岗位倒查工作，依岗查所在企业，够条件的尽快认定为就业帮扶车间。二要加大脱贫劳动力外出务工交通补助政策落实力度，以落实交通补助推动脱贫劳动力稳在企业、稳在务工地。三要用好光伏收益资金，保持保洁员、辅助岗等公益性岗位规模总体不变，并开发临时公益性岗位，提高脱贫人口工资性收入。

（三）要聚焦社会协作"促增收"

结合各类节庆文旅活动，运用"线上+线下"多种方式推广销售农副产品，引导各方力量助力消费帮扶，对积极参与消费帮扶且有突出贡献和影响的企业、单位及社会组织予以推介宣传。同时，用好包保帮扶政策，督促各包保部门在严格按照要求开展消费帮扶的前提下，聚焦"精准帮扶"，帮助包保村低收入户发展适合消费帮扶的种养殖业，并在年底前购买相关农副产品，实现"闭环帮扶"，切实助力农村发展，促进农民增收。

坚决扛稳国家粮食安全重任
——吉林大米品牌建设的实践与思考

陈玥宏*

一 背景情况

党的二十大报告强调，全方位夯实粮食安全根基，牢牢守住十八亿亩耕地红线，确保中国人的饭碗牢牢端在自己手中。吉林作为农业大省，国家重要的商品粮基地，肩负着保障国家粮食安全的重要责任。尤其是2015年，习近平总书记视察吉林时作出"粮食也要打出品牌，这样价格好，效益好"的重要指示后，我们紧紧围绕"品牌做响，品质做优，农民增收，企业增效"这一目标，深入挖掘优质粮食资源潜力，加快推进吉林大米、吉林鲜食玉米品牌建设，从更高层次探索保障国家粮食安全的有效路径，探索出了一条促进吉林粮食产业经济高质量发展的"新粮道"。

二 主要做法

（一）核心驱动，"三位一体"强结构

在品牌战略整体架构上，我们充分发挥政府主导作用，确定吉林大米核心品牌地位。通过树立吉林大米核心品牌形象，带动区域品牌的市场关注度，提升企业品牌的市场占有率，初步形成了"核心品牌＋区域品牌＋企业品牌""三位一体"的吉林大米品牌建设格局。

---

* 陈玥宏，吉林省粮食和物资储备局人事处副处长。

（二）联盟带动，整合资源聚合力

为培育和壮大品牌建设主体，我们组织省内部分大米加工龙头企业，组成"吉林大米产业联盟"，统一使用"吉林大米"标识，以大联盟带动区域联盟，以区域联盟带动企业经营，壮大龙头企业规模，增强联盟企业发展活力。

（三）多元组合，立体推介树形象

在品牌宣传上确定了"文化挖掘""主题公关""媒体传播""品牌行走"4条主线。一是通过多种方式从历史的、科学的、人文的角度，多元化、全方位地讲好吉林大米的品牌故事。二是借助奥运赛事、博鳌企业家论坛、中国粮食交易大会等高端平台，开展主题公关活动。三是优选高端客流量大的机场、火车站等场所，依托央视、央广、新华社、《人民日报》、《粮油市场报》等具有较大影响力的高端媒体，对目标人群进行有针对性的宣传。四是针对重点销区，开展多种形式的产销对接活动。

（四）标准示范，追根溯源保质量

加大吉林大米品质管控、品牌保护等基础工作的投入。一是组织修订了高于国家标准的《吉林大米地方标准》。二是完善了吉林大米全产业链各环节操作规范，扎实推进优粮优产、优粮优购、优粮优储、优粮优加、优粮优销"五优联动"。三是创新推出吉林大米"5T"标准，在关键环节严格规范，科学管控，从源头上把好原粮质量关。四是依托吉林省优质粳稻国际联合研究中心。五是围绕夯基础、壮实力、稳质量、保安全这条主线，开发了吉林大米质量追溯平台软件系统，为吉林大米提供科技支撑。

（五）互联互通，云端发力拓空间

为了有效锁定中高端消费人群，拓展销售市场，我们打破传统的经营方式，引入"互联网+吉林大米"模式，开通"吉林大米网"，搭建吉林大米电商平台，开展网上信息查询、线上宣传销售、网络结算业务活动。特别是在新冠疫情期间，我们创新开展吉林大米"云推介"，有效推动了吉林大米线上线下资源和渠道的互通互联。

（六）产业延伸，三产融合促升级

为了最大程度地发挥吉林大米品牌的凝聚和辐射作用，我们依托吉林大米联盟核心企业，向上延伸推进基地建设，向下延伸拓展营销渠道，以品牌为纽带，将生产、加工、销售各环节要素紧密地连接起来，并分别做大各个节点的"蛋糕"，有效地促进了一二三产业融合。

三 经验启示

（一）挖掘现有资源，提升品牌价值

标志产区是品牌成长的土壤，标志品种是品牌做强的支柱。中国大米看东北，东北大米看吉林。吉林大米公共品牌成功的首要秘诀就是产地价值的显性化。在吉林大米品牌创建初期，我们就锁定了四个品种："吉林圆粒香""吉林稻花香""吉林长粒香""吉林小町"。这些标志品种让消费者明确他们所吃的吉林大米是什么品种、有什么特点，从而彻底将吉林大米从泛泛的东北大米这个庞大品类中分离出来。

（二）打造公共品牌，滋养企业品牌

在吉林大米品牌建设推进过程中，我们在品牌体系架构上，高度重视多元利益群体的融合，发挥政府主导作用，创新政府与企业、公共品牌与企业品牌等多元联合战略关系，强化"地名+品种"品牌思维，创新建立多元化渠道网络，健全立体化的品牌传播网络，使渠道有效地按照公共品牌和企业品牌发展的基本要求和意图去精耕区域市场终端。

（三）创新运作模式，培养稻田"守望者"

做有价值、有市场基础的主粮品牌，规模化是前提之一。随着公共品牌

的不断推进，特别是在"吉林大米+"思路推动下，我们逐渐探索出一条非要素集约化的规模化，以各种形态种植联盟形成分散资源的集中化，以区域集群化的产业思维串联产业链各要素。这是吉林大米寻求规模化的特色，也是未来品牌农业发展的路径选择之一。

建立标准化合同体系、优化合同标准化流程全面助力业务发展

——吉林银行合同标准化体系构建、流程优化工作经验

刘舶*

一 背景情况

党的十八大以来，全面推进依法治国已成为国家治理的重要方略。习近平总书记强调"实现国家各项工作法治化"，并在党的二十大报告中提出"坚持全面依法治国，推进法治中国建设"的宏伟蓝图。全面依法治国对于党执政兴国、人民幸福安康以及党和国家长治久安具有重大意义。金融监管机构颁布了一系列法治建设实施方案，为金融机构法治建设指明了方向。

法律风险防控，作为金融机构法治建设的核心环节，不仅肩负着风险把控的重任，更是支持业务健康快速发展的关键。其中，合同标准化作为法律风险防控的重要手段，建立健全适合本机构业务发展的标准化合同体系，优化完善合同标准化流程，事关金融机构业务发展，事关金融机构法治建设的总体目标的实现。

二 主要做法

（一）全面梳理，发现问题

合同标准化的制定、修订不是简单地对单个合同进行割裂制作或修改，特别是金融机构的信贷类合同，必须对所有信贷条线、业务品种所对应的合

---

* 刘舶，吉林银行法律事务部副总经理。

同文本进行全面梳理，本着牵一发而动全身的态度，在确保不同业务种类独特性的同时，确保信贷类合同的统一性、配套性。经过全面梳理，查找出当前合同文本存在的同质业务多个文本、同类文本条款冲突以及合同配套与业务流程不符等问题。

（二）调查研究，深入业务

发现问题后，形成问题清单，并列出业务流程中的关键疑点。通过组织相关业务部门召开调研会议，逐一解决问题，并就业务流程进行深入了解，发现法律风险，拟定风险清单，制定对应合同条款。同时，调查了解基层业务需求，询问有关意见、建议，特别是针对业务具体操作使用环节中发现的合同问题或使用难点，在制定、修订过程中加以调整和改进。比如：针对原有合同文本存在的每页需填写不同空白，易发生漏填风险问题，在建立合同文本框架时，形成了"通用条款＋特别条款"的文本架构，将填写项目集中至一处，避免了填写烦琐、漏填风险等问题。

（三）借鉴同业，吸收经验

在构建合同文本框架及制定、修订相关条款时，收集并整理同业有关合同文本，引进同业优秀框架经验，学习并参考成熟条款设计，并最终融会成本机构的文本框架及内容。

（四）内外结合，优势互补

合同标准化的制定、修订工作需要专业化的团队协作。为更好地实现法律与业务融合，采取了内设法律部门专业人员与外聘律师共同组成的专项小组。一方面充分发挥内设法律部门在金融业务及内部沟通方面的优势；另一方面更有利于利用外聘律师的实务经验，将实践中的法律风险融入制定、修订环节，实现资源共享、优势互补。

（五）重塑体系，优化流程

经过前期问题发现、清单整理、调查研究、经验吸收、专业制定等一系列环节，最终形成新的标准化合同体系。同时，在整理前期各个工作环节的基础上，不断完善优化制定、修订流程，并通过制度予以确定。

三 经验启示

（一）坚持问题导向的分析与解决策略

坚持问题导向，是习近平新时代中国特色社会主义思想的世界观方法论的重要组成部分。在处理各种事项时，我们既不能回避问题也不能惧怕问题。特别是在法律风险防控工作领域，对问题的忽视可能带来无法估量的风险与损失。因此，我们必须善于发现问题并敢于正视问题。同时，发现问题是前提，如何正确分析和解决问题则更显功力。这就要求我们在实践中不断探索科学的方式方法。

（二）坚守底线思维以防范和化解法律风险

金融风险关乎国家长治久安和人民群众切身利益，而法律风险是其中的重要一环。因此，我们要时刻保持底线思维，提高风险防控能力，及时防范业务中存在的法律风险问题，助力金融业务的快速健康发展。

（三）深入调查研究以洞悉业务本质

没有调查就没有发言权也没有决策权。通过深入调查才能了解业务实际，进而通过研究洞悉业务的本质。这有助于我们从错综复杂的业务中发现真正的法律关系和法律风险从而作出正确的判断。

（四）实现法律与业务的同步监督与推进

法律与业务的同步监督与推进是金融业务稳健发展的基石。在业务活动中，法律的约束和监督应当贯穿始终，确保所有业务在法律框架内进行，不越雷池一步。在法律风险防控及支持业务发展过程中，法律要融入业务，而业务也要反哺法律。只有实现法律与业务的同步监督与推进，才能实现金融业务的高质量发展。

提高日常监督实效　为学校高质量发展保驾护航

——长春金融高等专科学校深化校区建设监督

刘　慧[*]

一　背景情况

在高等教育迅速发展的背景下，长春金融高等专科学校面临在校生人数激增的挑战。新校区一期投入使用后，仍不能满足学生住宿标准条件。为达到《高等职业学校建设标准》和《普通高等学校建筑面积指标》的相关要求，学校投资建设5号学生宿舍，以提升生均宿舍面积，达到国家标准，进而为申请本科层次办学准备条件。项目预计投资近亿元，鉴于资金规模巨大，学校纪委决定实施全过程监督，确保工程安全质量。

二　主要做法

（一）提高政治站位，压紧压实各方责任

一是督促、提醒党委落实主体责任，主要负责同志履行全面从严治党第一责任人职责，定期组织召开党风廉政建设领导小组会和班子会，听取纪委及基建部门项目进展情况、风险防控情况汇报，既加强工程质量管理，又加强风险防控建设。二是督促、提醒班子成员落实"一岗双责"，落实学校党委、纪委共同约谈制度，分管领导与纪委共同开展多种形式监督、谈话和提醒，定期或不定期听取部门相关工作情况汇报，确保主体责任与监督责任联

---

　*　刘慧，长春金融高等专科学校纪委副书记。

动，使监督常在，形成常态。三是加强对班子成员和下级"一把手"监督，做到守土有责、守土负责、守土尽责。

（二）强化监督重点，做细做实日常监督

一是纪委全周期、全过程开展监督。配备专门力量，依据吉林省纪委下发的监督重点及《长春金融高等专科学校重点领域和关键环节监督检查实施办法》，制定《长春金融高等专科学校5号学生宿舍及附属设备用房建设项目专项监督检查方案》，明确监督方式，细化监督内容，进一步厘清各责任主体监督职责，健全权力运行监督制约机制，从源头上预防腐败滋生。二是采取多种监督方式，提升监督实效。通过定期听取汇报、参加基建部门周例会、调取资料、现场督察等方式，常态化开展监督工作。三是发挥反腐败协调小组作用，体现体系监督功能，由学校纪委牵头，联合组织部、审计处、财务处等部门，成立专项监督工作组，确保各类监督贯通协同，形成决策科学、执行坚决、监督有力的权力运行长效机制，不断增强监督合力，释放监督效能。

（三）创新教育方式，做深做实警示教育

一是强化外部监督。党委、纪委落实《党委（党组）落实全面从严治党主体责任规定》和《中共中央关于加强对"一把手"和领导班子监督的意见》要求，分别开展提醒谈话，提出明确要求。二是强化内部监管。明确要求基建部门负责人落实主体责任，依托当前开展的党纪教育，加强纪律学习和开展内部警示教育，注重用身边事教育身边人，增强警示教育广度、深度，引导相关工作人员筑牢不敢腐、不能腐、不想腐的思想基础，做到自重、自省、自警、自励，始终保持共产党人清正廉洁的政治本色。

三 经验启示

（一）夯实责任，确保责任不泛化

强化责任担当，关键在于责任要凿实，不能出现只说责任，却不知谁的

责任、什么责任的问题，导致责任泛化。第一，落实党委主体责任是关键。项目论证之初，党委就把5号楼监督工作作为重中之重，列入学校党委工作要点，确保工程进度要快，质量要高，风险要小，防范要牢，既落实"三重一大"决策制度，又定期听取汇报、开展督查和实地检查，协调解决重大事项，坚持既挂帅又出征，这是保证监督实效的最有力保证。第二，落实纪委专责监督是保障。纪委把5号宿舍楼监督工作作为工作重点，开展全过程监督，在吉林省纪委下发一校一策重点监督通知后，又把5号宿舍楼作为重点再聚焦，不断夯实监督责任，既监督人员，又监督程序环节，发现问题及时提醒。第三，落实基建部门职能作用是基础。外因通过内因而起作用，有效防范廉政风险，关键还在于职能部门。所以工程建设伊始，党委、纪委就对基建负责人明确提出要求，在抓质量、抓管理、抓安全的同时，要抓廉洁、抓教育，既管好自己，又管好身边人，真正存戒惧、知敬畏、守底线。

（二）务实监督，确保责任不虚化

如何开展好重点领域监督，提升监督实效，推进精准监督，这是纪委一直主抓的问题。实践中，我们在新校区建设监督工作的基础上，主要做了如下探索：一是完善体制机制。坚持党委统一领导，党政齐抓共管，"一把手"亲自抓，分管领导具体抓，责任单位各负其责，形成上下联动，同向发力的工作格局。成立专项监督工作组，开展全过程监督，发现问题及时整改。二是采取多种形式立体监督。创新监督理念和方法，通过深化运用第一种形态、开展专项监督、参加每周例会、加强线索处置、做好以案促改、建立廉政档案、深入一线等多种方式，从管在"点"、管好"人"、管住"事"三方面加强监督，推动建立全方位、多层次、立体化监管体系。三是坚持系统思维。组织、人事、审计、财务等职能监督贯通协同，不断完善沟通协调、情况通报、信息共享、线索移送、联席会议等工作机制，提升监督精准性。

聚焦"万亿级"产业战略部署
推动旅游产业高质量振兴突破发展
——白山市打造旅游千亿级产业集群的探索与实践

关 爽*

一 背景情况

白山市地处长白山腹心地带，松花江、鸭绿江穿流全境，松花江呈现了"松北史诗"，鸭绿江印证了中朝两国一衣带水。白山市因山而名、因水而秀，以独特的绿色景观、冰雪景观和红色资源而著称，是国家级自然保护区、国家级全幅员森林旅游区、国家级旅游度假区。独特的资源、厚重的文化奠定了旅游产业发展的坚实基础。2024年，白山市聚焦全省万亿级旅游产业攻坚行动，充分依托长白山、松花江、鸭绿江三个世界级金字招牌，全面实施"一山两江"品牌战略，加快形成"政策引领、品牌带动、全域绽放"的全域旅游新格局。

二 主要做法

（一）坚持科学研判，强化顶层设计

白山市主动把握文旅产业发展动向及政策形势，深入挖掘避暑、冰雪、康养、红色等旅游资源，出台《白山市推进乡村旅游高质量发展实施方案》《白山市打造旅游千亿级产业集群攻坚落实方案》，推进《松花江经济带旅游

---

* 关爽，白山市文化广播电视和旅游局党组成员、副局长。

发展专项规划》《鸭绿江经济带旅游发展专项规划》编制，进一步完善全域旅游发展格局。

（二）强化目标导向，推动产业升级

白山市充分发挥以长白山万达国际度假区、长白山华美胜地度假区为牵引的旅游集聚核作用，持续推动吉林省冰雪运动中心、松花江旅游大通道、鸭绿江旅游经济带等重点项目建设，以高品质大项目为支撑，实现全市旅游资源聚能为珠、串珠成链、聚链成群。

（三）推动融合发展，强化产品供给

白山市通过开展冰雪旅游夺金、避暑旅游拓展、乡村旅游升级、体育赛事引流、旅游要素融合、文化聚焦赋能6项行动举措，在打造世界级冰雪旅游目的地、推进冰上产品开发、挖掘森林康养潜力、培育乡村旅游精品景区、争取国家级省级体育赛事落地白山等方面持续发力，推动全要素旅游产业链融合发展，打造白山大旅游IP核心竞争力。

（四）强化要素供给，补齐发展短板

白山市开展"品味白山""旅居白山""畅通白山""好品白山""智慧旅游"5项行动举措，举办形式多彩、内容丰富的特色美食节，形成以民俗文化、特色水产、山珍药膳为核心的白山美食地图；创新品牌打造，培育休闲康养，在生态观光、避暑度假、冰雪运动等新业态持续发力，全力推动康旅居度假产品建设；研发"白山故事""白山工匠""白山文化""白山味道"等系列旅游商品，构建"好品白山"旅游商品体系，丰富供给、优化服务。

（五）培育市场主体，优化市场环境

白山市培育旅游龙头企业，探索建立政府做"生态"、景区做"平台"、市场做"业态"的开发运营管理体系，提升白山市旅游建设投资开发有限公司、松花江文旅投资集团有限公司、鸭绿江全域旅游投资有限公司等国有企业核心竞争力。建立市场化旅游服务质量评价体系，健全跨部门文旅市场投

诉举报和执法协作机制，坚决打击欺客、宰客、哄抬物价等违法行为，以高质量服务供给不断提升游客满意度。

（六）打造文旅IP，拓展宣推成效

白山市围绕"金山银山·美丽白山"品牌形象，打造"绿色（生态旅游）、红色（红色旅游）、白色（冰雪旅游）、金色（乡村旅游）、彩色（艺术创意旅游）"五色文旅IP，推出一批歌曲、影视作品，形成特色鲜明、富有白山地域特色的旅游品牌形象。持续开展长白山之夏、长白山之冬、长白山人参节等活动，强化与主流媒体、平面媒体建立合作关系，利用新媒体开展线上精准营销，提高白山旅游品牌知名度。

三 经验启示

（一）真抓实干，突出特色是根本

白山旅游资源丰富，但是同旅游发达地区相比，在旅游资源开发利用方面还有明显差距，发展空间、增长空间、提升空间都非常大。只有下大力气深挖资源潜力、转化资源优势，从项目建设、活动组织、赛事承办等全方位入手，找亮点、扬优势、强特色，才能在旅游市场竞争中走出不一样的白山道路、白山模式。

（二）打造品牌，创新发展是主题

从目前看，冰雪依然是东北地区旅游产业发展的重头戏，2023年雪季，白山市提前谋划中国·吉林首届松花江滑冰马拉松挑战赛与2023世界机器人大赛总决赛品牌联动，形成互相引流、互为补充的良好效应，"长白山之冬"旅游品牌逐步打响，白山冰雪产业必将再上新台阶。

（三）强化保障，优化环境是途径

旅游是一项系统工程，既要有硬件，更要有软件。只有紧扣旅游全要

素产业链条，在特色餐饮、住宿接待、道路交通、文化娱乐、旅游商品等各方面共同发力，真正让游客出行更安心、住宿更舒心、购物更放心、娱乐更开心、服务更暖心，才能不断提升知名度和美誉度，推动旅游产业跨越式发展。

围绕中心工作、服务发展大局　为推动延边跨越赶超提供强有力人才支撑
——共青团延边州委青年人才工作探索和研究

金日国*

一　背景情况

人才蔚，事业兴。习近平总书记高度重视人才工作，深刻指出"人才是实现民族振兴、赢得国际竞争主动的战略资源"[①]，提出了一系列新理念新战略新举措，推动新时代人才工作取得历史性成就、发生历史性变革。2024年4月，吉林省人才工作推进会强调，要吸引更多优秀人才投身全面振兴火热实践，书写无悔青春，开创事业辉煌，成就人生梦想。近年来，共青团延边州委为深入实施人才强州战略，发挥共青团组织优势做好引导青年工作，积极采取"两条腿"走路，一方面抓好"人才回引"，另一方面抓好"创业帮扶"，两项工作相互促进、共同提高，吹响延边青年"青年人才工作"的号角，为加快建设符合边疆民族地区发展的人才集聚地和创新创业"洼地"贡献青春力量。

二　主要做法

（一）搭好"服务台"，增添引才留才新渠道

以"一园多区"为总体思路，打造以延边青年创业园为主园，各县市创

---

* 金日国，共青团延边州委副书记。

① 《习近平著作选读》第二卷，人民出版社2023年版，第53页。

业孵化园区为分园的创业服务矩阵，围绕青年创业者的实际需求，结合青创企业的特点，打造园区企业孵化、创业培训、政策扶持等一站式服务体系，为青年创业者提供便捷的创业服务，目前累计孵化企业200余家，带动就业760余人。

（二）用好"政策链"，筑牢引才留才新支撑

启动"延边州返乡创业专项贷款"，根据需求，从贷款额度、贷款利率、担保方式、贷款贴息和涉农领域贷款等方面都进行了突破和创新。目前，累计发放贷款741笔，发放贷款额度1.96亿元，为青年创业者有效解决资金短缺和降低贷款门槛等问题。

（三）绘好"育才图"，注入引才留才新活力

自2016年起，全国开展"返家乡"大学生社会活动。截至目前延边州已连续开展13届，招募3000余名大学生。开展延边州高校毕业生就业见习活动，为未就业高校毕业生提供1800余个就业见习岗位，提供一个月不低于2528元的生活补助，搭建了用人单位与大学生双向选择的人才交流平台。

（四）下好"宣传功"，展示引才留才新环境

针对各类延边籍高校学生群体，建立延边籍大学生人才信息库，累计建立2301个电子档案进行跟踪服务。同时，以北京、上海、天津等9个地区"延边籍大学生联盟"为切入点，助力州委招才引智人才招募工作。通过提前征集需求、第一时间发布招募信息等方式宣传好延边州人才政策。特别是联合州委组织部前往哈尔滨工业大学、中央民族大学、吉林大学、延边大学等省内外20余所高校开展专项宣讲百余场。近年来累计引进1265名高学历人才，其中本科206人、硕士研究生1042人、博士研究生17人，985高校生289人，分别在全州经济、社会服务、医疗卫生、教育等战线迸发创造活力，展现聪明才智。

三 经验启示

（一）要做好人才引育用留"基本盘"

当前，延边州正处于加快推进社会主义现代化建设的关键时期，对人才的渴求是前所未有的。要树立抓人才就是抓发展、谋人才就是谋未来理念，下好人才"先手棋"，做好"青年人才"这篇文章，围绕中心工作，服务发展大局，着力集聚各方面优秀青年人才，让更多千里马在延边大地竞相奔腾。可以借助"中国梦–家乡情"等活动，打好"政策牌""感情牌""家乡牌"，吸引更多延边青年人才回归家乡、服务家乡。

（二）要建好创新创业平台这个"主阵地"

"筑好黄金台，引得凤凰来。"要积极搭建青年人才"联络服务"的平台、"施展拳脚"的平台，构建域内外青年人才服务网络，推动"招才引智""招商引资"向纵深发展。要发挥创业园等平台孵化作用，推动大中小企业融通发展，完善以科技金融为重点的配套支持体系，为大众创业、万众创新提供沃土。

（三）要扭住人才体制机制改革这个"动力源"

体制顺、机制活，则人才聚、事业兴。在夯实政策保障、完善制度体系上下功夫，完善人才激励机制，让干事者"有为有位"，让人才有盼头、有奔头，团结和支持各方面人才为党和人民事业建功立业。

下一步，共青团延边州委将持续打造优质创新的服务青年品牌项目，常态化、精准化引领和凝聚青年，让更多青年、青年人才扎根延边，为延边跨越赶超贡献青春力量。

守正创新、凝聚力量　扎实推进参政议政提质增效

——九三学社吉林省委员会参政议政工作探索与实践

唐霄倩*

一 背景情况

2023年1月，习近平总书记同党外代表人士座谈并共迎新春时强调："希望各民主党派把多党合作所长与中心大局所需结合起来，在参政议政中聚众智，在民主监督中建诤言，在政党协商中献良策，做中国共产党的好参谋、好帮手、好同事。"科技自立自强是国家强盛之基，安全之要。九三学社是以科学技术界高、中级知识分子为主的具有政治联盟特点的政党，是接受中国共产党领导、同中国共产党通力合作的亲密友党，是中国特色社会主义参政党。九三学社吉林省委员会多年来注重发挥自身科技优势，认真履职，积极建言献策，不断创新工作实践，为推动吉林全面振兴率先实现新突破贡献力量。

二 主要做法

（一）打牢"一个基础"，抓好队伍建设

把好入口关，在发展新社员过程中，把参政议政意识强不强、参政议政本领大不大等作为基本条件。培养年轻后备力量，使其在参政议政的斗争和

＊　唐霄倩，九三学社吉林省委员会办公室副主任、三级调研员。

实践中经风雨、见世面、壮筋骨、长才干。组建专委会，遴选不同领域、不同行业骨干社员，打破组织架构、地区界限，组建专家团队。

（二）注重"两个坚持"，确保建言质量

一是坚持课题"全流程"管理。在选题、申报、立项和结题等环节建立科学规范的课题管理流程和评价体系，确保课题质量。二是坚持信息"全员参与"。实行主要领导负总责、分管领导主要抓、职能部门牵头抓、各有关部门齐抓共管的组织领导机制。

（三）突出"三个转化"，注重结果运用

一是将调研成果转化为各类提案。遴选高质量调研成果，将适合国家和省级层面细分，分别推荐全国和省级两会作大会发言、团体提案和界别提案。二是将调研成果转化为社情民意信息。进一步加强信息与调研成果之间的相互转化工作，实现成果共享。三是将调研成果转化为社会服务实物工作量。工作中注重调研和社会服务的有机衔接，把与百姓生活联系密切的调研成果转化为社会服务的方向，相互促进，实现双赢。

（四）健全"四项制度"，提供有力保障

一是健全专委会工作制度。修订完善《九三学社吉林省委员会参政议政委员会工作规则》，使专委会成为参政议政的参谋部、智囊团。二是健全对口联系制度。坚持"请进来"与"走出去"相结合，加强与政府有关部门单位的沟通联系，通过常态化互动增进相互了解，推动民主党派知情明政和政府部门科学决策"双提升"。三是健全交流反馈制度。通过定期调研指导和业务培训，压担子、教方法，交流工作经验，拓宽工作思路。建立工作群，加强工作交流，实现信息和资源共享。四是健全考核奖励制度。进一步修订完善《九三学社吉林省委员会参政议政工作考评及奖励办法》，完善表彰奖励工作规定。

三 经验启示

（一）夯实思想之基，提高工作本领

以开展"凝心铸魂强根基、团结奋进新征程"主题教育为契机，主委以上率下，深入学习领会习近平新时代中国特色社会主义思想精髓，营造良好学习氛围；强化参政议政工作的实践教育作用，将参政议政作为践行中国共产党领导的多党合作和政治协商制度的大课堂，做到入脑入心；把握好习近平新时代中国特色社会主义思想的世界观和方法论，不断提升九三学社吉林省委员会对问题的科学分析能力、全面把控能力，持之以恒提高工作本领。

（二）聚焦中心工作，"大议政"格局逐步显现

一是擦亮科技底色，议政建言水平取得新突破。以2024年吉林省两会提案为例，《关于加快发展吉林省人工智能的建议》（赵佳）展望吉林省数字经济关键点，形成数字经济产业延伸，提出加速人工智能发展相关建议。《推动氢能源全产业链发展，加快建设"北方绿色氢谷"》（王振新）聚焦吉林省氢能产业发展方向，成为两会广泛关注的热点。二是提升建言亮色，助力吉林发展取得新成绩。《关于合力打造珲春海洋经济合作发展平台的建议》（冷向阳）获得"2023年度好提案"表彰。三是彰显民生特色，服务民生所需迈上新台阶。《关于提升我省粮食综合产能的建议》（王晰）为吉林省"千亿斤粮食"产能提出建议，得到省领导的肯定。

（三）强化制度保障，实现"三力"并举

一是用制度增强向心力。制定《九三学社吉林省委员会参政议政工作条例》，为提高九三学社履职水平打下了坚实基础。二是用制度提升引领力。注重发挥"关键少数作用"，压实《九三学社吉林省委关于开展省委委员履职尽责"三个一"工作的意见》。及时召开工作情况通报会，营造"领导有力、履职坚实、上下贯通、协同推进"的工作氛围。三是用制度增强执行力。建立委员"能上能下"的动态管理制度，突出和强化委员的履职义务和责任担当。

坚持总体国家安全观　筑牢安全保密防线
——长春大学保密宣传教育工作的实践与探索

高　萍*

● 一　背景情况

　　保密工作历来是党和国家的一项重要工作，涉及国家安全的各个方面，事关国家安全、社会稳定和人民利益。2024年5月1日起，新修订的《中华人民共和国保守国家秘密法》正式施行，这是我国保密法治建设中一个新的里程碑，为保护国家秘密安全，更好维护国家主权、安全、发展利益提供了坚强法治保障。此次保密法修订以习近平新时代中国特色社会主义思想为指导，坚持总体国家安全观，统筹发展与安全，将党的十八大以来保密工作成熟有效的政策措施和实践经验上升为法律制度，充分体现了以习近平同志为核心的党中央对国家秘密安全的高度重视。长春大学始终坚持深入贯彻党中央、吉林省委部署要求，将保密宣传教育作为保密工作先导性、基础性工作，不断强化提升学校师生国家安全保密意识，切实筑牢校园安全保密防线。

● 二　主要做法

（一）坚持党管保密，精心组织宣传教育

　　学校党委高度重视保密工作，深刻认识加强在校师生保密教育、提升

---

　　*　高萍，长春大学学校办公室副主任。

安全意识和维护国家安全能力的重要性，保密委员会不折不扣贯彻落实保密工作责任，精心组织制定"保密宣传教育"活动内容。在活动过程中，学校领导带头参加保密宣教活动，自觉学习保密教育课程，党员干部积极参加学习，团委等学生工作部门密切配合，为校园保密宣传教育取得良好效果提供了坚实保障。

（二）拓展学习形式，切实提高宣教实效

一是依托省保密教育轮训平台开展保密教育专题培训。组织校领导班子成员、保密委员会成员和涉密人员开展保密教育专题培训。通过鲜活窃密泄密案例警示、窃密泄密攻防技术演示、通俗易懂的讲解和保密常识测试，切实增强了参训领导和涉密人员的保密防范意识，做到从思想上加深认识，从行动上抓好落实，从源头上杜绝隐患，确保党和国家的秘密绝对安全。二是依托保密观App开展全员保密教育培训。自2021年开始，依托国家保密局网站多次开展线上保密教育，保密观App成为学校领导干部关注最多的保密资讯平台，学校领导、处级干部、全体涉密人员以及兼职保密人员参加学习，已累计600余人次参加线上培训并通过考试取得合格证书。

（三）拓宽宣传渠道，营造保密教育氛围

结合"4·15国家安全教育日"活动，在重点部门、岗位等工作区域，在办公楼大厅、宿舍、食堂、教学楼等公共区域醒目位置张贴主题保密安全公益海报，营造自觉遵守保密要求的工作、学习氛围，使师生员工受到良好的保密教育熏陶。购置《大学生保密常识》《公民保密常识须知》《全民国家安全宣传手册》等保密宣传资料，在食堂、操场等位置集中为师生发放，学生利用碎片时间了解国家保密形势、保密常识以及校园保密环节，提升保密知识和技能，增强国家安全保密的责任感。在学生食堂循环播放保密公益宣传片，让更多学生了解在信息时代背景下，日常自媒体（如微信朋友圈、QQ空间）信息的发布与国家安全的关系，以直观、生动的形式向学生进行展示，切实有效地增强了大学生安全保密意识。

（四）依托主题团日，创新保密教育形式

在全校范围内组织开展"保密宣传教育高校行"主题团日活动，以"保密宣传教育高校行"为主题，策划开展了深入有效、内容新颖、贴近团员青年的宣传教育和实践活动：在公园向游人和途经者发放网络安全宣传材料，展示新时代大学生的精神风貌和使命担当；团员青年学保密知识讲安全保密，在自我学习自我管理中提升保密意识；围绕专业特色通过知识竞答、演讲征文和手抄报等灵活的形式开展保密教育等，使得安全保密与校园生活有机结合，学校师生国家安全保密意识和保密常识得到了切实提升。

三 经验启示

（一）牢记国之大者，坚决扛牢政治责任

保守机密，慎之又慎。保密无小事，保密不能出事，保密出不起事。做好新时代保密工作，必须坚决落实习近平总书记关于保密工作的重要指示批示精神，始终坚持党管保密的政治原则，站稳政治立场、增强政治主动，永葆绝对忠诚的政治品格，进一步提高政治判断力、政治领悟力、政治执行力，坚定扛牢履行保密工作的重大政治责任，以实际行动坚定拥护"两个确立"、坚决做到"两个维护"。

（二）突出工作重点，全面加固保密防线

不断健全完善党管保密的制度机制，切实加强各级保密委员会建设；加强涉密人员入职、在岗、离职离岗和出国（境）等全过程管理；研究制定国家重大战略科研任务专项保密检查工作方案，进一步规范相关科研单位涉密科研项目保密管理，切实防范化解重大泄密风险。深入开展保密宣传教育，拓展教育内容、方式和渠道，创新保密宣传教育形式。

（三）坚持系统观念，夯实保密工作基础

主动适应国家秘密治理体系和治理能力现代化要求，加强全局性谋划，

把保密工作转型升级放到全面建成社会主义现代化强国的战略安排中去认识和推动；紧盯重点领域，加强跨部门沟通会商，充分发挥党委统一领导、保密委员会统筹协调作用，增强保密部门与各职能部门的协调联动、资源整合、信息共享，提升保密工作整体能力和水平。

"数字"赋能地质转型发展
践行国家大数据发展战略

——吉林省地质数据中心平台建设的探索与启示

赵华伟*

一 背景情况

　　随着全球信息化浪潮的汹涌而至，大数据、云计算等现代信息技术日新月异，为各行各业带来了前所未有的变革机遇。特别是在地质行业，大数据的引入和应用不仅为科学研究、资源勘查和灾害防治提供了强大的数据支撑，更为行业的数字化转型和智能化升级注入了新动力。

　　近年来，吉林省地质数据中心积极响应"数字中国"等国家战略，紧扣地质行业发展需求，通过建设地质大数据平台，实现了地质数据的整合、共享和高效利用。面对地质数据分散、格式不一、质量参差不齐等长期存在的问题，致使数据共享与利用遭遇重重阻碍。尤其在矿产资源勘查难度不断加大的形势下，对高质量地质数据的需求愈发迫切。吉林省地质数据中心以需求为导向，积极推动建立和发展地质大数据服务平台，是加快实现全省乃至全国地质数据共建共享、互融互通，充分利用信息化支撑引领地质行业转型升级和高质量发展的生动具体举措。

---

　　*　赵华伟，吉林省区域地质矿产调查所副所长。

二　主要做法

（一）坚持党的领导，强化组织保障

吉林省地质数据中心在平台建设过程中，始终坚持党的领导，强化组织保障。通过成立专门的领导小组，由党委主要领导担任组长，确保项目建设的正确方向和战略高度。同时，建立健全党组织在项目推进中的各项工作机制，充分发挥党员干部的先锋模范作用，为项目的顺利实施提供坚实的组织保障。也注重加强团队建设和人才培养，打造了一支具备高度专业素养和丰富实践经验的技术团队，为平台的建设和运营提供了有力的人才保障。

（二）坚持需求导向，打造创新平台

吉林省地质数据中心在平台建设过程中，始终坚持以需求为导向，注重解决行业实际问题。通过对地质行业的数据需求进行深入分析，结合大数据、云计算等现代信息技术的发展趋势，地质数据中心打造了一个集数据存储、管理、分析、共享于一体的地质大数据平台。同时，以中国地质调查局"地质云2.0"地质云体系为依托，逐步实现全面支撑地质调查、业务管理、数据共享与信息服务。不仅实现了对地质数据的集中存储和统一管理，还提供了多种数据分析工具和可视化展示手段，为地质科学研究、资源勘查和灾害防治提供了强大的数据支撑。各地勘单位依托大数据技术，努力探索行业应用的方向和发展前景，并充分利用信息化能手段来推动地勘单位转型升级。

（三）发挥平台优势，实现数据共享

吉林省地质数据中心围绕地质大数据理念，努力打造以创新、智慧、生态为一体的"互联网＋大地质"产业基地，构建完善地质信息服务产品体系，优化提升地质云服务功能，持续为经济社会发展、生态文明建设和广泛的社会需求提供数字化、知识化、智慧化的地质信息服务。制定完善的数据共享政策和标准规范，明确数据共享的范围、方式和责任主体，成功实现与自然

资源厅矿政管理部门、地质灾害防治、生态环境部门对地质数据的跨部门、跨领域共享。这不仅提高了数据利用效率，也促进了地质行业与其他行业的协作与交流。

（四）坚持成果评价，提升决策能力

为了确保地质大数据平台的建设成果能够得到有效应用，吉林省地质数据中心建立了完善的成果评价机制。通过定期评估平台在地质科学研究、资源勘查、农业地质、黑土地保护和地质灾害防治等方面的应用效果，吉林省地质数据中心不断优化平台功能和服务水平，提升了决策能力和科学决策水平。

三 经验启示

（一）明确目标定位，科学规划布局

吉林省地质数据中心建设的成功经验表明，明确目标定位和科学规划布局是平台建设的前提和基础。只有深入了解行业需求和发展趋势，明确平台建设的目标和任务，才能制定出科学合理的建设方案。同时，在规划布局时要注重统筹兼顾、协调发展，确保平台建设的各项任务能够得到有效落实。

（二）加强数据整合，实现数据标准化

地质数据的分散性和多样性是制约其有效利用的关键因素之一。因此，在地质大数据平台建设过程中，必须注重加强数据整合和标准化处理。通过制定统一的数据标准和规范，建立数据共享和交换机制，实现对地质数据的集中存储和统一管理。同时，加强数据清洗和质量控制工作，确保数据的准确性和可靠性。

（三）回归初衷本质，履行主责主业

地质大数据平台建设的初衷是为了更好地服务地质行业发展和国家经济

建设。因此，在平台建设过程中必须回归初衷本质，履行主责主业。要始终坚持以地质行业的需求为导向，注重解决行业实际问题。同时，要关注平台建设的实际效果和应用价值，确保平台能够真正为地质行业发展和国家经济建设作出贡献。

实施"培根铸魂"工程　教育引导党员干在实处走在前列

——吉林省吉盛资产管理有限责任公司党员教育的实践探索

李　亮*

一　背景情况

近年来，吉盛资产管理有限公司（以下简称吉盛公司）党委高度重视党员教育培训工作，创建"忠心向党·建功吉盛"党建品牌，通过实施"培根铸魂"工程，依托"守初心担使命、固堡垒当先锋"党建工作载体，积极开展内容丰富、形式多样的教育培训活动，全面系统深入学习习近平新时代中国特色社会主义思想，教育引导公司全体党员深刻领悟"两个确立"的决定性意义，提高党员的政治素质和业务能力，更好地发挥党员先锋模范作用。

二　主要做法

（一）丰富内容，全面提高党员政治素质和业务能力

吉盛公司党委以加强党的政治建设为统领，将学习习近平新时代中国特色社会主义思想作为首要政治任务，贯彻落实习近平总书记视察吉林重要讲话和重要指示批示精神，同时注重加强业务知识培训，全面提高党员政治素质和业务能力。一是强化思想理论武装。公司党委扎实开展党内教育活动，

---

*　李亮，吉林省吉盛资产管理有限责任公司党群工作部副部长。

紧紧围绕"不忘初心、牢记使命"主题教育、党史学习教育、庆祝建党100周年、学习贯彻习近平新时代中国特色社会主义思想主题教育、党纪学习教育等重大主题和党中央重大决策部署，大力推动党员教育各项工作任务落地见效。二是加强经营业务培训。制订公司培训行动计划并严格执行，根据党员队伍实际和工作需要，认真遴选师资，加强培训管理，严格培训纪律，及时开展测评，确保培训质量。近年来，通过"吉盛讲堂"共组织党员集中培训60余次，内容涵盖国资监管、国企改革、财务投资、法律法规、安全生产和保密等，进一步提高了公司全体党员的业务水平。

（二）创新方式，切实增强党员教育培训实际效果

吉盛公司党委聚焦突出问题，回应基层关切，结合新时代国企党员教育培训工作形势任务，不断加大党员教育培训创新力度。一是"请进来"与"走出去"学习相结合，突出内容与形式并重，提升培训吸引力。"请进来"——做实"吉盛讲堂"，科学设计培训课程，邀请专家学者、行业精英、省国资委有关处室领导到公司进行授课。"走出去"——先后组织公司全体党员和员工参观四平战役纪念馆和四平烈士陵园，缅怀革命先烈；参观长春市规划展览馆，充分了解吉林省改革开放取得的伟大成绩；前往黄大年纪念馆，举办"学习先进典型，增强党性修养，以实际行动迎接党的二十大"主题活动；组织观看《古田军号》《黄大年》《秀美人生》《周恩来与乌兰牧骑》等影片，开展爱国主义和先进典型教育。二是"线上"与"线下"学习相结合，突出培训方式多样性，提升培训灵活性。"线上"，用好"学习强国""新时代e支部"、微信学习群等载体，每日推送微党课链接，推动学习教育融入日常；用活"国资e学"App、吉林人才培训网等网络培训资源，及时开展在线教育。"线下"，坚持党员领导干部带头到基层党支部讲党课，深入基层组织开展学习教育；每年举办基层党务工作者轮训班，帮助公司基层党务工作者系统掌握党的基础理论知识、提升党性修养和党建业务水平；筹建公司新时代文明实践中心，筑牢线下学习阵地、营造浓厚学习氛围。

（三）推进融合，充分发挥共产党员先锋模范作用

围绕公司中心工作开展党员教育活动，使党员教育工作与落实公司决策部署结合起来，与公司发展目标结合起来，使党建工作从"围绕"走向"融入"，从"平行"迈向"重合"。一是打造"忠心向党·建功吉盛"党建品牌。努力推动党建工作与中心工作深度融合，深入实施培根铸魂、作风提升、攻坚立项、文化培育、凝心聚力等五项工程，推动各项创建举措落实，增强党员的责任感、使命感，实现党建与经营工作理念融合、功能互促，为公司发展蓄力赋能。二是创建了"守初心担使命、固堡垒当先锋"党建工作载体。紧紧围绕开展"10个一"活动等内容，认真组织开展相关活动，教育引导党员不忘初心使命、勇于建功立业。

三 经验启示

（一）新时代国企党员教育培训工作要聚焦中心、服务大局

实践证明，只有把党员教育培训放到国有企业改革发展大局中来组织、谋划和推进，融入管理体制、融入业务流程、融入中心任务，才能确保党员教育培训始终满足国有企业党建和经营发展需要。

（二）新时代国企党员教育培训工作要以人为本、因材施教

实践证明，新时代国有企业党员教育培训必须立足企业人员知识储备、专业素养、能力需要等，坚持按需培养、订单教学，以理论学习武装头脑、以实务教学规范基础业务、以实践锻炼提升素质能力。

（三）新时代国企党员教育培训工作要立足实际、与时俱进

实践证明，面对新的形势、新的任务和新的挑战，必须瞄准新目标，着力培养一批讲政治、懂党建、善管理、会经营的党员干部队伍，教育引导全体党员干在实处走在前列，为开创公司转型发展新局面贡献更大的力量。

创新人才培养模式、激发人才培养动力 推进高等教育国际化稳步发展

——长春理工大学物理学院中美合作办学项目建设探索与实践

于永吉*

一 背景情况

中外合作办学是高等教育中培养国际化创新人才的重要途径。党的十八大以来，中外合作办学深入贯彻落实习近平总书记关于教育的重要论述，扎根中国大地，以质量建设为主线，切实引进优质教育资源并加以消化、吸收、融合、创新，走出了一条特色鲜明的中国路径，取得了历史性成就。教育对外开放实现了跨越式发展，积累了有益经验。中外合作办学作为教育对外开放的重要载体，对推动我国办学体制改革、拓宽人才培养途径、增强我国教育世界影响力和竞争力发挥了积极作用，满足了人民群众多样化国际化教育需求，引起了社会广泛关注。

光电子技术是近30年来迅猛发展的综合性高新技术。光电子行业特色决定了光电子创业人才必须具备高科技知识结构、开阔的学科发展视界与创新创业的精神。长春理工大学物理学院的光电信息科学与工程专业是国家一流专业，国防特色专业，吉林省特色高水平专业及吉林省高校创新创业教育改革试点专业。本着着重培养，优先发展原则，以此专业为基础举办中外合作办学项目，实现中美双方强强联合，是快速提高人才培养质量、拓展人才培养渠道，实现人才培养国际化的重要举措。

---

* 于永吉，长春理工大学物理学院副院长。

二 主要做法

（一）围绕立德树人、办学治校根本任务，加强基层党组织建设

合作办学所具有的多元的文化背景、治学理念等使合作办学在实施过程中出现很多碰撞。复杂多变的国际环境要求合作办学必须适应国家发展对人才的需求。物理学院党委以高质量党建落实立德树人根本任务，坚持社会主义办学方向，加强党对教育工作的全面领导，打通贯彻落实党中央决策部署的"最后一公里"，党委发挥总揽全局、协调各方的领导核心作用，全方位落实基层党建工作，将立德树人的根本任务与高校基层党建工作紧密结合起来，积极响应新时代的任务和要求，在人才培养的各个环节坚持正确的政治方向，将党建工作的落实情况作为检验立德树人成效的重要指标。切实做好把方向、管大局、作决策、保落实，切实履行管党治党、办学治校主体责任。深刻把握立德树人根本任务的方向与时代内涵，加大基层党组织对立德树人各项任务的投入，以"培养什么人、怎样培养人、为谁培养人"这一新时代教育的根本问题，引导全体教师明确自身的职业追求，推动党建工作和立德树人深度融合，不断优化育人环境，逐渐形成了"三全育人"格局。

（二）立足国际化创新人才培养目标，构建深度融合课程体系

课程是中外合作办学项目引进优质教育资源的最重要内容之一。课程作为知识的主要载体、教学的核心内容，对人才培养至关重要。该专业中外合作办学项目的人才培养目标是为了培养具有国际视野的拔尖创新人才。因此，课程体系设置过程中，在充分保留数理基础课程的同时，融合美方开设多学科基础课程的方案，强化分段、分层与个性化培养，形成了基本知识范围广、数理基础扎实且专业课优势突出的课程体系。向虚拟网络教学扩展，利用网络课程资源、线上线下混合式教学等方式提高该课程体系的执行度。具体表现在：增加中外合作办学思政课教学资源投入，并根据合作办学的专业特点精心设计和优化教学内容，使思想政治教育"因事而化、因时而进、因势而新"；英语课程教学采取"语言+专业"的英语教学模式；扎实的

数理基础是学生参与自主创新、研发攻关，形成创新思维，提高创新能力的必备条件，因此充足的数理课程及饱满的课时安排是课程体系的首要特征；专业核心课程是集中体现专业优势所在的课程，从基本原理到关键技术再到器件优化设计，为学生提供了系统的学习专业知识的条件；同时，设置了多个课程设计环节，助力培养学生的科技创新能力。本计划美方教师承担专业核心课程13门，占本项目全部课程门数的34.2%，占本项目专业核心课程的76.5%；本计划总学时数2036学时，美方教师承担的专业核心课程学时数为752学时，占项目全部学时数的36.9%。

（三）多渠道引育优质教师资源，推动师资队伍建设稳步发展

师资队伍是保证中外合作办学质量的重要保证，随着中外合作办学的不断发展，师资队伍建设重点不断更新。物理学院中外合作办学经过八年的发展，各项教学管理及师资管理及培养机制已趋于完善，师资队伍规模及水平稳步提升，确保每年教学工作平稳有序高效运转，满足了社会和时代发展的要求。光电信息科学与工程中外合作办学专业师资主要包括三个部分，中方教师、引进美方教师、全球招聘教师。光电信息科学与工程中外合作办学专业基础课程师资由全校统一协调，主要来自本校骨干教师队伍。美国特拉华州立大学每年选派13位教师到长春理工大学授课，承担课程包含了数学、物理等多门学科。经过多年的实践，美方派出教师均为教学经验丰富，且主修专业与任课完全符合的教师，已经形成了相对稳定的师资队伍。另外，学院通过青年骨干教师出国研修项目、国家留学基金委的访问学者项目及校际交流项目，每年派出青年骨干教师到国外知名高校和科研院所进行访问学习，选派教师范围涵盖整个课程体系，通过访学和交流，加速了青年教师的成长，提高了教学和科研水平，对合作办学以及专业建设起到了重要的支撑作用。

（四）立足专业特点，构建多渠道、分层次实践教学体系，助力学生创新创业能力培养

提高大学生的创新实践能力是高等教育人才培养的一项重要研究内容。

光电信息科学与工程专业合作办学制定实行了多种形式的实践教学模式，激发学生自主学习的积极性和创新创业意识；构建了由实验教学、实习、科研训练、毕业论文研究、社会实践等组成的实践教学体系；多渠道、多方式建立校外实习基地，激励学生开展课外学术科技活动，培养学生的创新能力、实践能力和社会适应能力。在构建激发创新创业意识的课外教学模式方面共开展了三方面的工作：一是完善了实习实训实践的系统性；二是实现了实习实训实践的多元化；三是构建了多层次的实习实训实践教学模式。多层次的实习实训实践教学模式旨在突破学校的限定，将实习实训实践推向系外、校外、省外乃至延伸至国外。通过校内相近专业的合作、校企专业的合作等，构建了多层次的实习实训实践教学平台，培养出具有创新创业能力的光电子技术人才。

长春理工大学与美国特拉华州立大学合作举办的光电信息科学与工程专业本科教育项目，从2015年第一批学生入学至2023年，该项目共培养本科生434人，学生在校期间广泛参与了形式多样的竞赛活动，如数学建模竞赛、物理学术竞赛、光电设计大赛等，取得了喜人的成绩。434名学生均顺利获得了长春理工大学理学学士学位和本科毕业证书，其中51名学生同时还获得了美方的学士学位。毕业后92人成功申请到国（境外）知名院校的研究生入校资格，139人被保送或考取国内的研究生，为光电技术领域输送了高级专业人才。

三 经验启示

（一）构建人才培养模式，首先必须明确人才培养目标定位

人才培养目标是构建人才培养模式的基础，人才培养的过程即为培养什么人、怎样培养人的过程。人才培养模式就是在一定的教育理念指导和一定的培养制度保障下，通过对若干构成要素的优化、设计，最终实现这一特定的人才培养目标而形成的力量模型和操作方法。因此明确人才培养目标，是

构建创新人才培养模式的首要条件。

（二）课程融合，必须立足中国国情，确保办学主体地位

人才培养模式，构成元素多元，且相互关联，在教学过程中相互影响发挥作用。课程资源是中外合作办学引进优质教育资源的三大元素之一，课程资源作为人才培养模式的核心要素在人才培养过程中至关重要。中外合作办学项目的多元文化背景，及办学双方在办学理念、办学条件、教学方式等方面各不相同，因此课程设置及课程授课内容也存在差异。所以针对中外合作办学项目的创新人才培养模式，首先必须立足中国国情、学校的办学水平及本专业特点，在确保中方办学主权的前提下，引进外方优质课程资源并充分与中方的课程资源相融合，消化吸收，发挥作用。

（三）融合的合作办学师资队伍，是合作办学教学实施及项目长期稳定发展的重要保障

长春理工大学光电信息科学与工程中外合作办学项目设立了合作办学师资准入和监管制度，成为保证教学质量的第一关口。建立了有效的教师成长计划、建立健全了规范管理制度并严格实施，促进了合作办学师资队伍建设。经过多年的建设发现，中外合作办学成为推动教师国际化建设的有效途径。引进优质教师资源，增强中方教师的对外交流能力，开阔教师的国际视野，学习成功的教学经验，促进了师资队伍的快速成长。

强震慑、固防线　以系统思维做实警示教育
——提升警示教育治本功效的探索与实践

孙　颖*

一　背景情况

党的十八大以来，以习近平同志为核心的党中央作出全面从严治党的战略抉择，坚持不懈铁腕反腐，坚决遏制腐败现象蔓延势头。作为落实全面从严治党战略方针的重要内容，警示教育是一体推进"三不腐"不可或缺的重要一环，在肃清政治流毒、净化政治生态、推进廉洁文化建设中起着关键作用。按照党中央、中央纪委国家监委统一部署，人防系统深入贯彻落实习近平总书记对人防系统腐败问题重要批示精神，开展了腐败专项治理，掀起了一场刮骨疗毒、激浊扬清的反腐风暴。吉林省人防办党组切实履行主体责任，深刻汲取案件教训，持续深入推进以案促改、以案促建、以案促治工作，扎实做好专项治理的"后半篇"文章，"三不腐"一体治理效能进一步凸显。这其中，警示教育为全面提升人防专项治理成效发挥了治本的重要作用。

二　主要做法

（一）坚持问题导向，强化警示震慑

案例是最好的教科书，也是最好的清醒剂。吉林省人防办充分将案件资

---

* 孙颖，吉林省国防动员办公室机关纪委书记。

源转化为警示教育资源和治本资源，发挥身边案警示身边人的最大效用。先后组织开展了"六会一活动"：召开了党组理论中心组学习会、全省人防系统述职述责述廉会议、全省人防办主任座谈会、廉政约谈会、全省人防系统持续深入推进专项治理工作交流会、警示教育视频大会。举办了"守初心、人防史展""知敬畏、人防警示教育展"。充分利用忏悔录这一"活"教材，选取覆盖省、市、县各层级的人防系统腐败案例并进行深刻剖析，编印下发了《警示教育材料汇编》。警示教育片中，曾经的身边领导、同事痛心疾首的声声忏悔和案发前后的巨大反差，在全系统干部中产生了强烈震撼，有力促使了党员干部揽镜自照、自省自警。

（二）注重融入结合，促进常态长效

牢固树立"一盘棋"思维，统筹谋划形成警示教育"共同体"。一是融入党员教育基本内容。人防办领导班子及各党支部书记逢会必讲纪律规矩，将警示教育纳入党组理论学习中心组、支部"三会一课"、主题党日的重要内容，作为党员干部的必修课。组织重温入党誓词，激励党员干部追忆入党初心、牢记使命担当。开展全面从严治党知识答题、党规党纪学习测试，推动党员干部以考促学、以学促廉。召开警示教育大会、讲廉政党课，筑牢党员干部拒腐防变思想防线。二是融入日常监督过程。赋予日常监督以更强的教育功能，紧盯重要节日，开展提醒谈话、通报典型案例，关口前移明纪律、敲警钟。紧盯关键节点，对党员干部子女升学、婚庆丧葬及时廉政提醒，严防不正之风反弹回潮。发现苗头性、倾向性、隐蔽性问题，及时谈话，提醒纠偏。三是融入干部选育管用。将警示教育融入干部任用、提拔、调整岗位等过程，以廉政谈话、个人重大事项报告、廉政档案等为抓手，从思想教育、日常监督、纪法约束等方面，加强对重点岗位、关键人群和重要节点的廉政提醒和教育监督，提高干部拒腐防变免疫力，上好警示教育第一课。

（三）分级分类实施，提升教育质效

省人防办深入挖掘不同层面、职级、领域、类型的典型案例，结合教育

对象岗位特点，分领域、分层级、分类别开展警示教育。先后组织开展"家风建设""落实中央八项规定精神""党规党纪学习""整治形式主义"等专题教育，引导党员干部从中华优秀传统文化和百年党史中汲取养分、凝聚力量，从违纪违法典型案例中吸取教训、反思警醒，从党的纪律规矩中正心修身、自觉自律。组织开展常态化廉政谈话，聚焦思想认识、责任落实、工作作风，紧盯重点任务、重要岗位风险隐患，一级谈一级、分层开展，切实发挥了督促、指导、提醒、纠偏的重要作用。

三 经验启示

（一）必须提高思想认识，充分发挥警示教育治本功效

要始终站在全面从严治党的战略高度，把警示教育置于党风廉政建设和反腐败斗争中统筹考量。不想腐是一体推进"三不腐"的根本，侧重于教育引导，解决的是腐败动机问题。警示教育的出发点和落脚点是改造思想，要着眼于剖析深层次原因，引导党员干部树立正确的价值取向，形成外在压力与内生动力的有机结合，真正在思想上警醒、行动上自觉。

（二）必须坚持问题导向，有力推动警示教育走深走实

要深刻认识反腐败斗争的长期性、复杂性、艰巨性，紧密关注反腐败斗争新情况新动向，围绕随着形势变化可能存在的腐败风险点，突出问题导向，及时调整警示教育内容，不断探索适合当下的方法路径，与时俱进开展教育，做到靶向明确、有的放矢，让警示教育真正成为党风廉政建设和反腐败斗争的有力武器。

（三）必须强化系统思维，统筹谋划提升质效

警示教育作为一项具有系统性的工作，要切实发挥震慑、警醒、启示、教化的特殊作用，必须坚持集中性教育与经常性教育相结合、突出重点与全面推进相结合、正面引导与反面警示相结合。既要集中发力、形成声势，也

要绵绵用力、久久为功；既要抓好"关键少数"，也要管好"绝大多数"；既要抓好"警"，告诉党员干部什么不能做，也要做好"示"，告诉党员干部应该怎么做。统筹谋划将警示教育融入党性教育、纪律教育、廉洁文化建设，融入对党员干部教育管理监督过程。针对教育对象的不同层级、岗位特点，综合考虑教育的内容、形式、方法、策略，分级分类精准施教，以高质量的警示教育强震慑、固防线，实现提高觉悟、源头治本的叠加效应。

积极发挥"以文辅政"作用　推动建设践行"两山"理念试验区

——关于撰写市委全会报告的实践和启示

董晓通*

一 背景情况

2023年9月，习近平总书记再次视察东北，主持召开新时代推动东北全面振兴座谈会并发表重要讲话，为东北走出一条高质量发展、可持续振兴的新路子指明了前进方向、提供了根本遵循。推动习近平总书记重要讲话精神落地生根，是留给东北各地区特别是白山地区的重要政治任务。白山常委会决定，于2023年12月组织召开市委八届七次全会，全面总结工作成绩，科学研判发展形势，安排部署下步工作。因此，高标准撰写好全会报告是落实上级会议精神、统领全市发展的重中之重，对建设践行"两山"理念试验区、加快实现绿色转型高质量发展全面振兴发挥着重要作用。

二 主要做法

（一）领会上情，全面领会精神实质

将习近平总书记的重要讲话作为指导新时代东北高质量发展、可持续振兴的纲领性文献，深入学习、全面学习、系统学习，掌握核心要义、把握实践要求，对东北全面振兴规律性、艰巨性、紧迫性的认识，逐一对标对表，

---

* 董晓通，白山市委政策研究室副主任。

并结合白山实际，抓机遇之要、析矛盾之因、寻破解之法、集资源之势、成振兴之道，为开创白山高质量发展新局面奠定坚实理论基础。牢牢把握东北在维护"五大安全"中的重要使命，牢牢把握高质量发展这个首要任务和构建新发展格局这个战略任务，以此为纲、纲举目张，坚持目标导向和问题导向相结合，准确把握政策方向和形势动态，持续完善报告内容，将"上级意识"高质高效转化为"工作文字"，切实发挥"以文辅政"作用。

（二）吃透市情，科学谋划发展路径

立足白山优良的生态基础和独特的资源禀赋，充分分析"高铁时代"的时空裂变效应和"两山"建设的聚合磁吸效应，围绕大力实施"一山两江"品牌战略，着力构建"一体两翼"发展格局，细化撰写了全会内容。特别是，着重研究谋划了打造三个千亿级产业集群。加快实现千亿级全域旅游产业集群蓄势腾飞，擦亮打响长白山、松花江、鸭绿江三大金字招牌，推动松花江旅游全面升级，积极开发鸭绿江旅游，形成"圣山引领、名川带动、全域绽放"的生动局面。推进吉林省冰雪运动中心项目建设，打造世界级冰雪品牌和冰雪旅游胜地。带动千亿级人参医药产业产业集群提质升级，实施"长白山人参振兴"工程，高标准打造中国人参产业示范区，形成生产、加工、销售齐头并进，科研、旅游、文化同步发展的产业振兴新格局。推动千亿级新材料新能源产业集群率先突破，利用域内优质的石英砂、硅藻土资源，加快推动光伏玻璃、硅藻土、抽水蓄能等新兴产业集聚发展，实现新材料与新能源产业有机融合、共同发展，引领绿色低碳生产生活新风尚。

（三）把握外情，充分借鉴成功经验

根据白山的资源体检、产业布局、区域特征、社会发展等情况，搜索相似地区或案例的典型做法，集合白山实际，针对性进行提炼吸收。在日常收集整理的学习材料中，归纳总结能在白山复制的好思路好做法，并进行创新性研究和探索性部署。通过深刻吸取反面案例教训，最大限度规避和化解发展中的风险隐患，做到取其精华、去其糟粕。

⊜ 经验启示

（一）坚持以"全面"为首要前提，突出报告系统性

全会报告第一部分是梳理一个阶段的工作成效，内容不仅要面面俱到，还要保证高水准的逻辑性和表述性，杜绝流水账式、混乱式的撰写，确保简洁干练不拖沓、结构合理不散乱。同时，还要做到客观、真实、具体，突出最重要的亮点成果，反应最受关注的领域发展，总结最具创新的工作方法。

（二）坚持以"精准"为基础保障，突出报告科学性

全会报告第二部分是分析形势和确定发展思路，必须将认真贯彻中央和吉林省委全会精神作为出发点和落脚点，首先要研判整体和局部的形势变化，搞清楚落实什么，弄明白怎么落实，并结合白山实际，谋大局、把方向，观眼下、利长远，将下一阶段发展思路完善好、发展方向谋划好、发展路径明确好。

（三）坚持以"务实"为工作根本，突出报告操作性

全会报告第三部分是安排部署未来工作，工作举措的务实水平，直接影响了落实的程度和效果，事关经济社会发展大局。必须确保工作举措符合本地实际、发展实际、工作实际，指导各地各部门干什么、怎么干、如何干好，做到招法有力、效果明显、影响深远。

提升监狱规范化执法水平

——吉林省四平市英城监狱规范化执法工作经验启示

王樾楠*

一 背景情况

近年来，四平市英城监狱坚定不移贯彻上级决策部署，紧盯主责主业落实重点任务，严格选人用人树立正确导向，聚焦民警执法规范化，紧密围绕消除执法安全隐患，切实提高民警自我约束、自我防范意识，从严从细部署、压紧压实责任，将学习教育、警示教育、督导检查贯穿始终，确保监狱安全稳定，为和谐社会发展和"平安吉林"建设贡献了监狱力量。自2020年以来，英城监狱信访率、控告率极低，在对出监人员的检察及谈话时，也普遍反映英城监狱在监管民警执法规范化上表现良好。相较于其他监狱，英城监狱虽体系小，但在执法理念更新、执法水平规范上存在许多值得借鉴的地方。

二 主要做法

（一）强化提醒教育，筑牢规范执法意识

一是对新提拔、新转岗民警，开展任职廉政谈话。二是围绕民警队伍廉政建设，监狱每半年召开1次"以案促治、以案促改"专题党委会议、1次警示教育大会和1次党纪法规知识测试；各党支部书记每半年讲1次廉政党

---

* 王樾楠，四平市平东地区人民检察院党组成员、政治部主任。

课，每年进行1次家访。三是盯紧重点、敏感岗位，存在潜在违纪苗头的，及时交流调整。对不适宜担任现职的民警，加大岗位调整力度，推动形成能者上、庸者下、劣者汰的良好局面。四是对新录用的民警进行规范执法岗前培训，组织各科室业务骨干上讲台，为新招录民警进行业务能力培训，使新警了解监狱工作概况，形成规范公正执法理念，熟知各项监狱规章制度，尽快完成身份转变。五是深入开展学深狱政管理制度，提升民警履职能力培训工作。自2022年以来，英城监狱认真贯彻局狱政处关于学深狱政管理制度，提升民警履职能力文件精神，组织民警开展线下、线上学习。截至2024年3月，英城监狱开展集体学习50余次，开展狱政管理制度考试22次，做到参考民警全覆盖。六是开展英城监狱提升民警履职能力、规范罪犯改造行为"百日攻坚"专项活动，依照狱政管理制度及《管教工作100个怎么办》，制定民警一日监管规范，结合英城监狱监管实际，将制度规范内容融入日常执法工作中，让民警执法有抓手，在工作中学习、在学习中工作。使民警想管、会管、敢管，从依照规范执行转变为民警自身能力，真正从理论知识积累向实际执法能力进行转变，真正做到规范公正执法。

（二）强化制度督导，严格制度落实

一是在日常执法执勤过程中，严格执行规章制度。始终坚持标准配备、正确使用、严格监督的原则，要求执法执勤活动必须全程佩戴执法记录仪并录音录像，固定证据。二是规范填写各项记录、法律文书，严格执行审批流程，坚持监区重大事项报告制度。三是进一步规范警戒具使用流程。各监区使用警戒具前，必须严格审批流程，由狱政科审批，监狱分管领导同意后，方可使用。四是强化警戒具日常检查工作。狱政科定期不定期对各部门警戒具使用情况进行检查，发现问题立即通报整改。

（三）强化监督问责，加强队伍作风建设

一是发挥各党支部纪检监察员探头作用，建立纪检监察员每月汇报制度，第一时间掌握民警执法中出现的问题，抓早抓小，防微杜渐。二是拓宽

民警违纪违法问题线索收集渠道，向社会公布民警违纪违法举报电话、电子邮件。全监设立6个举报信箱受理案件。三是建立刑释罪犯出监前谈话制度，两年完成谈话150余人次。四是开展罪犯线索搜集工作。由狱政科主导，狱侦科配合，每月末开展线索搜集工作，通过罪犯不记名投票举报方式，查验监狱是否存在不规范、不公正执法情况。截至2024年3月，已开展搜集工作9次，无异常。五是常态化开展改造科室谈话工作。各改造科室定期开展罪犯谈心谈话工作，了解监区民警是否存在执法不规范、不公正情况，两年完成罪犯谈话700余人次。

三 经验启示

英城监狱之所以在执法水平及理念上不断进步，主要做到了五个方面：一是时刻紧绷安全防范这根弦，居安思危，牢固树立万无一失、一失万无的思想，越是平稳时期，越要防范各种风险，及时查找工作隐患和漏洞。二是把规范执法行为作为教育培训重要环节，要通过岗前培训、日常练兵、跨岗交流等方式严抓干警的执法水平教育，要养兵千日、练兵千日，不断提高干警的执法水平。三是要强化日常督导检查，每周多次且全面的由领导班子及纪委部门深入监区巡监检查，发现问题及时指出并验收整改结果。四是及时解决服刑人员合理诉求，保证服刑人员合法权益，从源头上解决罪犯给监管安全带来的隐形隐患。五是坚持从严治警，对干警执法不到位、不规范，甚至执法犯法行为要坚持"零容忍"，绝不能养痈成患。

讲好中国故事　传递中国声音

——吉林省外事翻译工作的探索与实践

鲁　爽*

一　背景情况

习近平总书记指出："今天，中国共产党领导人民成功走出中国式现代化道路，创造了人类文明新形态。通过准确传神的翻译介绍，让世界更好认识新时代的中国，对推进中外文明交流互鉴很有意义。"①这一重要论述，体现了党和国家对翻译工作的高度重视，为进一步加强国家翻译能力建设、做好对外译介工作指明了方向、提供了遵循。当前，世界大变局加速演进，中国同世界的联系更趋紧密、相互影响更趋深刻，国际社会高度关注中国的发展和走向。与此同时，中国也越来越关注全球发展并为之积极作出贡献。这对外事翻译工作提出了更高要求，翻译能力建设是新时代对外话语创新的重要基础和关键环节。构建与新时代国际传播需要相适应的翻译能力，是讲好中国式现代化故事、增强国际话语权的需要，是深化文明交流互鉴、推动中华文化走向世界的需要，也是让中国走向世界、世界读懂中国的需要。基于这一背景，吉林省外办立足东北地区外事翻译干部的迫切需要，牵头开展培训、建立智库、组织比赛等多元活动。

---

　　* 鲁爽，吉林省外事办公室翻译中心副主任。

　　① 《为促进中国和世界各国交流沟通　推动构建人类命运共同体作出新贡献》，《人民日报》2022年8月27日。

二 主要做法

（一）打造一个品牌，把全省外事翻译工作"主体"搭建起来

东北地区外事外宣翻译培训是省外办翻译中心打造的一个十分重要的品牌，至今已成功举办了四届，这一培训填补了东北地区外事干部外宣翻译领域培训的空白，受到外交部、外文局及全国多地兄弟外事部门的高度赞扬。2024年外文局决定将吉林省的培训升格至全国范围。该品牌立足为东北地区外事干部提供一个综合性、立体多元的培训体系，吉林省外办邀请外交部资深外交官、高翻，外文局专家及省内外知名语言学者授课。培训内容涉及国际传播与推广、政府工作报告翻译实证解析、口译基本原则与常用技巧、礼宾礼仪培训、口译心得与实践方法、人工智能翻译等。培训师资力量强大，培训内容充实实用，充分发挥了省外办翻译中心的职能作用，为培养优质外语人才，服务国家总体外交作出了积极贡献。

（二）创建两个平台，把全省外事翻译工作"网络"编织起来

"吉林省翻译工作指导委员会"和"吉林省翻译专家人才数据库"是吉林省翻译工作的两大重要平台，也是落实《吉林省翻译人才队伍建设实施意见》文件精神的具体举措。一是由省外办牵头，省委宣传部、省教育厅、省内高校、翻译机构、重点企业等领导、专家组成的"吉林省翻译工作指导委员会"围绕吉林省翻译人才队伍建设等14个方面内容制定了《吉林省翻译工作指导委员会章程》。二是为服务新形势国家总体外交及全省高质量发展提供翻译人才支撑和智力支持，启动了吉林省翻译专家人才数据库建设项目，建立了英、日、俄、朝/韩、西、法、德、阿、意9个语种221人的翻译专家人才智库，助力全省翻译、招考、培训、比赛、国际传播。该智库被吉林省政府评为2023年度省直机关"奋斗'十四五'建功新时代"主题实践活动"突出业绩"。

（三）开展丰富活动，把全省外事翻译工作"优势"激发出来

一是开展翻译人才队伍调研。对上海市、北京市、重庆市、四川省、辽

宁省等地区调研翻译培训的相关举措和成果；对吉林省15所高校、3家协会、2家翻译公司就翻译人才队伍建设进行全面调研，掌握吉林省翻译人才队伍建设相关工作情况、语种布局、翻译成果以及突出问题，撰写了《关于全省翻译人才队伍建设情况的调研报告》。二是举行、组织、参与外语类演讲比赛。积极举办"大美吉林翻译人才演讲比赛"，讲好吉林故事。积极发挥本省韩语人才的优势，同韩国共同举办"大学生韩国语演讲比赛"；积极组织吉林省政府机关、高校优秀译员参加"辽沈最美翻译官"比赛；参与举办"外国人眼中的吉林"优秀作品推荐活动。

三 经验启示

（一）党对外事工作全面领导是做好外事翻译工作的关键

只有坚持党对外事工作的全面领导才能确保培训工作大方向正确。学深悟透、真正领会党的理论、路线、方针、政策的精神实质，贯彻落实党中央和省委省政府关于外事、外宣工作的各项重大决策部署是做好各项翻译工作的首要和关键。

（二）加强品牌和平台建设是做好外事翻译工作的重要保障

通过品牌和平台的建立可以发现：加强培训是做好外事翻译工作的着力点，从理论到实践，从传统翻译到智能翻译，品牌和平台有效地激发了内力、借助了外力、形成了合力，已经逐渐形成了外事翻译工作由单一到多元、由点到面的局面，保障了翻译各项工作的有序开展。

（三）多种形式的活动载体是做好外事翻译工作的重要内容

一是活动前做好调研。省外办翻译中心查阅了全国各地区的翻译培训种类，向东北三省一区政府机关、企业、高校共400余涉外干部详细了解外事翻译工作的需求和期待。二是谋划丰富多彩活动。通过组织不同领域、不同层级、不同主题的活动，激发外语干部再学习、再提高的热情；通过参加吉林省和其他省份举办的语言类活动，学习有关地区翻译工作的先进经验和做法。

科学编制实施"十四五"发展规划
奋力谱写吉林高质量发展新篇章

——吉林省"十四五"发展规划编制实施工作实践

蒲玲玉 *

一 背景情况

习近平总书记指出,用五年规划引领经济社会发展,是我们党治国理政的重要方式。"十四五"时期是全面开启社会主义现代化国家建设新征程的第一个五年,也是吉林省补齐短板弱项、释放发展潜力、加快振兴步伐的关键五年。我们在规划编制实施过程中,坚决贯彻党中央决策部署,紧密结合省情实际,围绕提高规划的前瞻性、战略性、创新性和可操作性,下功夫、谋举措、绘蓝图、求实效,努力编制一部符合时代发展需要、人民群众满意、经得起实践检验的五年规划,以高水平规划引领高质量发展。吉林省"十四五"规划纲要以99.1%的高票率通过省十三届人大四次会议审查批准,成为全省各族人民共同的行动纲领。

二 主要做法

(一)注重贯彻顶层设计

坚持把习近平总书记视察东北、视察吉林省重要讲话及重要指示精神作为"十四五"时期引领吉林发展的总纲领,紧扣习近平总书记提出的"推进

---

* 蒲玲玉,吉林省发展改革委发展规划处副处长。

两全振兴""展现三新要求""补齐四个短板""维护五大安全""实施六项任务"总要求，明确"率先实现振兴突破"奋斗目标，创新提出振兴发展"三阶段"战略目标，科学确定"十四五"时期实现"八个新"发展目标，擘画高质量发展蓝图。

（二）注重突出人民至上理念

深入开展前期研究，组织省内外专家、高端智库、部门等凝心聚力形成42项重大研究成果报告。深入组织"我为吉林省'十四五'规划建言献策"专题活动，社会各界热烈响应，共征集意见近千条。深入征求部门和市县意见，分专题先后赴多个省直部门、地区上门征求意见，并向多名专家学者、企业家代表、人大代表等咨询意见建议，切实把社会期盼、群众智慧、专家意见、基层经验充分吸纳到规划纲要编制中。

（三）注重强化配套支撑保障

强化专栏支撑，围绕规划纲要中的制造业升级、服务业转型提质等14项战略任务，将"十四五"时期拟推进实施的重大工程、重大平台、重大举措等以专栏的形式予以细化，匹配设置了47个专栏。夯实项目保障，围绕科技创新、产业升级等重点领域，经多轮谋划储备和筛选论证，梳理提出274个重大项目。建立省级专项规划目录清单，将规划纲要明确的各项目标任务落实落细到各专项规划中。

（四）注重构建有效实施机制

制定出台了主要目标和任务工作分工方案，将规划纲要提出的8项约束性指标、72类具体任务、64个重大平台、76项重大举措、274个重大项目，逐项明确责任单位和工作要求，确保高质量如期完成。建立了"年度动态监测分析–第三年中期评估–第五年总结评估"的规划实施评估体系。充分发挥省发展战略和规划数字化平台支撑作用，定期调度、督促和检查各地各部门规划实施情况。

三 经验启示

（一）坚持在国家重大战略中把准吉林发展定位，在把握未来变量中提高规划的战略性

通过深刻把握国家重大战略和吉林比较优势的结合点，充分考量新一轮科技革命和产业变革等带来的发展变量，从融入国家发展战略中找准吉林发展的区位和定位，在实现一域增光的同时，更为全局添彩。

（二）坚持系统观念、问题导向和目标导向，在破解发展难题中提升规划的创新性

通过深入研判省情特征的阶段性变化，统筹2025年发展目标与2035年战略目标，着力扬优势、补短板、强弱项，注重防范化解重大风险，旨在有力引领新时代吉林走出振兴发展新路，推进高质量发展迈出更大步伐。

（三）坚持工程化、项目化、具体化，在谋划"五个重大"中提升规划的可操作性

把谋划重大目标指标、重大战略任务、重大举措、重大平台、重大工程项目作为规划纲要核心内容，目标指标的设置注重对经济社会发展方向的引导，战略任务的设置注重对现代化产业体系建设等重点领域主攻方向的引导，举措、平台、工程项目的设置注重对经济社会发展具有示范带动作用和溢出效应的引导。

面向新农科建设实施大类招生改革
为吉林率先实现农业现代化培养高素质人才

——吉林农业大学大类招生培养改革的探索与启示

王　寅*

一 背景情况

新农科是面向中国特色农业农村现代化建设的新机遇与新挑战，以现代科学技术为手段，推进农业学科与生命科学、信息科学、工程技术、新材料等深度交叉融合，培养具有知农爱农情怀、具备强农兴农本领的新时代农业人才。在此情况下，原有的固定专业招生与培养模式已不能满足社会对农科人才类型与质量的需求，学生知识结构单一、视野较窄等问题逐渐凸显。吉林农业大学积极响应新农科建设号角，在省属高校中率先探索实施大类招生培养改革，突破原有的专业壁垒，激发学生学习主动性，实现专业能力、创新意识和综合素养协同提升，为吉林率先实现农业现代化培养高素质人才。

二 主要做法

（一）以分段式培养，创新构建"大类招生"培养模式

实施"宽口径、两段式"培养模式。学生在第 1～3 学期进行大类培养，第 4 学期根据学业成绩和个人意愿分流进行专业学习。大类培养阶段，通过

---

*　王寅，吉林农业大学教务处副处长。

开设专业导论课、专业体验周，帮助学生充分了解大类相关专业，确定专业兴趣；通过选任本科生导师，给予学生学业发展、专业选择、职业规划等方面建议，构建新型师生关系。专业学习阶段，鼓励学生进入实验室参与科研工作，强化专业素质与实践技能。

（二）以能力为导向，重塑建立"通专融合"课程体系

基于"全面发展、能力为重"思路，大类内打通第 1～3 学期全部课程，建立基础课程体系，同时降低学分，给予学生更多自主学习与自由探索时间。专业培养阶段，建立"6+1+N"专业课程体系，确定 6 门核心理论课和 1 门综合实践课为必修课，开设 15～20 门专业方向课为选修课，以强化学生专业知识与能力培养。同时，打造 200 门精品通识课，以拓宽学生的专业视野、提升综合素质，从而重塑建立"通专融合"课程体系。

（三）以学科为引领，优化调整"新农科"专业布局

以学生大类分流后专业选择为抓手，优化调整专业布局。面向新农科建设，聚焦农业现代化发展需求，新开设智慧农业、智慧林业、生物育种科学、农业智能装备工程等 10 个本科专业，进一步整合凝练学科资源，打造具有显著优势与鲜明特色、能够引领提升产业发展的国家级、省级一流本科专业群，形成大类招生模式下协调发展、互为支撑的专业体系，有力支撑高素质农科人才培养。

（四）以制度为保障，定制开发"五位一体"教学平台

针对大类招生培养开展教学管理的改革创新，新增或修订教学管理制度 20 余项，以制度建设促进改革工作顺利实施。启用教学执行大纲，优化教师教学设计；实施"教-学-考"三风联动建设，设立诚信考场，营造良好学习氛围；建立试题库，实行教考分离，保证专业分流过程中学生成绩的公平公正；定制开发适用于大类招生培养模式的教学管理系统，构建"学、教、管、评、资"一体化教学平台。

三 经验启示

（一）坚持党对教育工作的领导，落实立德树人根本任务

教育是国之大计、党之大计，坚持党对高校教育工作的全面领导，把正确的政治观念、价值导向贯穿于人才培养全过程，实现为党育人、为国育才的正确方向。在学校党委指导下，把立德树人根本任务融会、落实在教学改革工作中，把党的政治优势、组织优势和群众工作优势转化为大类招生培养改革的优势与动力。

（二）坚持以学生为中心、以问题为导向，敢于探索教育改革

随着我国高等教育进入新时代，学科专业知识结构、行业社会用人需求及学生学情特点都发生了巨大而快速的变化。应坚持"以学生为中心"理念，以如何培养适应新时代发展需求的高素质农科人才为出发点，引领开展教育教学改革。改革中应直面问题，勇于担当，敢于创新，在破解难题中不断打开工作新局面、取得新进展。

（三）坚持系统性思维和实事求是原则，稳步推进教育改革

高等人才培养是一项系统工程，教育教学改革要从学校、学院、专业各个层面，对学生、教师、管理人员各个群体开展充分调研，进而统筹谋划、制定方案、逐步实施，改革中应坚持实事求是原则，分类施策、稳步推进，确保取得好的改革成效和育人成果。

定制公交解民忧　交通服务促振兴

——辽源市定制公交专线为经济社会发展保驾护航

张鹏飞 *

一 背景情况

2023年，辽源市启动建设了一大批民生项目和文旅项目，其中全市规模最大的学校——第五中学迁建至南部新城，全市重点推进的大型文旅项目——悦动辽源欢乐荟在西安区落地开工。这两个项目的建设推进，在促进全市经济社会发展的同时，也给交通运输领域提出了新的课题。针对两个项目分别位于市区的南北两端，广大师生、群众出行面临交通堵、车程远、停车难等现实问题，辽源市交通运输局党组充分发挥职能作用，创新打造定制公交专线，为广大群众打造了便利优质高效的出行环境。

二 主要做法

（一）科学确定专线服务方案

开展实地调研20余次，细致开展调查走访，科学规划线路走向，经过数轮分析、汇总、磋商、调整形成初步运营方案，最终确定为第五中学设置6条覆盖各方向的定制公交专线，每条线路至少贯穿日常公交服务的两条线路，并全部采取分站运营模式，每日投入近40辆公交车；为悦动辽源欢乐荟设置3条覆盖东西南方向的定制公交专线，均采取分站运营、循环发车模式，

---

* 张鹏飞，辽源市交通运输局副局长、党组成员。

每日投入20余辆公交车。方案确定后，组织开展模拟运营16次，邀请部分学生、家长、教师、群众对所有线路进行了试乘，对发现的问题和反馈的建议进行了再梳理、再分析、再部署。

（二）积极做好各项服务保障

在运营服务方面，针对中学生群体特点的服务需要，委派专门管理人员每天早晚均乘坐定制公交进行现场管理和服务，直到车辆收车入库；针对悦动辽源欢乐荟游客密集的服务需要，责成公交公司每天委派1名班子成员带领车队管理人员在现场指挥调度，维持营运秩序，应对突发情况，满足市民出行需要。在票价制定方面，全面减少广大学生出行成本，按照日常公交标准执行单程票价1元、办理公交卡后单程票价0.95元，并开展了进校园集中办理公交卡服务；针对悦动辽源欢乐荟为商业运营的实际情况，经市公交公司仔细核算成本并经市政府批准，确定执行单程票价2元。

（三）全力确保专线服务安全

为确保定制公交专线营运安全，深入公交公司、专线营运车辆开展督导指导，责成公交公司进一步厘清并明确营运、安全、车队、保养、技术材料、信息智能化、营运稽查、乘客服务等各项工作职责边界，确保责任到人、不留死角，同时坚持对公交公司职工开展经常性的安全教育培训、营运稽查和驾驶员考核，增强驾驶员安全驾驶、文明服务自觉性和积极性，切实保障广大群众出行安全。比如，2023年9月27日辽源市突发强降雨，市交通运输局、市公交公司启动应急预案，紧急调配车辆，仅用不到15分钟就完成了游客疏散、引导，所有有需求的游客均实现安全乘车。

（四）积极创新公交服务理念

坚持"跳出交通看交通""跳出公交看公交"，整体研判悦动辽源欢乐荟运营特点、消费群体、特色亮点等情况，在全力做好广大群众运输服务的基础上，切实找准助力全市重点文化旅游项目的切入点和结合点，充分开发利用已经不在线路的机动柴油公交车、燃气公交车的价值，组织相关技术人员在车体内改装档口展示窗、食品工作台、餐饮桌椅等硬件，并在车身安装了外遮阳篷与"悦动辽源欢乐荟餐饮巴士"醒目标志，打造了数辆流动餐饮车、餐厅车，受到了广大游客的热烈追捧，甚至出现了餐饮车排起长队、餐厅车一座难求的火爆场面。

三 经验启示

（一）坚持战略思维是前提

公交出行是辽源市区人多地少、车多路窄、拥挤堵塞等问题的有效措施，既是首选方案，也是经验性共识。第五中学、欢乐荟两个地点分别在城区一南一北，从共性问题看，出行需求较大但车程离市中心较远；从各自问题看，第五中学出行时段集中、人员密集，欢乐荟停车场地小、游客流量大。基于以上原因，综合来看开通定制公交无疑是保障群众出行的最优解。经过几个月的实践，足以说明开通新五中、欢乐荟定制公交的决策部署正确、客观、行之有效。

（二）坚持宗旨意识是根本

党的二十大报告鲜明提出"六个必须坚持"，并且把"必须坚持人民至上"放在首位。教育是国计民生，发展是第一要务，心系发展、情系群众，才能使第五中学、欢乐荟定制公交专线迅速开通、全面运行，并得到了广大学生、广大家长、广大市民的认可和好评。实践证明，作为交通运输系统的党员干部，必须树牢宗旨意识、厚植为民情怀，做到公交线路延展更深入、公交服务延续更精细、民生纽带延绵更紧密，为辽源经济社会高质量发展注入新活力。

（三）勇于担当作为是关键

面对新时代、新形势、新发展对交通运输工作提出的新课题，必须不断增强交通强市的责任感和紧迫感，有效激发干事创业的积极性。为保障第五中学、欢乐荟定制公交专线规范有序营运，广大党员、干部、职工顶酷暑、冒严寒，起早贪黑、日夜奔波，向市委、市政府和广大群众交上了一份满意的答卷。此外，在欢乐荟运营期间，市交通运输局、市公交公司为其免费提供用车20余次、出动车辆300余辆，有力保障了重大赛事、重大演出顺利开展。

（四）持续完善创新是方向

定制公交专线的顺利营运，既为交通系统持续开展为民服务开启了新思路，也为下步工作明确了方向。在促进经济发展方面，开通5条方便市民到欧亚购物中心的定制公交专线、7条方便东北袜业园区职工上下班的定制公交专线；在保障中小学生出行方面，开通3条方便高中晚课学生回家的定制公交专线、2条方便小学生出行的定制公交专线；在助力旅游产业发展方面，开通"人民广场—朝阳村""人民广场—田雨小镇"等6条定制公交旅游专线，指派一辆专车为参观红色景点——矿工墓和战俘营的乘客服务。

巧手织锦绣　匠心致芳华

——吉林市妇联"巾帼巧匠"发展经验启示

刘　洋*

一　背景情况

2022年，吉林市妇联结合工作实际，在实施"吉林巧姐"手工制作项目基础上，创新打造"巾帼巧匠"品牌，挖掘培育"巾帼巧匠"50余人，紧紧围绕该手工制作项目投资少、风险小、绿色环保、就业灵活等特点，以"基地＋企业＋创业带头人"为主要生产经营模式，立足本地的资源优势，突出地方特色，稳步推进"巾帼巧匠"手工制作项目不断向纵深方向发展。目前，各级妇联组织发掘培育"巾帼巧匠"52人，工艺涵盖农民画、草编、钩织、木雕、叶雕、剪纸等10余种，其中，省级非遗项目4个，市级非遗项目12个。

二　主要做法

（一）谋市场，丰富项目品类

由吉林省妇联组织的"吉林巧姐"手工制作项目在开展之初，主要是围绕玉米叶手工编织进行的。吉林市妇联通过经过大量的实地调研，秉承"宜剪则剪、宜编则编、宜绣则绣"的原则，积极寻求手工制品与市场的结合点，不断挖掘出包括剪纸、布贴画、关东绣、石头画、毛毡画、农民画、木

* 刘洋，吉林市妇女联合会副主席、党组成员。

雕、串珠、满族撕纸、浪木根雕、缠花、毛线钩织、襻扣、旗袍制作、虎头鞋制作、假发编织、布艺手套制作、套娃绘制等近20个类别的千余个适销品种供创业、就业妇女进行选择。

（二）育人才，扩充行业队伍

吉林市妇联大力开展手工制作技能培训，自项目实施以来，向上争取资金270余万元，开展基础及提升培训46期，培训妇女3266人；积极打造手工制作带头人队伍，开展"巾帼巧匠"导师培训，培育本地区项目导师50人；不断适应市场变化，吸收返乡创业女大学生加入"巾帼巧匠"导师队伍，涌现出一批集设计、制作、培训为一体的新型"巾帼巧匠"带头人，不但为这支队伍注入了新鲜的血液，也为手工产品融入了更多原创的、时尚的、市场化的元素，提升了妇女通过手工制作创业致富的成功率。

（三）强基地，延伸产业链条

多年来，吉林市妇联创建各级各类手工制作实训基地、"巧姐村（社区）"11个，采取"订单+培训"的模式，鼓励各基地带头人依据订单开展定向培训，回收妇女加工的产品，畅通了销售渠道；探索融合发展路径，发挥桥梁和纽带作用，为区域内"巾帼巧匠"搭建合作平台。目前，市妇联正积极引导基地将订单、加工车间、加工点向村屯、社区和特殊困难妇女群体倾斜，实现群众增收和企业发展的双赢。

（四）固品牌，增进发展活力

2022年，吉林市妇联着手打造"巾帼巧匠"品牌，促进我市的"巧姐"向"匠人"转化。举办了吉林市十大"江城巧匠"评选活动；多年来积极组织推荐"巾帼巧匠"参加全省"吉林巧姐"大赛，均取得了优异成绩；2023年，征集优选了13个品类的百余件作品，开展了以"匠心筑梦 巾帼有为"为主题的手工展览，免费面向广大市民展览；收集整理了31位吉林市具有代表性的非遗传承人的手工作品，入选江城"巾帼巧匠"纪念邮票，鼓励和吸引更多的妇女立足小手工发展大产业，实现创业增收的梦想。

⊜ 经验启示

（一）提高创新意识，促进妇女工作与时俱进

创新是做好手工制作产业化发展的重要原因，也是做好妇女工作的必然要求，必须时刻增强创新意识，跟上时代的潮流，跟上时代变化的脚步，才能适应新形势，做好新时代妇女工作，通过举办各级各类创业创新大赛、产品展销、交流等活动，帮助妇女群众拓宽视野、开阔思路、增强创新创造意识和能力。同时注重加强调研工作，深入基层，了解妇女群众需求特点，更好地服务妇女，服务家庭。

（二）强化人才培养，推动妇女工作精准化

人才是企业发展的主力军，通过"巾帼巧匠"的培育培养，壮大手工制作队伍，使全市手工制作有了长足发展。注重对返乡创业女大学生、"吉林三姐"、女致富带头人、巾帼建功标兵等各类优秀女性人才和典型的培养，是做好妇女工作，做强"妇"字号品牌，帮助妇女发展进步、提高创业就业能力、实现人生价值的有效手段。加强人才培养培育，发挥女性人才的优势，才能带动更多女性为经济社会的发展贡献智慧和力量。

（三）搭建服务平台，凝聚妇女群众力量

从"巾帼巧匠"项目整体发展的角度来看，只有整合资源，抱团取暖，才能实现项目品牌化、产业化、规模化发展。可以通过举办各类展销会、实地考察、交流座谈等多途径、多举措，搭建各类妇女群众交流合作的平台，将妇女群众紧密团结起来，共谋发展，共同进步，让妇女群众成为助力经济高质量发展不可或缺的力量。

优化项目管理　赋能经济高质量发展提升

——长岭县实施项目全生命周期管理工作启示

于松巍[*]

一 背景情况

国家高度重视项目投资工作，党的二十大报告指出要增强投资对优化供给结构的关键作用，中央经济工作会议明确提出要扩大有效益的投资。长岭县坚持加强项目全生命周期管理服务。在宏观层面，形成良性循环，扩大有效益的投资，发挥好投资对经济增长的关键作用，为长岭县域经济聚势赋能、全方位推动高质量发展提供强大支撑；在微观层面，从投资项目的酝酿和前期工作，到项目开工建设，再到项目竣工投入运营，抓好每一个阶段每一个环节。

二 主要做法

（一）强化组织领导，压实各方责任

成立长岭县项目服务专班，由两位县级领导任组长，发改局局长任副组长，成员单位由县纪委、组织部、发改局、住建局、自然资源局等部门组成。专班下设综合办公室，抽调精干力量配齐配强队伍负责日常工作。专班组长、副组长是项目服务主要负责人，深入一线、靠前指挥，艰巨任务亲自承担、关键环节亲自协调、工作推进亲自调度、进展情况亲自督导、突出问

---

[*]　于松巍，松原市长岭县政协副主席、三级调研员。

题亲自研究。各成员单位按照工作职责负责推动解决项目遇到的困难和问题。专班办公室具体承担统筹调度、沟通上下、协调推进的工作职能，确保专班各项工作有序推进、高效落实。

（二）优化工作思路，凝聚攻坚合力

长岭县项目全生命周期管理工作坚持"把握一个核心、围绕五条主线、完善四项工作机制、实施四步闭环法解决问题"的工作思路。

把握一个核心，即优化项目服务，专班成员主动与项目单位、行业部门沟通对接，逐个项目走现场、盯进度、问需求、解难题，采用领办、带办等方式对项目单位专人包保，做到全天候服务、无缝隙对接。

围绕五条主线，即项目谋划储备、综合调度、运行监测、信息通报、监督考核五条主线，确保实现全领域覆盖、全过程跟进、全方位推动。

完善四项工作机制，即组织调度、协调会商、跟踪推进、监督评价四项机制，各项机制环环相扣、紧密连接，形成上下联动，层层推进的工作格局。

实施四步闭环法解决问题，即解决项目落地、建设、投产等环节中存在的困难和问题，形成问题"收集—推进—攻坚—解决"的闭环管理体系。一是问题收集分派，专班办公室加强项目日常调度，及时发现项目存在问题，形成清单转交至专班成员单位；二是问题推进反馈，对于成员单位研判问题，对能直接解决的及时推动解决并向专班办公室销号，对不能直接解决的形成具体意见反馈给专班办公室；三是问题专项攻坚，对成员单位不能直接解决的问题，由专班组长召开专题会议，协调各方、摸清情况，研究解决方案；四是问题解决销号，问题解决方案提交县委、县政府进一步研判，落实解决条件、协调推动解决，销号闭环。

（三）加强跟踪督查，确保工作实效

严格落实日调度、周报告、月例会、台账化管理、清单式推进工作责任，一项一项抓推进、一件一件抓落实。县委组织部、县纪委监委派出的专

班成员全程参与专班各项工作，对责任部门、专班成员履职尽责情况实行全程跟踪督导考核，确保各项工作任务不折不扣落到实处。

三 经验启示

（一）项目谋划要精准

以"引得进、落得下、能做大"的工作理念，准确把握国家政策导向、把握经济发展规律，以长远眼光谋划项目建设。引得进，就是项目谋划要符合国家政策导向、符合经济发展规律，准确领会《关于进一步推动新时代东北全面振兴取得新突破若干政策措施的意见》等国家制定出台的支持东北全面振兴一揽子政策的意图和精神实质，吃深吃透国家产业政策、投资导向、支持方向以及各领域发展规划，提高项目谋划准确性。落得下，就是项目谋划要结合所在地区现有原料、土地、市场、人才等要素优势，园区、开发区等平台优势，重点产业、重点企业等基础优势，提高项目谋划可行性。能做大，就是项目谋划要围绕主导产业延链补链强链，重点从集聚效应明显的项目着手，通过引进项目的虹吸效应带动上下游更多产业项目落地。

（二）项目服务要高效

项目推进专班建立项目全程跟踪服务机制，采取"日调度、周研判、月汇总"工作模式，及时掌握项目进展、摸清企业需求、发现问题困难，以高效优质服务实现了项目审批、要素保障、消除项目建设障碍等，不仅确保了项目早开工、早投产、早达效，更是进一步优化了营商环境，为高质量发展注入新动力。

（三）工作体系要闭环

项目从谋划储备、签约落地，到开工建设、投产达效都要形成闭环体系，每个环节内部也都要建立横到边、纵到底的责任制，层层压实党委政府、行业部门和每个人的责任，每一项工作、任务，也都明确时间节点、路径设计和具体要求，建立"任务部署、建立台账、督导考核、评估问效、成果巩固"的工作推进体系，形成权责明晰、协同联动、环环相扣的闭环式推进模式。

项目建设是经济发展的"主引擎""主支撑"，服务项目就是服务高质量发展。长岭县实施项目全生命周期管理，一方面能够优化审批程序和时间，协调解决项目建设过程中出现的问题，有效提升项目招引和项目服务效率；另一方面通过重大项目建设，助推了产业结构加速转型升级，并对优化完善营商环境、探索项目谋划评估及运行效益分析机制等具有借鉴意义。

以职能监督推动履职尽责 助力项目建设工作高质量发展

——梅河新区（梅河口市）发展改革局构建监督体系的实践探索

张 鑫*

一 背景情况

吉林省梅河新区发展改革局坚持以习近平新时代中国特色社会主义思想为指导，深入贯彻党的二十大、吉林省委第十二次党代会、全省"基层建设年"推进会精神，深刻领悟"两个确立"的决定性意义，紧紧围绕服务梅河新区和高质量发展先行示范区建设目标，以建立健全贯通协同、衔接高效的工作机制为基础，规范职能范围内的项目建设工作监督，建立健全"责任明确、执行有力、贯通融合、协同高效"的高质量项目建设监督体系。以主责监督为统筹、以职能监督为抓手、以专项监督为重点，围绕职能职责，发挥能动作用。

二 主要做法

（一）突出发改职能特色，强化职能监督

结合职能分别针对重要部门、重点领域和关键岗位制定工作要点，强化监督监管。一是针对国、省预算内资金项目开展监督。通过国家重大建设项目库对中央预算内投资项目的计划下达、资金到位及使用、项目开工、竣

---

* 张鑫，吉林省梅河新区（梅河口市）发展改革局党组成员、副局长。

工决算等关键指标进行月度监测，建立投资项目监管台账和专项治理问题清单，逐级明确责任分工，逐项开展治理工作，对政府性资金投资数额较大、重点扶持的项目，未按期开工、竣工项目实施督导治理，同时与财政部门、直接责任单位沟通，必要时进行书面提醒。对审计部门反馈、巡视巡察、督导检查、国家发展改革委和省发展改革委反馈发现的项目建设问题，委托第三方机构独立开展核查，提出治理建议，推动整改落实，必要时向市委、市政府报告政府性资金投资项目问题导向和整改情况。二是针对项目审批管理进行监督。结合自身监管职能，开展政府投资的固定资产投资项目建议书、可行性研究报告和初步设计审批和监管；对政府核准的投资项目目录外的企业固定资产投资项目进行备案和监督。三是针对节能审查进行监督。根据节能法律法规、政策标准等，对项目能源消费、能效水平及节能措施等情况进行审查并形成审查意见。根据本地节能工作实际，加强节能审查工作统筹协调，落实能源消耗总量和强度调控，强化能耗强度降低约束性指标管理，有效增强能源消费总量管理弹性，控制化石能源消费，坚决遏制高耗能、高排放、低水平项目盲目发展。四是针对能源安全生产进行监督。对能源企业安全生产监督管理工作实行"清单化"台账管理、"图表化"挂图作战、"手册化"规范操作、"模板化"推广应用、"机制化"保持长效管理，按照"安全监督五化管理手册"要求，采取"红、橙、黄、蓝"四色管理法对吉林市能源企业进行监督管理，切实保障人民群众生命财产安全。五是针对"六新产业"发展和"四新设施"建设进行监督。对"六新产业"发展和"四新设施"建设各项重点任务及重点项目的推进情况开展调度，进一步明晰部门职责，建立牵头部门主体责任，配合部门落实责任的考核体系，制定监督检查计划，实现责任的任务化、任务的台账化、考核的经常化、结果运用的具体化，压实全面监督。

（二）围绕重点工作全程，强化专项监督

将项目建设和国省资金监督工作列为监督试点工作开展的主线之一，强化监督监管工作职责，实施监督工作常态化管理。一是建立项目监督监管

"双报"制度。对审批类的政府投资，5000万元以上项目从项目立项、土地、规划、招投标、施工许可等前期手续阶段，安全生产、项目施工"四制"（法人责任制、招标投标制、工程监理制、合同管理制）、国省资金使用等建设阶段，直至竣工验收等投产阶段进行全流程的摸底排查。为了更好地推进项目建设，对资金拨付进度、前期手续办理、工程进展进行周调度、周报告，形成了政府债券项目工作专报。对全市投资5000万元以上项目开复工情况、手续情况、进展情况进行周调度、周报告、周分析，推动项目尽快办结前期手续、开工建设。二是开展国省资金监管。完成2016年以来192个获得国、省预算内资金项目自查自纠工作，逐个形成问题清单和工作台账。梅河新区（梅河口市）发展改革局借助"外脑"，引进第三方机构，借助第三方项目全流程管理的专业知识和合法合规的检查方式，同时规避了检查过程中"打招呼"情况，依法依规开展监督检查工作。对照各单位自查自纠情况汇报、问题清单，通过调阅资料、实地走访等方式，对国、省预算内资金使用情况进行核查。共梳理出70个问题项目，三方机构、项目主管部门、发展改革局逐个针对项目现场和资金使用情况开展核查，根据项目核查存在的问题开展分析，逐个突破解决。

（三）积极抓好协调配合，强化部门联动

与财政、审计、统计、工信等相关部门建立沟通协调机制平台和串联工作机制，形成监督工作合力。强化分析和总结，通过问题清单和整改措施的总结，举一反三，规避后续问题，形成梅河特色的工作机制并运用到抓主责监督和职能监督工作的各处，做好日常监督及监督工作常态化管理，完善监督治理工作。

三 经验启示

一是从组织思想、建章立制、内部监督入手，构建多维一体化布局，纵深推进中打通"梗阻"，疏通"脉络"，为高效开展工作清障护航。二是突出

"防风险"，紧盯制约高质量发展的突出问题，深入开展问题分析研判，从细微处入手、向实处发力，深挖问题背后的政治根源，着力破解顽瘴痼疾，有效防范化解风险隐患。三是突出"关键少数"，做实做细对"一把手"和领导班子等重点人群的日常监督，围绕决策落实、责任履行、权力运行等关键环节，不断完善政治监督方式方法，打好压责任、纠偏差、防风险、抓整改、促发展的监督组合拳，督促其严于律己、严负其责、严管所辖，坚决防止"破窗效应"。

贯彻培训宗旨　活化教学方法

——吉林省社会主义学院关于统战教学方式方法的探索与实践

齐珊珊*

一 背景情况

教学方式方法是实现教学效果的保障，遵循党外代表人士成长规律和社会主义学院办学规律，不断创新教学方式方法，是新时代社会主义学院必须面对的重要课题。近年来，吉林省社会主义学院综合运用"理论+实践""线上+线下"的方式，以及多种共识教育方式方法开展教学，取得了扎实成效。2023年，吉林省社会主义学院作为地方社会主义学院代表，在全国社会主义学院系统工作会议上就教学工作方面作经验交流。

二 主要做法

（一）以讲授式教学方法为框架和基础

讲授式教学是指通过课堂面对面直接讲授，帮助学员深入学习掌握培训内容。这种教学方法系统性强、信息密度高，便于把握意识形态标准和保密标准，也便于学员理解和接受，是最基本的课堂教学方法，也是省社会主义学院教学的主要方法。

（二）结合实际情况统筹运用多种教学方法

结合新形势下统一战线人才荟萃、智力密集的特征，省社会主义学院遵

＊　齐珊珊，吉林省社会主义学院办公室副主任。

循党外代表人士成长规律，在培训班中选择研讨式、模拟式、体验式等多种教学方法。

一是研讨式教学。研讨式教学即教师提出论题，让学员围绕选题思考并自由发表意见。例如，在宗教界代表人士培训班中，举办"爱党爱国爱社会主义"主题研讨，学员围绕主题交流心得、开展讨论、提出观点，最后由教师评议总结。通过学员的思维碰撞，激荡观点、达成共识，形成研究成果，有力地促进了教与学、学与学的共同提高。

二是模拟式教学。模拟式教学即设立情景模式，由教师围绕教学主题进行背景知识讲解和规则介绍，随即学员进行内部讨论排演和现场演练，最后由教师对演绎进行点评。例如，在少数民族干部培训班中，安排维吾尔族、朝鲜族等各民族学员采用讲述、朗诵、朗读、影视、唱歌等丰富的表现形式开展培训，借助适当的场景和音乐营造沉浸式、体验式教学氛围，引导学员在潜移默化中树牢"四个与共""五个认同"理念，铸牢中华民族共同体意识。

三是体验式教学。体验式教学是指在教学过程中，教师和学员共同到教学点开展现场察看、听取介绍、提出问题、教师授课、学员讨论、参与实践和教师点评，从而提高学员认识问题、分析问题和解决问题的能力。省社会主义学院在全省范围内梳理总结统一战线教学资源，编写《吉林统一战线实践教育基地名录》，按照教学需要，组织学员到相应实践教学基地开展爱国主义教育、统战历史与文化教育、地域文化教育、吉林全面振兴教育等，显著提高了教学的直观性，搞好走出去与请进来相结合的社会大课堂教学活动。

在社会主义学院的实际教学过程中，往往根据不同的教学目的和内容、学员的特点和教师的专长，将各种教学方法综合起来，相互穿插、综合运用，提升教学效果，构建立体交叉式的教学格局。

③ 经验启示

（一）强化政治导向和需求导向

一是强化政治导向，在教学设计上坚持以习近平新时代中国特色社会主义思想为指导，坚持"社院姓社"，结合统一战线工作具体实践和党外代表人士思想特点，灵活运用教学方法，扎实开展政治共识教育。二是强化需求导向，通过集体座谈、个别谈话、结业回访等方式了解学员需求，认真研究教学方法，统筹协调师资力量。

（二）加强对教学方法的深入研究探索

秉承不同教学方法服务不同教学内容的理念，牢牢把握教学方式方法的本质并有效运用。一是改进讲授式教学。坚持用学术讲政治，将教学内容讲活讲通讲透，增强理论穿透力和理论说服力，增加讲授式教学的视听黏性。二是采用"1+X"模式优化互动式教学，"1"即围绕教学主题，"X"即依据需求综合采用多种教学方法，不断提升学员的参与度、积极性和获得感。三是强化体验式教学。精心选择实践教学基地，凝练教学线路，研发统战课程，丰富学员体验。

（三）强化师资力量

一是综合统筹各级党委、政府相关部门和党校、高校及科研机构专家学者，全省社会主义学院系统师资力量，打开大门，广纳师资，挖掘挑选理论水平高、经验资历深、讲课效果好、授课方式灵活的专家学者，将其纳入师资库，做强师资队伍。二是有针对性地安排社会主义学院教师进修培训，提高业务能力，集思广益，教学相长。

（四）实现教研咨协同发展

牢固树立"教学科研一体化"的办学理念，充分利用好院内外教学科研资源和学员社会资源，通过教学实践，从学员身上发现课题、深入研究，形成"教学出题目、科研做文章、资政看成果、培训上水平"的良性循环，使科研真正成为理论教学的基础，使社会主义学院的科研成果真正发挥出为吉林省经济社会发展建言献策的作用。

新时代提高政治站位　新征程扛起政治担当

——浅谈国资国企改革发展的实践与思考

石峰雁*

一　背景情况

　　近年来，国有企业改革在重要领域和关键环节取得突破性进展和阶段性胜利，新时代新征程对深化国有企业改革不断提出新的更高要求。以习近平同志为核心的党中央站在党和国家战略全局的高度，谋划制定了以提高核心竞争力和增强核心功能为重点的新一轮国企改革深化提升行动，推动国有企业尽快形成新质生产力、实现高质量发展、更有力服务中国式现代化建设全局。

　　吉林省国有企业在全省经济社会发展大局中具有重要地位，面对基础差、底子薄、欠账多的不利局面，国资委及监管企业深刻认识实施国有企业改革深化提升行动的重大意义，进一步增强责任感使命感紧迫感，全力推动改革任务落实落地、取得成效，不断提升专业水平，推动国资监管体系逐步健全完善、企业生产经营状况持续改善。

二　主要做法

　　习近平新时代中国特色社会主义思想，是马克思主义中国化、时代化的最新理论成果，是推进党和国家事业发展的锐利思想武器，是有效实施国资

---

　　*　石峰雁，吉林省国资委办公室（党委办公室）副主任。

国企改革发展的根本遵循。

（一）实事求是

深入了解全面、真实、丰富、生动的第一手材料，真正掌握实事的客观情况，是进行一切科学决策所需的前提和基础。我国经济发展进入新常态，省国资国企改革发展从实际出发，紧扣"一主六双"高质量发展战略，围绕中心、服务大局，做到因势而谋、应势而变、随势而动，科学识变、积极应变、主动求变、因势利导，找准切入点和着力点，增强主动性、把握时效，认真谋划制定实施吉林省新一轮国企改革深化提升行动方案，推动国资国企改革发展取得历史性变革和历史性成就。

（二）底线思维

增强坚守底线的坚定性、自觉性，要求决不能触碰、践踏和逾越事关党和国家事业兴衰成败、中国特色社会主义前途命运、中华民族伟大复兴和中国人民根本利益的原则界限。国有企业是党执政兴国的重要支柱和依靠力量，关系我国公有制主体地位和社会主义制度的巩固、关系我们党的执政地位和执政能力。省国资委坚决树立明确的底线意识，在推动国资国企改革发展的过程中，旗帜鲜明反对各种去国有化的错误观点，不断坚持和完善社会主义基本经济制度，毫不动摇巩固和发展公有制经济，毫不动摇支持、引导非公有制经济。

（三）问题导向

科学分析问题、深入研究问题、弄清问题性质、找到症结所在，才能不断有效破解前进中的各种难题。经济振兴是东北老工业基地振兴的重要内容，吉林省全面振兴率先实现新突破，省属国有企业敢为人先。省属国有企业当前还存在规模不大、布局不优、竞争力不强、治理机制滞后等问题，需要加强和改进。吉林省国资国企锚定问题，探索解决发展难题，发展壮大国有经济，推动国有企业高质量发展，努力把经营管理提升到一个新水平、跃上一个新台阶，不断夯实中国特色社会主义的重要物质基础和政治基础。

（四）抓铁有痕

一分部署、九分落实，空谈误国、实干兴邦。省国资委聚焦问题、科学决策、狠抓落实，始终坚持"两个一以贯之"，充分履行出资人职责，持续完善国有资产监管机制，坚持和加强党对国有企业的全面领导，围绕选优配强企业领导班子、提升国有企业公司治理水平、建立市场化经营机制等重点任务，对落实举措进行了细化和制度对接，成立工作专班，带领监管企业因地制宜、分类施策、同向发力，坚定不移做强做优做大国有资本和国有企业。

三 经验启示

（一）坚持和加强党的全面领导

坚持和加强党的全面领导是国有企业的"根"和"魂"，是国有企业的光荣传统和独特优势。党的直接领导关系中国式现代化的根本方向、前途命运、最终成败，加强和改善党的全面领导是做好经济工作的根本保证，是高质量发展的必然要求。一方面，要加强党的政治建设，在思想和行动上始终同党中央保持高度一致，把贯彻落实党中央的决策部署摆在首要位置。另一方面，要充分发挥基层党组织战斗堡垒作用和广大党员先锋模范作用，以高质量党建引领和保障企业高质量发展，以企业改革发展实际成效检验党组织工作成效。

（二）坚持以人才为基础

千秋伟业，关键在人，各项工作都需要高素质的人才，国资国企改革发展事业的核心在人才，人才是解决问题的根本所在。一是识才。所谓人才，德才兼备、以德为先。天下之事始于人且成于人，以人为本、德为本根，没有人才一切为零、没有品德人才归零。"才者，德之资也；德者，才之帅也。"二是用才。用才的关键在于使"人各任其能，竭其力，以得所欲"，人尽其才、才尽其用。三是留才。营造重才、爱才、扶才、惜才的浓厚氛围，用事业留人、用待遇留人、用制度留人、用感情留人，既要留住人才的身，也要留住人才的心。

（三）扛起历史担当

国有企业拥有独特的身份定位、肩负特殊的功能使命，要主动在服务党的中心工作和国家发展大局上思考行动，找准定位、勇担使命。一方面，国有企业是我们党和国家最可信赖的依靠力量，在落实重大战略任务、应对各类风险挑战中责无旁贷地走在前、挑重担。另一方面，国有企业规模大、实力强并且大多处在行业中的领军地位，要充分发挥在建设现代化产业体系中的科技创新、产业控制、安全支撑作用，当好排头兵、顶梁柱、压舱石，真正起到攻坚引领、主导支撑、保障托底效果。

人力资源工作促吉林信托高质量发展

——吉林省信托有限责任公司组织工作提质增效

李政彤*

一 背景情况

以习近平新时代中国特色社会主义思想为指导，深入贯彻习近平总书记关于新时代东北全面振兴、金融工作的重要指示批示精神和省委、省政府决策部署，立足吉林信托应变局、化危机、闯难关的关键窗口期，紧紧围绕组织和人才工作高质量服务推动改革发展这一主线，以改革深化提升行动为契机，充分发挥组织和人力资源部门发动机作用，科学合理调配组织资源，主动把组织和人力资源工作融入公司改革发展全过程各环节，以"改革、创新"为动力，推进"化风险、求发展"双轮驱动，提高核心竞争力和增强核心功能，努力营造快创新、勇突破、敢担当、善作为的良好氛围，为公司高质量发展提供有力的组织和人才保障。随着业务范围的扩大和市场竞争的加剧，吉林信托面临了一系列人力资源管理挑战，如员工流失率逐年上升、关键岗位招聘难度加大、员工培训和发展体系不完善，导致整体绩效和创新能力受限。为应对这些挑战，人力资源部决定对人力资源管理工作进行深度改革和创新。

二 主要做法

（一）各级企业高级管理人员层面实施"领航计划"

一是发挥头雁作用，大力加强班子自身建设。通过中心组学习、参加上

---

* 李政彤，吉林省信托有限责任公司人力资源部副总经理。

级组织培训、个人自学等方式，不断提高党委班子谋划工作、解决问题、引领发展的能力，提升专业度和工作实效，在振兴发展中"干在实处、走在前列"。严格贯彻落实"三重一大"制度和民主集中制原则，修订完善《公司党委前置研究讨论经营管理重大决策事项清单》，提高科学决策、民主决策水平。加强监督管理，畅通同级监督、群众监督等渠道，强化巡视整改工作。二是拓宽选人用人渠道，选优配强总部高级管理人员。与行业头部信托公司对标，通过内部选拔、外部挂职交流、公开选聘、委托推荐等方式，实行重要管理岗位面向中央企业、中央金融机构、中直驻吉单位和省属国企公开选聘，推动"能人"治企。三是加强控股公司领导班子建设。充分发挥控股公司"一把手"的示范引领作用，通过市场化公开选聘职业经理人、与总部中层干部双向交流、内部择优选拔等方式选优配强控股公司领导班子。将天治基金管理有限公司作为职业经理人选聘试点，按照市场化选聘、契约化管理、差异化薪酬、市场化退出的原则，拿出总经理、副总经理岗位进行公开选聘，规范选聘程序、从严考核管理，努力选聘出有开拓意识、有实战经验、有职业素养、有契约精神的经营管理者，探索党管干部原则与市场化选聘职业经理人相结合的有效途径。

（二）中层干部层面实施"启航计划"

一是推进中层干部竞聘上岗。聚焦公司转型发展急需紧缺的专业干部人才，释放部分中层领导岗位，面向社会和公司内部优秀人才公开竞聘上岗，强化市场化思维，形成内部竞争机制。二是完善干部管理机制。建立完善干部轮岗交流、述职评议、末位调整、不胜任退出等机制，推动形成能者上、庸者下、劣者汰的正确导向。加强多岗位锻炼，原则上拟提拔的中层正职干部需要有两个部门中层副职或相当级别的工作经历。三是优化编制职数和职位设置。在充分调研和评估基础上，围绕公司战略发展规划，修改完善公司章程和控股公司"三定"方案，人员配备向前台部门倾斜，对经营业绩好、改革任务重的部门和控股公司，适当调增部门编制和领导职数，进行动态人力资源支持。

（三）后备干部和业务骨干层面实施"远航计划"

一是加大培养选拔优秀年轻干部力度。贯彻落实省委优秀年轻干部"强基培苗"选育工程，实施吉林信托优秀年轻干部"12335"工程。具体是，选拔10名优秀年轻中层副职干部，作为公司中层正职储备人才；选拔20名优秀年轻基层管理岗位员工，作为公司中层副职干部队伍储备人才；选拔30名优秀年轻干部，作为公司基层管理岗位储备人才；选拔30名优秀年轻专业骨干人才，作为公司技术序列专业人才储备；选拔50名管培生充实到一线岗位，跟踪培养、定向使用。通过定标准选拔、体系化培养、全方位考核、多样化激励和多渠道退出等措施，动态管理年轻干部储备库，搭建干部人才梯队。二是加快急需人才引进。结合公司业务转型和风险处置工作实际，按照"急用优先"原则，制订人才引进计划和方案，对接省委"组团式"引才、"管培生"选拔等工作，坚持政治过硬、能力过硬、作风过硬标准，加快引进资本管理、财富管理、风险管理、产品研发、法务、科技等方面的专业人才，提升公司干部人才队伍专业性和战斗力。

三 经验启示

（一）重视人才战略

公司应树立人才是企业发展核心竞争力的观念，制定符合企业实际需求的人才战略。在招聘、培训、激励等方面，都要以人才战略为指导，确保企业能够吸引和留住优秀人才。

（二）持续优化招聘流程

公司应不断优化招聘流程，提高招聘效率和质量。通过精准定位目标人群、多渠道吸引候选人、增加选拔环节等方式，确保企业能够招聘到符合岗位需求的人才。

（三）注重员工培训和发展

公司应建立完善的培训体系，注重员工的专业技能和综合素质的提升。通过新员工入职培训、岗位技能培训、领导力提升培训等方式，满足员工的成长需求，提高员工的整体素质和绩效水平。

（四）创新激励机制

公司应创新激励机制，将员工绩效与奖金、晋升机会、福利待遇等直接挂钩，激发员工的工作积极性和创造力。同时，企业还应关注员工的职业发展需求，为员工提供广阔的发展空间和晋升机会。

（五）加强团队建设与协作

人力资源工作的顺利开展离不开高效的团队建设与协作。公司应注重培养团队凝聚力，加强部门间的沟通与协作，确保人力资源工作的顺利推进。同时，公司还应鼓励员工积极参与团队活动，增强团队归属感和向心力。

弘扬大珩精神、传承报国情怀
推动科技自立自强
——长春理工大学海外留学归国博士团队建设培育实践

张 昕*

一 背景情况

2002年，长春光学精密机械学院更名为长春理工大学计算机科学技术学院，院领导前瞻性地认识到，全球化背景下，任何一所高校都不可能仅靠自身力量谋求高质量发展，教师队伍国际化是提高人才培养质量、提升高校学术水平和声誉的重要途径，提高教学科研队伍的国际化水平、建立扩大与领域前沿接轨的科研团队势在必行。在面临师资力量紧张、教学科研条件方兴未艾、学生和专业规模有限等多方面困难压力的情况下，学院从长远发展角度出发，积极鼓励和支持青年教师出国研修深造，同时扎实锤炼在校教学科研团队的专业素养和意志品质，由此开启了前后近10年的以出国研修深造为主要手段，里外兼修、互补互助的国际化青年教学科研团队建设培育工程。

二 主要做法

（一）锐意探索，引领提升团队国际化水平

在师资派出过程中，学院为教师在国外研修生活设身处地着想，特别是

---

* 张昕，长春理工大学计算机科学技术学院副院长。

针对派出教师中的"学院双职工"情况，以人为关怀为先，克服整体工作压力，为教师夫妻双方同时派出创造条件，落实了用心培养、用感情培养的工作思路。

自2005年起，学院陆续派出了10位青年骨干教师前往日本、法国、美国、挪威、加拿大等国家的知名高校研修深造，践行王大珩先生的求学报国精神，均全部按时完成学业并返回工作岗位。以此为驱动，学院有效强化和开辟了计算机仿真建模、信息安全、影像计算、智能系统、计算机辅助决策等多个科研方向，并成功引进了多位具有海外留学工作经历的高层次青年科技人才，取得了师资团队国际化能力建设的突破。

（二）崇尚奉献，同步夯实本土教学科研质量

学院有计划部署推进师资队伍国际化转型和能力提升的近10年时间，也正是学院扩大办学规模、获批博士学位点和重点学科、攻关完成重大横向纵向课题的关键时期。在师资人员数量已经吃紧的情况下，骨干教师派出后，学院全体坚守在教学科研一线岗位的同事们持续发扬无私奉献、扎实勤恳的团队精神和工作态度，迎难而上，砥砺前行，实现了学院教学科研质量的稳步提升，为学院取得阶段性飞跃发展奠定了坚实基础。

大批在校骨干教师的坚守和奉献，践行了长期以来积累凝练的精诚团结、一致担当精神。一方面，勇于探索突破发展瓶颈，通过系统规划部署积累人才先发优势，以点带面推动教学、科研、学科协调发展；另一方面，发扬梯队协作奉献精神，有先行者身负嘱托、勉力前行，更有坚守者立足本职、提供扎实支撑，共同推动了学院国际化师资力量和高水平科研队伍的形成与发展。

（三）牢记嘱托，丰富传承集体荣誉精神

在支持青年教师出国深造的过程中，来自学院的嘱托和期望激发形成了教师承载的使命感、传承感，是鼓励其克服困难、突破瓶颈、认真求学的重要精神动力，构筑了教师接受使命而来、努力达成研修期盼、回校传承所

学前沿的朴素共识，打造出"送得出去、召得回来"的国际化科研团队培育范式。

在学院师资队伍国际化能力建设的推进下，实现了三分之一以上教师具备海外留学研修经验，在全校率先开设了全英文教学的本科、硕士留学生培养项目，打造形成了计算机科学技术学院国际化科研教学品牌。学院先后获批一级学科博士点、国家级实验教学示范中心、国家地方联合工程研究中心，以海外留学归国博士为重要支撑的"计算机科学与技术"教师团队荣获"吉林省高校黄大年式教师团队"。全院教师的坚定拼搏为学院计算机学科的发展注入了强劲的动力，用实际行动诠释了对国家、对学校、对学生的热爱。

三 经验启示

（一）以人为本，有机结合个人进步与团队发展

学院始终坚持以人为本的原则，通过前瞻性地部署推进国际化人才培育，加速优秀青年教师的成长和进步，使之拓宽视野、增长见识，实现个人价值的提升。以人文关怀为先，进一步增强了教师的归属感和忠诚度，通过提升教师个体的能力和水平，进而提升整个教学科研团队的国际化和专业化水平，形成个人进步与团队发展的共进共赢。

（二）内外并进，扎实推进内在提升与开放交流

学院高度重视在校教师队伍的专业素养提升和能力水平积累。通过派遣教师出国研修，引进了先进的科研理念和技术，同时也通过本土教师的坚守和奉献，进一步夯实了教学科研质量和应对挑战的集体战斗能力，以开放包容的氛围激发和秉持了全体教师的创新思维、良性互动，使学院在保持自身特色的同时，紧跟国际学术前沿，实现内在提升与开放交流的叠加增益，保证了学院发展的稳定性和连续性。

（三）敢于担当，深刻弘扬不忘初心与攻坚克难

面对各种困难和挑战，学院全体教师无论身处何处，始终以王大珩先生的精神传承作为指引和激励，保持着高度的使命感和责任感，"不忘初心、牢记使命"，不断增强爱国情怀和实现中华民族伟大复兴中国梦的坚定信念，将至诚爱国、恪守本职、务实存真的执着追求落实到教学科研工作中，引导学生树立正确的世界观、人生观和价值观，为国家的繁荣富强贡献自己的力量。

深耕美育沃土　浇灌艺术之花

——吉林艺术学院开展百校美育工程"三下乡"暑期社会实践活动的探索与启示

张　萌*

一　背景情况

随着社会的不断发展和进步，美育教育在培养全面发展的新时代人才中扮演着越来越重要的角色。吉林艺术学院作为一所具有深厚文化底蕴和艺术教育特色的高校，积极响应国家关于美育教育普及的号召，成立了专门的领导小组和工作小组，开展百校美育工程"三下乡"暑期社会实践活动，为农村地区的学生提供接触和了解艺术的机会，提高其艺术素养和审美能力。同时通过活动，让大学生深入了解社会、认识社会、服务社会，增强他们的社会责任感和实践能力。

二　主要做法

多年来，学院团委组织师生志愿者深入几十个县市，培训乡村音乐、美术教师。同时各分团委也按照团委的统一要求，自行组织小分队赴省内外各地进行美化社区校园环境、慰问演出、扶贫支教等美育教育志愿服务。20多年来，对200多个乡镇，近千所学校的1000余名农村中小学音乐、美术教师进行了包括音乐、美术、舞蹈、书法、主持人等15个专业的培训，受益学生达50余万人。

---

*　张萌，吉林艺术学院设计学院党总支副书记。

（一）发挥特色，因材施教，牢牢把握美育正确方向

学院学生在实践中体验了初为人师的艰辛，丰富并完善了自身的专业结构，培养了吃苦耐劳的优秀品格，增强了社会责任感。

在洮南市万宝镇共同村义务支教时，开设了绘画、手工、国学、课本剧、主持、舞蹈、声乐、硬笔书法及软笔书法等课程。同时为孩子们捐赠书籍300余本、衣物4箱、玩具2箱。孩子们从美丽的画卷、精美的手工、精彩的话剧、优美的舞蹈中获得了丰富的知识与无尽的欢乐。

对通化县大安镇中小学全体师生的培训是以舞蹈、朗诵、合唱、课间操、纤维壁画、手工制作等形式进行的。培训结束后的"青春心向党 建功新时代"志愿服务汇报演出，展示了学生们的艺术成果和才华，也为当地群众带来了丰富多彩的文化艺术享受。

（二）动手动脑，积极创作，用好作品传承文化精神

在社会实践中，学生们结合在活动中的所思所想，将其编排成作品，展现真情实感与地域文化。

在伊通满族自治县大孤山镇中心小学上完丝网印刷课后，志愿者们根据这期间的所感所想，创作了一首歌曲《遇见》，作词贴合实际，表达了对孩子们的真情实感、美好祝愿和殷切希望。

在吉林省柳河县的5个乡镇30余个村屯开展的戏曲进乡村、文艺下基层、挖掘地域文化、打造文旅品牌等活动中，志愿者们以红色文化和传统文化为创作基础，再结合吉林省"三地三摇篮"红色资源，创作了红色历史剧目——《长白英魂》，传递红色基因，汲取奋斗力量。

（三）深入基层，喜闻乐见，用艺术助力乡村振兴

志愿者们深入基层，利用所学解决群众所需，将艺术实践与乡村振兴相结合，用喜闻乐见的艺术方式丰富基层群众的精神文化生活。

受长春市绿园区城西镇委托，志愿者们赴跃进村进行美化乡村墙体彩绘创作，师生克服诸多困难，创作成果受到当地镇政府的好评。

志愿者们在柳河县将传统艺术元素与农产品外包装融合，提高了农产品的包装美观度，增强了对消费者的吸引力，提升了产品销量。并在该县半拉背村开设农产品电商销售平台，拓宽柳河特色农业销售渠道，借助"艺"心助农、推动"八香"柳河等活动，助力乡村振兴。

三 经验启示

（一）健全机制担责任，落实"党建带团建"制度，推动"党团一体化"发展

通过党的领导和团建工作的紧密结合，进一步建立完善的志愿服务体系。在志愿服务活动中，要始终坚持党的领导，将党的理念、方针和政策贯穿于活动的始终。通过党建的引领，确保志愿服务活动符合社会发展的需要，具有积极向上的价值导向。

（二）充分发挥学院艺术专业的综合性优势，展现艺院学子的独特魅力

吉林艺术学院作为东北地区唯一一所综合性艺术院校，在服务社会、开放办学理念的指导下，不断推动艺术走进社会、走进大众、走进生活，继续以艺术院校的特点和专业特色为出发点，朝着科学化、多元化的道路不断延伸拓展，以实践育人为基石，引导和帮助广大青年学生上好艺术与实践相结合的"大思政课"，在社会课堂中"受教育、长才干、作贡献"。

（三）关注新政策及民生发展，展现"艺术+思政"的独有魅力

活动要紧密围绕学习贯彻习近平新时代中国特色社会主义思想主题教育的总体要求，关注民生和经济发展，在活动中不断加强自身专业技能，在服务中砥砺从艺初心，在观察中坚定初心使命，把"请党放心　强国有我"的青春誓言转化为勇于奉献的实际行动，不断用青春力量为社会发展和民生建设作出贡献。

打造职教教研品牌　推动职业教育高质量发展
——职业教育"研训赛一体"教研模式探索实践

隋　欣*

一 背景情况

2019年11月，教育部发布了《关于加强和改进新时代基础教育教研工作的意见》。意见指出，进入新时代，面对发展素质教育、全面提高基础教育质量的新形势新任务新要求，教研工作还存在机构体系不完善、教研队伍不健全、教研方式不科学、条件保障不到位等问题，急需加以解决。

吉林省教育学院是全国首家实现基础教育、职业教育、民族教育、特殊教育等学校全学段、全学科校（院）长和教师专业培训服务单位，始终坚持"研培结合"的特色发展理念与"研培一体"的内涵发展模式。职教中心肩负协助省教育厅推动与落实职业教育改革与创新，支持与服务职业院校教师、校长队伍建设与专业发展，调研与督导各市（州）职业教育教学质量等工作职责。

二 主要做法

吉林省教育学院职教中心承担着吉林省职业院校技能大赛、吉林省职业院校教师素质提高计划的项目规划、组织实施与过程管理等工作。职教中心将职业教育教研、职教师资培训和职业院校技能大赛三项工作融会贯通，探

＊　隋欣，吉林省教育学院职教中心副主任。

索形成职业教育"研训赛一体"教研模式，为切实提升职业教育教学质量，推动吉林省现代职业教育高质量发展发挥了重要作用。

（一）大赛激发活力，彰显职教以研促赛类型特色

2023年，职教中心组织开展全省职业院校技能大赛——学生技能比赛131项、教师教学能力比赛6项、中等职业学校班主任能力比赛1项，来自全省10个市（州）89所院校的5888名师生参与了2023年全省职业院校技能大赛。通过院校申报、省级选拔、大赛组委会审核批准，省51所职业院校254支代表队晋级国赛。在2023年全国职业院校技能大赛中，省27所职业院校91支代表队获得一等奖5项、二等奖32项、三等奖73项。

（二）项目示范引领，凸显职教以研促训模式创新

教育部自2022年起组织实施"职教国培"示范项目，经单位申报、专家评审等环节，确定北京大学等4家单位作为公共基础课示范培训项目的承担机构，吉林省教育学院获批中职思想政治课教师示范培训项目。

2021年以来，职教中心组织实施"职业院校教师素质提高计划"培训项目95个，培训教师4097人。一是开展公共基础课教学能力提升、送培下校、学生管理、教师企业实践、培训者团队建设、信息技术应用能力提升、职业教育提质培优、1+X证书制度种子教师等8个项目类别63个国家级培训项目；二是开展学生技能竞赛、教师技能竞赛、对口升学教学能力提升、师德师风与课程思政能力提升、现代职业教育高质量发展、信息技术应用能力提升、校长培育7个项目类别31个省级培训项目；三是为长春金融高等专科学校专任教师开展课程思政专项委托培训项目。

三 经验启示

（一）依托以研促赛类型特色，有效提升大赛成绩

职教中心在全省职业院校技能大赛中开展教研活动，指导参赛教师对标

国赛规程，针对参赛教师的教学设计、教学实施、教学评价、教学反思等开展赛前指导教研活动。在2023年全国职业院校技能大赛——教学能力比赛中，吉林省代表队首次在一年中获得2项一等奖，这是自2018年全国职业院校技能大赛教学能力比赛改革以来吉林省代表队的重大突破。大赛成绩的取得展现了省职业院校师生扎实的专业素养和积极进取的精神，彰显了吉林省教育学院"研训赛一体"教研模式的培育成果。

（二）依托以研促训创新模式，持续增强培训实效

职教中心培训服务管理团队精心筹划、精心设计、精心实施"职教国培"示范项目，取得了可喜的成果。示范项目创新了培训模式，围绕教师队伍建设、新课程标准解读、教学设计实操、课例展示提升4个模块，邀请国内知名专家进行权威解读，在教学设计实操点评环节融入大赛评价标准，极大地提升了培训项目的实效性，圆满达成预期目标。以大赛为引领，是吉林省教育学院"研训赛一体"教研模式的生动实践，更是职业教育类型特色的重要体现。

（三）打造"研训赛一体"模式，探索教研新路径

"研训赛一体"教研模式将全省职业院校技能大赛与教研活动相融合，开展全省职业院校公共基础课、专业课教研活动，以全省职业院校技能大赛——学生技能比赛、教师教学能力比赛和中等职业学校班主任能力比赛等赛项评价标准为依据，指导教师不断完善教学设计、优化教学实施过程，充分发挥教研工作的引领作用，促进教师教学能力全面提升。"研训赛一体"教研模式将教师培训与教研活动相融合，在培训项目实施过程中融入教研活动，极大地提升了培训项目的实效性和培训质量。"研训赛一体"教研模式将技能大赛与师资培训相融合，开展技能大赛提升专项培训，将教学设计、教学实施、教学过程、反思改进等内容融入培训，全面提升职业院校教师的师德践行能力、专业教学能力以及综合育人和自主发展能力。

党政融合促发展　管理提升增效能

——白城医高专药学院样板支部创建工作实践

张培培*

一　背景情况

党的二十大报告指出，增强党组织政治功能和组织功能，坚持大抓基层的鲜明导向，把基层党组织建设成为有效实现党的领导的坚强战斗堡垒。作为高校党的基层组织的重要组成部分，基层党支部在思想政治引领、人才培养、教学科研、发展党员等方面为落实立德树人根本任务提供了坚实的组织保障。

白城医学高等专科学校药学院教工党支部坚持以习近平新时代中国特色社会主义思想为指导思想，以"第二批全国党建工作样板支部"培育创建工作为契机，推动党的建设与改革发展同频共振，打造"知行本草，药苑繁星"党建品牌，将党建工作与教育教学、学生管理相融合，充分发挥党支部战斗堡垒作用和党员先锋模范作用。

二　主要做法

（一）强化组织建设，推动党政融合发展

党支部书记为"双带头人"，同时是药学院院长，一方面全面负责学院行政工作，另一方面通过党支部建设来推动党政融合，把党建贯穿教育教

＊　张培培，白城医学高等专科学校药学院党总支书记。

学、三全育人全过程，全体党员教师能够立足本职、不断进取、扎实教学、争做先进。

（二）明确建设方向，建设举措翔实有效

一是确定建设重点措施。以构建党支部标准化体系、党支部活动激励与服务体系、党支部思想政治工作体系、党支部宣传体系、党支部学术体系、党支部共建体系等6个方面为具体抓手，确定任务书、路线图、时间表和责任人，建立健全管理制度、工作制度和相关档案资料，完善党团活动阵地。

二是建立了样板支部创建四级包保责任制。明确党总支书记督导责任、党支部书记第一责任、支委主要责任、党员工作责任，严格责任分工，落实到人头，确保样板支部创建工作落到实处。

（三）创新"五三二"党建工作法，实现党建管理提升

"五建设"筑牢制度根基。着力开展党支部标准化、师德师风、学生组织、班级文化、公寓文化五大建设，推动基层党组织制度全面覆盖、党的领导全方位强化。

"三评比"选树先进典型。党支部积极开展优秀教师、优秀共产党员、优秀辅导员三项评比，表彰先进，树立模范。

"两结合"强化党建引领。党支部坚持将党建工作与教育教学、学生管理相结合，使党建工作得到进一步强化，推动工作取得新进展、新突破。一是党建与教育教学相结合。党支部积极开展师德师风建设月、班风学风建设季、大学生技能大赛等系列活动，激励党员教师引领教育教学改革。二是党建与学生管理相结合。党支部积极参与学生组织建设，深入、持续开展"明德远志，书香药苑"学生品牌活动，探索志愿活动校内与校外服务机制，用党建工作带动学生管理工作。

（四）创建"党建+"新模式，形成党建工作合力

一是创建"党建+云端"教育平台。在新媒体宣传平台上开辟样板支部专栏，搭建"云端"党员学习交流平台，占领党支部的网络新媒体工作阵地，成为日常信息发布、党建党务信息公开、政治理论教育学习第一网络平台，同时也是宣传报道展示支部活动、共享政治学习资料、关注时事热点动态的重要窗口。

二是创建"党建+知行本草"理论平台。依托三会一课、主题党日、政治学习、支部共建等，进行政治理论学习、内容研讨。深入开展党员"三尺讲台，党徽闪耀""党员示范岗""党史知识竞赛"等活动，推动思想教育工作的实施。

三是创建"党建+学思践悟"实践平台。充分挖掘中医药文化的人文价值，围绕党建品牌开展社会实践活动，如"药香行"志愿服务、师生共度传统节日等活动，形成富有本土性、时代性和创新性的中医药文化育人成果。

四是创建"党建+互联网"科技创新平台。构建"科研+教研+大赛"学术体系，党员教师在科研立项、教育教学大赛、指导学生技能大赛、创新创业大赛等方面起到模范引领作用，营造以科研、技能带动教学的良好氛围。

三 经验启示

（一）突出规范规矩，促党建呈现新气象

一是按照"达标、提升、创优、示范"思路，探索实行"四化四保"管理提升体系，即理论学习定制化，确保学有方向；组织生活课表化，确保学有规范；党日活动品牌化，确保支部活力；党员管理积分化，确保先锋模范。二是以党的基层组织建设为基础，严格执行"三会一课"、组织生活会、谈心谈话、民主评议党员等基本制度。三是全面推广"主题党日+"形式，统筹开展党性教育、业务培训、红色研学等活动，强化思想教育和党性锻炼，不断增强实效性。

（二）突出先锋引领，促党员队伍呈现新面貌

一是党总支书记、党支部书记开展"三带头"活动，带头做一次理论宣

讲、带头上一堂示范课、带头做一次志愿服务，以身作则，当好表率。二是深化"双培养"工作，"把骨干教师培养成党员、把党员培养成骨干教师"，引导广大教师不断立足职责职能，立德树人，营造风清气正、干事创业的良好氛围。

（三）突出融合发展，促党建统领呈现新成效

一是注重党团融合，铸牢学生理想信念。把握建党节、国庆节等重要时间节点，开展学生集体学习研讨，引导学生持续关注时政热点。二是持续开展党史学习教育，如清明系列活动、五四系列活动、端午系列活动，做实"第二课堂"，发挥党团融合的独特育人作用。三是加强党建引领下学生"一站式"社区建设，建立与学生常态化交流互动机制，打造学生党建前沿阵地，推动覆盖全院学生、具有学院特色的学生社区育人新生态。

深入学习贯彻习近平总书记关于党的建设重要思想　以高质量机关党建助推新时代地方人大工作高质量发展

王　田*

一　背景情况

　　党的十八大以来，习近平总书记围绕建设长期执政的马克思主义政党的重大时代课题，创造性地提出一系列全面从严治党的新理念新思想新战略。2023年6月，党中央明确提出"习近平总书记关于党的建设的重要思想"，为推进新时代党的建设新的伟大工程、全面提升新时代人大机关党建工作提供了根本遵循。吉林省人大常委会机关深入学习贯彻习近平总书记关于党的建设的重要思想，全面提高机关党建质量，努力推动新时代地方人大工作高质量发展，为新时代吉林全面振兴率先实现新突破提供坚强法治保障。

二　主要做法

　　（一）坚持以政治建设为统领，抓住理论武装这一根本，在做到"两个维护"上知行合一、当好表率

　　牢牢把握人大是党领导下政治机关的政治定位，坚持以理论上的清醒保持政治上的坚定，引领带动机关党员干部在学思践悟中坚定理想信念、站稳政治立场。一是紧扣主线推动学习走深走实，把学习贯彻习近平新时代中国

---

　　* 王田，吉林省人大常委会机关纪委书记。

特色社会主义思想作为常委会党组会议第一议题、常委会组成人员履职第一讲，代表初任培训第一课、常委会抓工作落实第一部署；组织开展履职交流、代表全员培训，教育引导常委会组成人员、代表和机关干部坚定拥护"两个确立"，坚决做到"两个维护"。二是创新方式激发学习持久动力，建立党组引领学、常委会集中学、代表履职学、机关日常学的常态化学习机制，开设"人大学习讲堂"，举办专家辅导班、干部读书班、党员轮训班，召开集中学习研讨交流会，建设职工书屋，健全完善学习成果检验考核机制，推动全员、全过程、全方位学习。三是注重成效抓好学习成果转化，对标对表习近平总书记重要讲话和重要指示精神，紧密结合吉林人大实际，制定6个任务落实清单，逐项抓好落实，切实把学习成果转化为推动工作的创新举措。

（二）坚持以提升组织力为重点，强化机关党建这一保证，在建强基层党组织上持续用力、当好模范

牢固树立大抓基层、大抓支部的鲜明导向，突出增强政治功能，推动机关基层党组织全面进步、全面过硬。一是建强支部战斗堡垒，深入推进新时代吉林党支部标准体系（BTX）建设，坚持"一支一策"，分类打造机关基层支部工作特色品牌，有效增强支部功能，激发党员队伍活力。二是拉紧制度建设准绳，着力健全管工作、管作风、管纪律的各项制度规定，针对新时代人大"四个机关"建设的新任务新要求，常委会党组作出"五抓"工作部署，制定完善《省人大常委会机关干部守则》等21项涉及常委会建设、党风廉政建设、干部队伍建设的制度措施。三是涵养时代新风正气，构建常委会党组、机关党组、机关党委、党支部四级联动抓作风的新格局，把"严新细实"要求体现到业务工作各方面、贯穿于机关党建各环节。深入开展廉政风险点排查，确保干部清正、机关清廉、政治清明。

（三）坚持以服务发展为己任，盯紧依法履职这一关键，在推动吉林全面振兴上建功立业、当好先锋

突出人大职能优势，更加自觉地在吉林振兴发展全局中思考问题、明确定位，不断把党建优势转化为发展优势，把党建资源转化为发展资源，把党建成果转化为发展成果。一是以高质量立法激发振兴发展活力。2023年，列入省委工作要点的4件重点立法全部完成，全年审议法规31件，通过26件，批准69件。常委会党组始终强调提高立法质量，制定出台《提高立法质量的意见》，召开全省地方立法工作会议，推动地方法规真正立得住、行得通、真管用。二是以有力度的监督为振兴发展保驾护航，开展《黑土地保护法》执法检查，"以良法守护'耕地中的大熊猫'"入选吉林省首届十大法治事件，开展优化营商环境和重大项目建设监督，助力全省经济高质量发展。三是以有温度的代表工作汇聚振兴发展合力，在全国人代会上提出关于高标准农田建设等5条建议，得到国家相关部委高度重视并纳入规划实施，组织5.4万名五级代表全面开展"代表进家站、履职为人民"实践活动，充分展示了新时代吉林人大代表的良好形象。

三 经验启示

一是坚持党对人大工作的全面领导。坚决贯彻党中央和省委决策部署，保证一切工作都在党的领导下进行。坚持用习近平新时代中国特色社会主义思想武装头脑、指导实践、推动工作，不断提高政治站位，强化政治担当。

二是坚持充分发挥党的组织优势。依托科学的组织架构，强基固本激发活力，各级党组织守土有责、守土尽责，充分调动党员干部干事创业的积极性主动性，为推动高质量发展提供坚实的组织保障。

三是坚持党建与业务工作双融互促。让党建工作为业务工作提供思想引领和组织保障，使党员干部将理念转化为具体行动，自觉将党建工作与业务工作相结合，形成有效合力。

扣好廉洁从政的"第一粒扣子"

——加强年轻干部教育管理监督的实践探索

吕秋菊*

一 背景情况

为深入贯彻习近平总书记关于"扣好廉洁从政的'第一粒扣子'"等加强年轻干部教育管理监督的系列重要论述精神，白城市纪委监委深化"全周期管理"工作理念，守正创新、先试先行，在全国率先成立年轻干部监督专责机构，探索构建"5+4+X"年轻干部监督工作体系，有效破解了年轻干部教育管理监督信息不畅、各监督和监管主体各自为战、各级党组织对年轻干部重使用轻监管等问题。

二 主要做法

（一）学习教育推出"清廉套餐"，打好从政"防疫针"

通过开设"纪法专题"培训课、开展廉政谈话、强化反面典型教育等系列举措，以"片"警廉、以"课"促廉、以"书"思廉、以"情"寄廉等方式，筑牢年轻干部廉洁自律防线。全市1万余名年轻干部纷纷表示，在集中观看年轻干部违纪违法案例警示教育专题片、参观警示教育基地、旁听职务犯罪案件法院庭审等活动中，受到的触动最大。用身边事教育身边人，让年轻干部近距离感受到法纪威严，切实做到以案为鉴、举一反三、

---

* 吕秋菊，白城市纪委监委驻政协机关纪检监察组组长。

警钟长鸣。

（二）日常监督督促"咬耳扯袖"，拉起纪法"警戒线"

规范年轻干部"八小时外"行为，针对年轻干部教育管理监督工作上的瓶颈和短板，实施"543"谈话监督模式，统筹运用"查、看、测、听、访"5种监督手段，聚焦政治思想、工作作风、廉洁情况、生活作风4个重点，结合领导评价、同事反映、个人汇报3个方面，全面了解掌握思想动态、履职用权、作风建设、道德操守、廉洁自律等情况。

（三）强化管理突出"关键少数"，牵住责任"牛鼻子"

压实党组织管理干部主体责任，协助市委召开关于加强年轻干部教育管理监督专题工作会议。畅通纪检监察机关与组织部门沟通联系渠道，确定17项协作互通内容，建立年轻干部全周期管理监督纪实档案，纪实结果作为年轻干部选拔任用、评先选优的重要依据和参考。

（四）查办案件释放"从严信号"，强化震慑"不敢腐"

强化问题线索管理，对涉及年轻干部的问题线索提级办、优先办、重点办。2022年以来，先后跟踪督办5起问题典型、影响面较大的年轻干部案件，参与办理1名"80后"领导干部留置案件，通报曝光年轻干部违纪违法典型案例2批次共11人。通过制发纪检监察建议书、工作提示函，督促完成问题整改，推动完善制度机制，充分发挥查办案件治本功能。

（五）关心关爱注重"三个区分"，轻装上阵"卸包袱"

进一步细化容错纠错情形条件，实行一事一议，及时容错纠错。对2021年以来受到处分处理的8名年轻干部开展关爱回访，帮助他们打消顾虑、解开心结，推动"有错"转向"有为"。同时，对受到不实举报、诬告陷害的年轻干部及时做好澄清工作，有效激励担当作为、干事创业。

三 经验启示

（一）必须牢记"国之大者"

纪检监察机关作为政治机关，必须牢记"国之大者"，在有效服务政治监督中做到"两个维护"，让年轻干部自觉做习近平新时代中国特色社会主义思想的坚定信仰者、忠实实践者。

（二）必须抓早抓小抓苗头

年轻干部处于事业起步期，党性历练、社会阅历、基层锻炼相对不足，若监督管理不到位，容易产生廉政风险，必须从干部入职伊始就要严教严管，引导年轻干部自觉把学习纪律规矩当作必修课，始终按制度办事、按规矩行事。

（三）必须持续强化"查案件"

只有保持查办案件的高压状态，才能遏制年轻干部违纪违法上升趋势，对涉及年轻干部的问题线索提级办、优先办、重点办，巩固扩大党风廉政建设和反腐败斗争成果，推进新征程纪检监察工作高质量发展。

（四）必须明确专责机构监督

实践证明，只有实行专责机构监督，才能带动形成齐抓共管合力，通过健全统一协调、各负其责、齐抓共管工作格局，着力解决部分党组织对年轻干部教育管理监督工作不重视、措施落实不到位、违纪违法频发问题。

打造"双引领双体系双结合"党校党建品牌以高质量党建引领党校事业高质量发展

于 泓*

一 背景情况

2023年3月1日,习近平总书记在中央党校建校90周年庆祝大会暨2023年春季学期开学典礼上发表重要讲话,深刻阐述了"为党育才、为党献策"的党校初心,明确提出新时代党校工作的使命任务和具体要求。为深入学习贯彻习近平总书记重要讲话精神,深刻践行"为党育才、为党献策"的党校初心,近年来,吉林省委党校对照新时代党的建设总要求、对照习近平总书记对新时代党校建设提出的发展要求,积极探索推动党建"主责主业"与党校"主业主课"深度融合,形成具有鲜明特色的"双引领双体系双结合"党校党建品牌,以高质量党建引领事业高质量发展。

二 主要做法

(一)确立旗帜鲜明的"双引领"目标,确保谋篇布局有理有力

深入研究党建工作与党校工作的结合点、切入点、着力点,制定"推动党的建设工作和业务工作深度融合任务清单",确立"以践行党校初心引领践行党员初心,以党建主业主责引领党校主业主课"的"双引领"党建工作目标,以党建引领教学、科研、咨询、行政、管理、后勤等各项工作,涌

---

* 于泓,中共吉林省委党校(吉林省行政学院)机关纪委书记。

现出"党建+教学""党建+科研""党建+服务管理""党建+队伍建设"等特色经验。教学方面，围绕学习贯彻习近平新时代中国特色社会主义思想和党的二十大精神，推出教学专题27个，研发新课程86门。科研方面，年均报送高质量决策咨询建议近20篇，1篇得到国家级领导同志肯定性批示，多篇被国家部委实质性采纳或获省级领导肯定性批示，有效推动党建工作与中心工作、日常工作有机融合，使党校"党建"加出特色、加出实效、加出生命力。

（二）构建格局鲜明的"双体系"机制，确保强基固本有章有法

推进新时代吉林党支部标准体系建设，结合实际，构建"指导帮建体系和督导帮促体系"的机关基层党建"双体系"机制。班子层面，推出《校（院）委成员深入党支部指导基层党建工作方案》，要求班子成员打破分工界限，在所在支部、联系支部基础上，每人每年再确定5~6个帮建支部，定期轮换、轮流指导，形成全方位全领域的"指导帮建体系"。机关党委层面，构建主题党日按月提示、理论学习定期提醒、党建情况按季调度全过程全链条的"督导帮促体系"，确保支部党内各项组织生活正常规范、严肃认真。2023年，班子成员参加支部活动150余次，到支部讲党课10余次，指导支部解决具体问题40余个，机关党委督导检查支部党建工作100余次，有效打通基层党建"最后一公里"。

（三）打造特色鲜明的"双结合"品牌，确保铸魂增智有声有色

在党员教育管理上，校委班子积极推进"服务全省教育大局与提升自身教育水平结合、全面从严治党与全面从严治校结合"的"双结合"品牌。利用党校教育资源优势，在主体班次"课堂加人、书桌加宽、座椅加长"，让学校党员干部跟班听课，与学员一同聆听名家大师的现场授课。坚持"严"的主基调不动摇，持续深化纠治"四风"，常态化组织开展分级分类警示教育，全面加强党员干部教育管理监督，以"严新细实"的党风政风引领"朴素清朗"的学风校风。

三　经验启示

一是正确办学方向是根本。党校姓党是党校办学治校的灵魂和主线，能否做好新时代党校工作，归根到底取决于能否坚持好党校姓党。一切教学活动、一切科研活动、一切办学活动都必须始终坚持姓党原则，让"在党爱党、在党言党、在党忧党、在党为党"在校园内成为一种风尚和自觉。

二是示范带头作用是关键。"火车跑得快，全靠车头带"，只有各级党组织书记做好"领头雁"，当好"风向标"，主动发挥示范带头作用，才能形成"一级抓一级、一级带一级"的浓厚氛围，实现"关键少数"带动"绝大多数"，品牌创建才能有力有序推进。

三是推进互促共融是路径。党建品牌创建要立足优势特色，结合地域特点，找准融合点，才能使品牌创建更接地气，让广大党员在创建过程中产生共鸣感、提高获得感，增强党组织的凝聚力、号召力、战斗力，将党建优势转化为发展优势、将党建资源转化为发展资源。

优化政务服务、提升行政效能　努力实现
吉林社会救助工作高质量发展

——低收入人口认定和监测预警经验启示

李正宇*

一 背景情况

为全面贯彻党的二十大精神和习近平总书记关于社会救助工作的重要指示批示精神，持续深化社会救助制度改革，巩固拓展脱贫攻坚成果同乡村振兴有效衔接，认真落实《国务院办公厅转发民政部等单位〈关于加强低收入人口动态监测做好分层分类社会救助工作的意见〉的通知》部署要求，印发了《吉林省关于加强低收入人口动态监测做好分层分类社会救助工作的若干措施》，明确了低收入人口的认定范围、动态监测和预警方式，完善及拓展分类救助的方法等。通过建设低收入人口动态监测信息平台，精准识别出不同类型人群的困难程度分类和实际帮扶需求，从而提高救助效率和管理水平，促进社会的稳定和发展，推动乡村振兴战略的深入实施。

二 主要做法

（一）建立健全工作机制，开展低收入人口常态化摸排

按照国务院提出的"全国各县（市、区）都要建立健全有政府负责人牵头的困难群众生活保障工作协调机制"的要求，吉林省建立了由民政部门牵

---

　*　李正宇，吉林省社会救助事业局副局长。

头，相关部门"联商联管联评"，覆盖省、市、县、乡四级的困难群众基本生活保障工作联席会议制度。建立低收入人口常态化摸排机制。

（二）完善优化制度改革，持续推进基本生活救助提质增效

全面推行综合量化评审指标体系，改变以家庭收入、财产为衡量依据的传统认定方式，统筹考虑家庭收入、财产以及刚性支出、劳动能力等因素，通过核算家庭困难系数，认定低收入对象类型。印发了《关于进一步规范和改进社会救助家庭经济状况核对工作的通知》，在全国率先建立必核项目清单（7个部门、14项信息），规定在必核项目清单以外的信息可通过个人承诺方式进行确认，自此社会救助家庭经济状况核对效能大力提升。目前，吉林省低收入人口动态监测指标体系模型已初步建立，通过医疗支出、健康状况、年龄结构、就业状况等维度11类27项指标测算，对潜在困难对象进行动态监测、智能预警、分类帮扶，推动社会救助"不漏一户、不落一人"。

（三）积极创新技术手段，建设吉林省低收入人口动态监测信息平台

2024年初，吉林省低收入人口动态监测信息平台项目启动建设，平台采取"1+4+N"的基本架构，即以1个社会救助大数据中心为依托，以4个终端（电脑PC端、移动App端、微信公众端和可视化大屏端）系统为支撑，以N项救助业务应用系统为重点，实现吉林省社会救助全流程经办。平台设计主要围绕吉林省量化评审指标体系建设，将低收入各类人群的认定条件，通过家庭综合困难系数"一把尺"进行智能评估。困难群众在申请受理、审核确认、身份认定的所有环节不但能够实现"码上办"，还能实现"一件事、一次办"。通过大数据算法，开展低收入人口跨部门数据交叉比对及"铁脚板"主动发现，设置"红橙蓝"三类预警指标体系，及时、主动掌握低收入人口的困难风险，分层分类处置预警信息。此外，为在社会救助领域开展高效的办成一件事，吉林省在全国率先推行"低收入人口电子凭证"，利用电子签章技术，解决六类人群在申请专项救助过程中频繁跑动、多次申报的困难。

三 经验启示

一是日趋完善数据监测与预警机制。深化低收入人口数据库的建设，确保数据的准确性和完整性。利用大数据和人工智能技术，加强对低收入人口生活状况的动态监测和预警，实现信息的实时更新和快速反馈。

二是推动政策制定与实施更加科学高效。基于监测数据，深入分析低收入人口面临的主要问题和困境，为政策制定提供有力支持。加强跨部门合作，共同研究和制定针对低收入人口的救助政策和帮扶措施，确保政策的针对性和有效性。

三是进一步优化救助服务流程。简化救助申请和审批流程，降低低收入人口的申请门槛和难度。加强救助服务的信息化和智能化建设，提高服务效率和便捷性。宣传救助政策及申请渠道，为低收入人口提供便捷的咨询和申请服务。

四是坚持社会帮扶与个体自救双结合。鼓励社会组织、企业、志愿者等参与低收入人口的救助和帮扶工作，形成多元化的救助体系。加强低收入人口自救能力建设，通过培训、教育等方式提高他们的就业能力和生活水平。

五是推动乡村振兴与脱贫攻坚有效衔接。结合乡村振兴战略，加大对农村低收入人口的帮扶力度，推动农村经济发展和农民增收。巩固拓展脱贫攻坚成果，确保已脱贫人口不返贫，同时关注新的贫困现象和贫困群体，防止新的贫困问题出现。

以数字化为引领　持续规范监管执法秩序

——行政检查执法备案智能管理改革实践分享

何晓霖*

➊ 背景情况

为深入贯彻习近平总书记关于东北、吉林省工作的重要讲话和重要指示批示精神，全面落实党中央、国务院关于优化营商环境、提高政府监管效能推动高质量发展的决策部署，吉林省政务服务和数字化建设管理局紧密围绕省委、省政府中心工作，充分发挥营商环境建设办公室牵头抓总作用，积极探索建立贯穿监管全过程的监督管理机制，针对日常监管中存在的重复检查、多头检查以及执法不规范等问题，在全省推行行政检查执法备案智能管理改革，实现事前数字化报备、事中数字化留痕、事后网上评价，着力营造全程留痕"无事不扰"的监管执法环境，切实提高监管规范性和透明度。

➋ 主要做法

（一）构建全省统一的行政检查执法备案数字化管理体系

全省统建集行政检查执法备案智能管理系统（以下简称智能管理系统）、行政检查执法统计分析系统、检查结果评价反馈系统于一体的行政检查执法"事前、事中、事后"数字化管理平台。依托管理平台全面联通国家"互

---

* 何晓霖，吉林省政务服务和数字化建设管理局职能转变协调处副处长。

联网+监管"系统、全省"双随机、一公开"监管系统、全省执法监督系统、全省信用监管系统,采取对接、中继流转等方式,联接交通运输、生态环境、市场监管等部门自建检查执法系统,全面打通监管数据流转通道,打造行政检查执法数字化管理总门户。

(二)推动行政检查执法备案智能管理"全流程"覆盖

建立起"执法报备、手机亮证、扫码迎检、事后评价"的行政检查执法监督智能管理机制。开展行政检查前,检查人员通过智能管理系统移动端,对拟开展的检查事项进行备案,确保检查执法"师出有名"。到达检查现场后,检查人员以手机二维码形式向被检查对象"电子亮证""电子亮单"。被检查对象通过微信扫码,在"吉事办"移动端确认检查事项和检查人员信息,杜绝随意检查。检查过程中,检查人员通过智能管理系统对检查情况进行录像或拍照,存档备查。检查结束后,被检查对象通过"吉事办"移动端对检查过程、处理结果等进行评价,从而形成行政检查执法全过程、全链条电子留痕。

(三)探索行政检查执法数据多维度应用

多渠道汇聚监管信息,相关单位全量共享应用,通过大数据分析,梳理生成企业全生命周期监管清单,多维度展示各行业、各区域监管情况,为优化营商环境提供决策参考依据。对于三个月内同一检查事项被检查超过2次的2万余户经营主体,开展"回头看"抽查,评估确认检查行为的合理性,尽量减少对企业正常生产经营活动的不必要干扰,最大限度保护经营主体合法权益。利用行政检查执法过程中产生的40万余条行为数据,实时监测各地各部门监管工作开展情况,及时纠正胡乱检查、无序执法等行为。通过智能管理系统按类别抽取6746户受处罚市场主体,对比分析违法行为和行政处罚结果,全面评估行政检查执法标准和尺度,及时更正执法过当、手段粗暴、小错重罚等问题,切实营造公平有序的市场环境。

⬚ 经验启示

（一）强化顶层设计，理顺体制机制是顺利推行改革的核心支撑

省委、省政府超前谋划，以前所未有的决心和力度，提早5年在省市县三级设置政务服务和数字化建设管理局，加挂营商环境建设办公室牌子，整合政务服务、数字化建设和营商环境建设等工作职责，变"九龙治水"为一门管理，全省范围内彻底解决了部门推诿掣肘、内耗拖沓的问题，极大地提升了数字化赋能营商环境提升的工作质量和效率。

（二）强化系统思维，完善推进举措是落实改革任务的基础保障

各地各部门全面贯彻"五级书记抓营商环境"机制，构建起横跨各领域、纵贯各层级的改革推进工作体系。省政务服务和数字化建设管理局牵头制定改革试点方案、实施方案，"小步快跑"扎实有序推广改革；印发改革工作规则，就系统建设、工作流程和责任追究等提出明确要求，为改革提供制度保障；采取定期通报、随机抽查、年度评估等方式检验各级监管机构、检查人员"备案""亮码"执行情况，及时跟进督促，充分运用"五化"闭环工作法推动各项改革举措落实落地。

（三）强化群众观念，发动社会力量是确保改革实效的关键所在

省政务服务和数字化建设管理局先后两次召开新闻发布会，组织各地各部门多渠道大力开展改革宣传，线上线下协同扩大改革知晓率；面向公众开放"执法报备"微信小程序，公开行政检查执法法律法规依据，上线"乱检查"线索"随手拍"匿名举报功能，全方位调动群众深入了解改革、参与改革、支持改革、监督改革的积极性，形成了共建共治共享一流营商环境的浓厚氛围。

开创"政研企"紧密合作新模式
引领桦甸大豆产业的高质量发展

——吉林省农业科学院创建桦甸大豆产业研究院的探索实践

蒋洪蔚*

一 背景情况

　　吉林省种植大豆历史悠久，是我国大豆主产区之一，以"大豆之乡"著称。为深入贯彻落实习近平总书记视察吉林和在新时代推动东北全面振兴座谈会上"当好国家粮食稳产保供'压舱石'，是东北的首要担当"的重要讲话精神，近年来，吉林省农业农村厅制定了《吉林省扩种大豆油料工作方案》，将大豆面积、总产、单产提升作为重要工作任务，其目的就是为保障国内食用大豆的安全供给提供支撑。在省委、省政府的坚强领导下，省大豆产业发展稳步提升，2024年种植面积较2023年种植面积增加80万亩，达到573万亩。大豆是桦甸市传统优势产业，吉林出彩农业产品开发有限公司是桦甸市集大豆生产、加工、研发、销售于一体的农业产业化国家级重点龙头企业，但严重缺乏加工专用型大豆品种。吉林省农业科学院近5年审定大豆品种103个，选育品种产量和品质遗传进度显著提升，"吉育号"大豆品种市场占有率提升至50%以上，在支撑省大豆产业发展方面具有举足轻重的作用。

---

　　* 蒋洪蔚，吉林省农业科学院大豆研究所副所长。

☰ 主要做法

（一）以科技为育种赋能，破解大豆专用品种难题

发挥吉林省农业科学院在大豆资源及传统、生物育种方面的优势，开展高产、优质、专用大豆品种选育，根据企业加工和市场需求，选育大豆新品种；开展大豆绿色高效栽培种植技术研究，建立大豆高效栽培技术体系和专业技术服务体系，建立高产示范区，辐射带动周边大豆生产水平的提高，为企业提供优质大豆原料。通过产业研究院的运营，2024年通过吉林省初审的大豆品种有5个，其中高油品种2个、高蛋白品种1个，实现了企业专用品种的定制化产出。

（二）以技术为产业赋能，助力大豆产业发展

在吉林出彩农业产品开发有限公司肥料生产中心的建设中，对项目选址、规划设计、设备选型、工艺参数优化、体系运行、市场开拓等方面，给予技术服务与支撑。开展大豆素肉、发酵豆制品等新型大豆食品加工关键技术研究、产品研发及产业化应用；在大豆食品生产技术及产品标准化建设等方面给予技术服务。目前研究院正与农科院加工所开展大豆素肉技术的研发和优化工作，并取得较好进展，基本实现加工技术与专用品种的相适应，加快了创新成果中试熟化与产业化进程。

（三）以创新为机制赋能，探索"政研企"合作新模式

产业研究院实行院长负责制。院长、副院长承担产业研究院科研、管理和协调服务工作；负责科研规划、计划实施和科研服务保障；组织专家落实年度科研任务。产业研究院设立理事会，负责制定产业研究院战略定位、发展方向、重大事项决策、重点建设计划、年度目标任务和预算审议等工作。制定理事会章程，定期召开理事会议，研究决定产业研究院重大事项。理事会由吉林省农业科学院、吉林出彩农业产品开发有限公司及桦甸市人民政府推荐组成。理事会成员由"三方"相关领导、专家和管理服务人员组成，设

理事长1人、副理事长4人。

根据大豆产业发展需要，桦甸市人民政府给予政策与发展资金支持，每年拨付50万元作为支持企业、用于产业研究院基础运行的经费。吉林省农业科学院与吉林出彩农业产品开发有限公司合作申报国家、省、市有关项目，强化应用基础研究和科技成果转化能力。吉林出彩农业产品开发有限公司每年安排150万元，作为产业研究院研发和产业化经费，基地建成大豆品种异地鉴定基地、良种繁育基地、大豆加工中试基地。

三 经验启示

（一）坚持市场导向，推进科研创新

2020年9月，习近平总书记在科学家座谈会上的重要讲话中明确指出科研创新要"坚持面向世界科技前沿、面向经济主战场、面向国家重大需求、面向人民生命健康"，为推动创新驱动发展指明了方向。产业研究院以市场为导向，围绕大豆产业发展及企业需求、市场需求，开展科技创新研发，实现科研与产业无缝对接，解决创新与生产脱节、需求与供给脱节等问题。

（二）坚持模式创新，加强优势聚合

产业研究院充分聚合吉林省农业科学院科技、人才等方面的优势，吉林出彩公司大豆加工、规模化种植方面优势，全新提出了建立"院地企"合作机制，这对探索"政研企"紧密合作新模式，助力省大豆产业高质量发展提出了新思路。

（三）坚持企业主体，不断扶稳扶强

吉林出彩公司是农业产业化国家级重点龙头企业，也是今后育种和加工研发的主体，在现有政策的导向下，应深入开展好育种、加工技术的合作，将企业的研发实力扶稳扶强，并在不断的摸索与合作中逐渐磨合和适应新的研究形式，便于为今后特别是育种研发主体的转换做好必要的技术储备与模式探索。

实施"五红五优"引领工程
提升党建工作水平

——以党建引领高等教育事业高质量发展的启示

卜　磊*

一　背景情况

　　延边大学党委全面深入学习贯彻习近平新时代中国特色社会主义思想，特别是习近平总书记关于党的建设的重要思想，坚持以需求为导向，围绕示范带动、搭建平台、日常管理、沉浸互动四个维度，着力推动组织制度规范化建设，将党员教育、培养、日常管理与党建品牌创建工作联动，以"五红五优"党建引领工程为骨干，打造特色党建品牌。"五红五优"党建引领工程是学校党的建设的基础性工程，是学校加强党的建设的重要措施和有效载体，即通过实施"红旗帜"领航工程，使党的全面领导更加优显；实施"红堡垒"创先工程，使基层党组织战斗力更加优化；实施"红细胞"锻造工程，使党员模范作用发挥更加优秀；实施"红基因"育人工程，使立德树人成果更加优质；实施"红石榴"振兴工程，使兴边富民成绩更加优异。

二　主要做法

（一）实施"红旗帜"领航工程，推动党的全面领导更加优显

　　"红旗帜"领航工程，就是要高举习近平新时代中国特色社会主义思想

---

　　*　卜磊，延边大学人力资源管理处副处长。

伟大旗帜，全面加强党对学校工作的领导，把党的政治建设摆在首位，以党的政治建设为统领，充分发挥党委的政治核心和示范引领作用。学校党委坚持不懈用习近平新时代中国特色社会主义思想凝心铸魂，制定《延边大学关于加强党的政治建设实施方案》《延边大学"十四五"党的建设与思想政治工作规划》，构建落实党的领导纵到底、横到边、全覆盖的工作机制，着力构建责任、实施、创新、队伍四大体系，即学校党委、院级党组织、基层党支部、师生党员四级联动的责任体系，使党的全面领导更加凸显。

（二）实施"红堡垒"创先工程，推动基层党组织战斗力更加优化

"红堡垒"创先工程，就是要以提升组织力为重点，突出政治功能，健全基层组织，优化组织设置，理顺隶属关系，创新活动方式，充分发挥基层党组织战斗堡垒功能。学校党委健全完善并严格落实党建规章制度，全力夯实基层党组织建设；抓严抓实党内组织生活，全力推进新时代吉林党支部标准体系（BTX）建设，持续实施"对标争先"建设计划和教师党支部书记"双带头人"培育工程；选树培育先进示范党组织，激发示范引领作用，充分发挥基层党组织战斗堡垒作用，使基层党组织战斗力更加优化。

（三）实施"红细胞"锻造工程，推动党员模范作用发挥更加优秀

"红细胞"锻造工程，就是要教育引导培养党员干部在思想引领、榜样带动、服务社会方面发挥典型示范作用。学校党委创新推进实施优秀年轻干部"5100"选育工程，着力打造忠诚干净担当的高素质专业化干部队伍；围绕一流学科建设任务和"1158+"学科发展战略，持续推进一流学科人才引进"特区制"；围绕"江、山、岛、界"研究领域，打造国内一流的特色新型智库；加强党员干部联系服务师生，选树优秀师生党员，带动全校师生发挥党员先锋模范作用，使典型示范效应更加突出。

（四）实施"红基因"育人工程，推动立德树人成果更加优质

"红基因"育人工程，就是坚持立德树人根本任务，持续推动思政工作守正创新，赓续红色血脉，传承红色基因，筑牢思想政治工作生命线，培养

社会主义建设者和接班人。学校党委坚持思想铸魂，把铸牢中华民族共同体意识融入思政课程和课程思政的建设中，将"铸牢中华民族共同体意识"课程列为公共必修课，组建"中华民族共同体概论"教研室，开设"中华民族共同体概论"和"四个共同"思政选修课10门、"中华文化"系列综合素养课50门、民族团结专题课程资源库建设100门，全面提升学校思想政治工作质量，使立德树人成果更加优质。

（五）实施"红石榴"振兴工程，推动兴边富民成绩更加优异

"红石榴"振兴工程，就是要全面贯彻党的民族政策，深化民族团结进步教育，铸牢中华民族共同体意识，服务边疆和谐稳定繁荣发展。学校党委制定《全面深入持久开展铸牢中华民族共同体意识教育质量提升工程实施工作方案》，推进铸牢中华民族共同体意识教育与实践服务"7+N进"，即进机关、进学校、进企业、进社区、进村屯、进军（警）营、进宗教场所，以及进旅游景区、进社会组织，促进边疆少数民族地区繁荣稳定，使兴边富民成绩更加优异。

三 经验启示

延边大学党委通过"五红五优"党建引领工程带动，着眼党建工作科学化、制度化、规范化，将党员教育管理和组织建设融入其中，构建多维联动机制，夯实基层党建阵地，选树优秀党建品牌，为建设国内一流、国际知名、特色鲜明的高水平大学提供坚强有力的组织保证。经过坚持不懈建设，得出如下经验启示。

一是强化顶层设计。坚持党建任务与重点工作一体推进、理论水平和支部建设一体提升、党性锤炼和业务锻炼一体强化、党员争先和业务创优一体开展、党建方式与为民服务一体创新、党建考核与业务考评一体运用，推动基层党组织全面进步、全面过硬。

二是优化运行机制。完善组织体系，健全清单制度，强化动态评估，抓

规范完善、抓质量提升，构建党的领导纵向到底、横向到边、党建工作与日常工作协同共进、同向发力的工作格局。

三是加强示范引领。深入推进以铸牢中华民族共同体意识为主线的党建品牌创设，探索主题融合、时间契合、资源整合、智慧聚合的工作方式，加大全国、全省党建工作"示范高校""标杆院系""样板支部"培育创建力度，充分发挥党建品牌引领力和辐射力。

发挥人才第一资源作用　助力企业创新发展

——推动创新链、产业链、人才链深度融合的实践探索

高俊兴*

● 一 背景情况

　　吉林省是人文科教大省，拥有中科院直属机构、吉林大学、中国第一汽车集团有限公司等中直机构和百余所省属高校院所。但科研机构、科技人才与科技企业交流合作不紧密，企业R&D（研究与试验发展）活动不够活跃，人才优势没有充分转化为发展优势。2022年底，吉林省科技厅会同省委组织部、省教育厅、省财政厅、省人力资源社会保障厅、中国科学院长春分院，联合启动了"吉林省科技人才助力企业创新跃升三年行动"，计划利用3年时间，从省内外高校院所选派600名科技人才，入驻企业兼任2年"科创专员（科创副总）"（以下简称"科创专员"），支持企业开展科技创新、成果转化和人才培养，持续增强省企业核心竞争力。目前，该项工作已见成效。

● 二 主要做法

（一）推动科技政策"解近渴、利长远"

　　一方面，通过"科创专员"政策帮助企业尽快解决在生产经营、技术升级、产品研发、人才引进等方面的突出问题，推动更多已有成熟科技成果在省内企业转化，为企业快速赋能。另一方面，发挥"科创专员"政策的指

挥棒作用，吸引人才、团队加入企业，帮助企业规划创新发展方向、强化科研组织管理、拓展产品研发和技术升级路径，形成产学研深度合作的长效机制，为企业持续赋能。

（二）推动人才与企业"两促进、双受益"

支持科技人才发展，推动科学研究向产业发展聚焦，激发科技人才创新动力。对于入选的科创专员，省科技厅视同承担省级科技发展计划项目，对期间实现成果转化的优先给予补助支持；省人力资源社会保障厅视同为省级科技人才，在企业的工作业绩可作为职称评聘、人才分类评定的重要依据；省委组织部在干部培养锻炼方面，视同到基层挂职2年经历；入驻企业每月给予不少于4000元的交通及生活补助、每年购买不低于100万元的综合意外商业保险。同时，通过"科创专员"政策为企业吸引相关领域优秀人才、拔尖人才，而且赋予企业遴选、考核的主动权，有效解决了企业人才短缺特别是高层次人才稀缺的问题。

（三）推动财政资金"小投入、大产出"

每年投入2000万元财政资金，能够支持约200家企业引进人才，每家企业的财政资金投入仅10万元左右。在预期效果上，3年内拟解决企业技术难题500个，转化科技成果500项，预计产出的经济效益远远超出财政资金投入。同时，将为企业培养一批科技人才和技术骨干，搭建一批联合创新平台，助力企业提升核心竞争力，推动企业加快实现高质量发展。

三 经验启示

（一）改革创新必须因地制宜、精准发力

"科创专员"政策之所以受到企业、高校院所、科技人才的欢迎，是因为其瞄准了省内企业发展的短板和急需之处，精准解决企业诉求，实现企业和人才双赢互利。一方面，省内一些企业和科技人才已经建立合作关系，在

政策层面给予了"科创专员"认定和支持，合作形式由民间自发转向了政府引导，合作层次由零散性、随机性合作升级为体系化、常态化合作，既是对合作形式的一种鼓励，也是对合作各方的一种保障。另一方面，一些引才乏术的企业，与高校院所联系较少，既缺少引才的渠道，也缺少留才的砝码，"科创专员"犹如雪中送炭，由政府部门以政策叠加的方式，为企业精准匹配人才，是对企业发展的极大支持。

（二）振兴发展必须搭建好爱才用才的舞台

国家科技创新力的根本源泉在于人。破解省内科技人才流失，特别是高端人才流失问题，必须不断搭建有利于科技人员充分施展才华的舞台，激发科技人员积极性、主动性、创新性，用好人才。要积极引导科技人才走出实验室，走近企业、走上经济主战场，赋予科研人员更大的技术任务和资金分配自主权，赋予科研人员职务科技成果所有权或长期使用权，保障科研人员经济收益，激发科技人才开展技术创新、转化科研成果的积极性，通过政策激励留住人才。

（三）服务企业和科技人才必须走近心里、做到实处

"科创专员"政策的制订出台，源于一次次深入企业的调研走访，采取解剖麻雀的方式，帮助企业分析发展瓶颈、查找技术短板、制定解决措施；也源于一次次深入高校和科研院所，与科技人才的面对面交流，深度了解科研人员诉求，掌握全省各个领域科技工作现状，共同研究探讨解决科研成果停留在实验室的招法对策。同时，注重跟踪指导政策落实情况，及时检查指导，及时作出调整优化，及时总结推广经验做法，从而确保好政策产生好效果、催生好效益。

全面加强党政机关事业单位办公用房管理
——构建办公用房集中统一管理格局的探索与实践

王 哲*

一 背景情况

办公用房是党政机关事业单位的重要组成部分，是各部门（单位）工作正常运转的基本条件。近年来，随着经济社会的不断发展，白山市党政机关事业单位办公条件日益改善，办公用房集中统一管理也在逐步深化推进。但是，由于之前缺乏对办公用房的统一规范管理，各部门（单位）办公用房大多是自管、自用，使得办公用房产权责任不明晰、房产余缺难以调剂、管理成本较高等问题比较突出。因此，如何管好、用好党政机关事业单位办公用房，提高国有资产的使用效率，已成为一个重要课题。

二 主要做法

（一）抓制度，完善办公用房管理体系

为建立白山市党政机关事业单位办公用房所有权与使用权相分离、规范管理、合理调配、科学处置、专业服务的管理体制，依据《机关事务管理条例》《党政机关厉行节约反对浪费条例》《吉林省党政机关办公用房管理办法》等有关规定，制定下发了《关于进一步加强市直党政机关、事业单位房产地产统一管理的实施意见》，为办公用房统一管理提供了政策依据。以该

---

* 王哲，白山市机关事务管理局副局长。

实施意见为中心，以《白山市市直机关事业单位国有资产管理若干规定》为补充的多层次办公用房制度的完成，标志着白山市党政机关事业单位办公用房统一管理制度体系基本建立，为办公用房管理实践提供了较为完整的制度依据。

（二）抓基础，持续开展全面排查摸底工作

白山市党政机关事业单位房产点多面广，情况复杂，存在房产被闲置或使用单位私自出租、出售、置换等现象，个别还有租期过长、租金标准不符合市场规律、出售房产程序不规范等问题，导致房产地产管理无序，使国有资产保值、增值得不到保障。为此，经过近年来多次清查统计，目前，市直党政机关、事业单位共有房产437处，共计79.93万平方米；地产142处，约179.28万平方米。其中，在用房产424处，79.43万平方米；闲置房产13处，0.5万平方米。2016年以来，共清理整顿、腾退超标办公用房近6万多平方米。同时，协调各相关部门形成相互配合的工作模式，彻底摸清"家底"，为资产管理工作提供基础保障。

（三）抓管理，充分发挥公共资源利用效率

针对目前白山市办公用房存在的一些问题，拟定了"三抓"的管理思路。一抓盘活。盘活优良资产，尽量腾出利用价值高的临街房产。通过统计规划，科学合理调配整合现有办公用房，提高资产利用价值。二抓布局。2019年机构改革后，按照办公区规划的总体布局，对个别单位办公用房进行设计规划，争取上级办公用房管理部门的支持，最大限度地划转资产，为机构改革提供基础设施保障。三抓漏洞。制定专门规定，要求市直党政机关事业单位定期申报本单位办公用房及非办公用房使用情况，对非办公用房按规定一次性移交机关事务管理局，由市管局进行统一权属、统一管理，防止市本级国有资产流失。

三 经验启示

2018年，省委、省政府出台的《吉林省党政机关办公用房管理办法》，明确提出了建立健全党政机关办公用房集中统一管理制度，对党政机关办公用房的管理提出了更高更新的要求。白山市机关事务管理局突出问题导向，积极探索、提升站位，在全省率先开展了市直党政机关事业单位办公用房集中统一管理工作，逐步构建起统一规划、统一权属、统一配置、统一处置的党政机关事业单位办公用房管理新机制。

（一）立足新要求，践行办公用房集中管理新理念

积极转变思路，以实现所有权与使用权相分离、规范管理、合理调配、科学处置、专业服务的新型办公用房管理体制为目标，出台了《关于进一步加强市直党政机关、事业单位房产地产统一管理的实施意见》，用规范性文件的形式明确了建立健全办公用房集中统一管理制度的发展方向，合理规定了市直党政机关事业单位办公用房的权属、调配、处置、物业和维修管理等内容及相关部门之间的职责权限，使办公用房集中统一管理第一次在白山"落地"。

（二）着眼新任务，构建办公用房统一移交新机制

以提升办公用房集中统一管理效率为出发点，围绕房产权属情况、房产类别、使用情况等方面，制定了《市直党政机关、事业单位房产地产移交工作的说明》，明确移交清单，推进"两表一书一说明"（房产地产基本情况表、房产地产资料移交表、房产地产交接协议书、房产地产综合情况说明）移交工作法，优化操作流程，有效提升了房产地产移交效率，并组织专人对移交房产地产进行实地踏查，确保上报信息与实物相符。

（三）勇于新作为，激活国有资产保值增值新动能

以实现市直党政机关事业单位房产地产保值增值为目标，综合运用市场化运营，将可用于出售的非办公用房进行细化分类，实行专业评估，底价核定到公开拍卖的出售流程，加快闲置房产的有序流动，实现国有资产的保值增值。

深化综合审判改革　全面加强司法保护

——吉林省法院探索新时代未成年人审判工作高质量发展新路的经验启示

齐东妍*

一 背景情况

自1992年吉林省长春市朝阳区人民法院成立少年法庭以来，吉林法院开启了探索适合未成年人特点的审判改革之路，多个法院成立少年法庭或合议庭，建立和完善法庭教育等特殊保护工作机制，开展特色法治教育活动，为保护未成年人权益和预防犯罪作出了积极贡献。进入新时代，随着经济社会快速发展，未成年人的成长环境发生巨大变化，给人民法院未成年人审判工作带来了新的机遇和挑战。吉林省法院以习近平新时代中国特色社会主义思想为指引，努力践行习近平法治思想，特别是认真贯彻落实最高人民法院《关于加强新时代未成年人审判工作的意见》精神和相关部署要求，以"只能加强、不能削弱"为工作方针，围绕专业化、规范化、社会化建设目标，深入推进未成年人综合审判改革，切实抓好未成年人保护和犯罪预防工作，推动吉林法院未成年人审判工作取得阶段性成效。

二 主要做法

（一）建立"四统一"工作机制，引领未成年人审判工作新局

一是统一归口管理。省法院成立未成年人审判工作领导小组及办公室，

---

* 齐东妍，吉林省高级人民法院刑事审判第一庭副庭长。

推动建立以上率下、三级联动领导工作机制。二是统一规划部署。组织专项调研，出台本省指导意见，明确工作方向和目标任务。三是统一实施推进。全省法院以专业化为发展方向，一体推进少年审判组织机构县域全覆盖。四是统一评价标准。制定与未成年人审判工作相适应的评价考核标准和考评细则。

（二）秉持新时代司法理念，提升未成年人审判工作水平

一是坚持"双向保护"。既依法对未成年被告人从宽处罚，又严惩侵害未成年人的各类刑事犯罪。协同有关方面做好未成年被害人心理疏导、司法救助和跟踪帮扶等工作。二是坚持"全面保护"。综合运用社会观护、心理疏导、司法救助、家庭教育指导等制度，确保未成年人权益最大化。

（三）把握专业化发展方向，打造未成年人审判特色品牌

一是法庭布设突出亲和氛围，最大限度消除未成年被告人的恐惧心理和抵触情绪。二是审判方式体现人文关怀，将柔性司法理念贯穿到"庭前调查、庭中教育、庭后帮扶"全链条工作范围。三是工作模式凸显少审特色，积极探索建立未成年人审判民刑行三审合一工作机制。

（四）推行多元化联调联动，强化未成年人保护综合治理

一是积极参与社会基层治理。依托一站式建设，融入多元化解纠纷机制，与相关部门共同构筑"法院+"联动调解平台。用足用好司法建议，推动涉未成年人纠纷由个案协调、事后化解向源头预防、前端治理延伸。二是健全完善"政法一条龙"工作机制。加强与公安、检察、司法行政等部门的协作配合。创造性推出"司法救助+慈善基金"的新型救助机制。三是健全完善"社会一条龙"工作机制。加强与有关职能部门、社会组织和团体的协调配合，完善未成年人审判社会支持体系。

（五）拓展多样化宣传方式，营造未成年人保护浓厚氛围

一是推动法治副校长进校园工作落地落实，促进平安校园建设。二是利

用"六一"儿童节等重要时间节点，广泛深入开展沉浸式普法活动。三是利用线上线下各类媒体、平台等发布典型案例等法治教育宣传内容。

三 经验启示

一是坚持党对政法工作的绝对领导，做实从政治上看，从法治上办。以习近平总书记关于未成年人保护的重要指示批示为指南，坚决落实党中央、最高人民法院关于新时代开展未成年人审判工作的部署要求，紧紧依靠吉林省委政法委的领导，依托府院联动机制，推动未成年人保护从审判领域辐射全社会，实现未成年人审判工作政治效果、法律效果、社会效果的有机统一。

二是坚持系统观念，加强前瞻性思考、全局性谋划、整体性推进。要坚持整体性、全局性、系统性、长远性思维，处理好局部和全局、当前和长远、重点和非重点的关系。如对改革工作的"四统一"推进，既要省级法院从整体上、全局上规范、有序、高效推进，又要地方法院发挥主观能动性具体落实、上下一体、协调统一，激发改革整体动能。

三是坚持守正创新，不断推进司法理论创新、制度创新、实践创新。在既有未成年人司法保护特色制度的基础上，更新未成年人司法保护理念，推进建立刑事、民事、行政审判融合机制，探索各类审判类型制度和工作机制创新，有效促进未成年人保护相关法律落地见效。

四是坚持人民至上，用心用情关护未成年人健康阳光成长。要站在人民的立场上，全方位多层次动态认识、把握和满足人民司法期待，不断提高审判服务现代化水平。

多措并举优服务　便民利民见实效

——关于坚持以人民为中心做好档案利用服务工作的实践与思考

张　雪*

一　背景情况

　　党的十八大以来，我们党始终坚持以人民为中心的根本立场，注重在发展中保障和改善民生，使人民群众获得感、幸福感、安全感更加充实、更有保障、更可持续。档案真实记录人民群众生产生活等各方面的情况，是保障人民群众合法权益和根本利益的基础工作。推动档案事业高质量发展，归根到底是为了更好地满足人民群众查档用档的需求。

　　坚持以人民为中心的发展思想，一直贯穿于档案利用服务工作中。2021年7月6日，习近平总书记对档案工作作出重要批示，提出了"四个好""两个服务"的目标要求，为做好新时代档案工作提供了根本遵循和行动指南。2020年修订的《中华人民共和国档案法》坚持以人民为中心，立足档案为民所建、为民所用、为民所管的现实需求，着力增强档案服务便利性、扩大档案服务覆盖面、缩短档案开放期限。《国家档案开放办法》进一步扩大开放主体、拓宽开放渠道和方式，有效回应了群众希望在查档用档过程中获得科学指导和有力支持的呼声。《"十四五"全国档案事业发展规划》也对档案开放和利用服务提出新时期的目标要求，即建设好覆盖人民群众的档案资源体系和方便人民群众的档案利用体系。

---

* 张雪，吉林省档案馆研究室副主任。

⊜ 主要做法

（一）深化便民服务，优化利用环境

一是首批接入全国档案利用查询服务平台，提供网上查档、代查档案服务，有效解决"异地查档难"的问题，使档案利用、档案取证服务到群众身边；二是持续优化档案利用环境，增设查阅大厅地面指示标牌、立体服务标识及查档须知，使查档群众更清晰了解查档程序；三是建立开放档案查阅账号，实现开放档案的自助查阅，并进一步更新公开出版的档案资料汇编及相关编研成果，丰富利用者自助查阅的资料内容。

（二）健全制度标准，规范利用程序

一是开展制度的学习和解读，认真学习并贯彻落实《中华人民共和国档案法》《国家档案馆档案开放办法》等法律法规。二是依法依规建立健全各项规章制度，把工作标准立起来，把工作要求严起来，制定《吉林省档案馆档案开放和利用办法》《吉林省档案馆馆藏档案开放审核工作暂行规定》，加强服务的规范化与标准化建设。三是开展"执行制度必严"大讨论。从制度执行入手，刀刃向内，强力促改，将制度执行的责任细化到具体岗位、具体人员，形成相互配合、协调顺畅的工作流程体系。

（三）优化整合资源，强化开放审核

一是着力整合开放审核资源，设置专门处室负责开放审核工作，加大力度推进开放审核工作，努力满足人民日益增长的档案利用需求；二是认真贯彻落实档案法律法规，制定工作标准，细化工作流程，增强档案开放审核工作的可操作性和实效性，确保档案解密和开放审核工作依法合规、安全稳妥；三是根据档案利用的实际需要，对到达开放期限但尚未进行开放审核的档案建立临时开放审核程序，确保档案及时向社会提供利用，保障单位和个人依法利用档案的权利。

☰ 经验启示

（一）找准身份定位，秉持"公仆之心"

为民服务是档案工作的神圣使命之一，也是档案工作者的行为准则和自身价值的根本追求，档案工作者要始终秉持"从群众中来，到群众中去"的工作理念，找准"人民公仆"的身份定位，以一颗"公仆之心"真诚倾听群众呼声、反映群众愿望、关心群众疾苦。

（二）树牢法治意识，依法依规履职

深入学习贯彻习近平新时代中国特色社会主义思想，提高政治站位，严格遵守政治纪律和政治规矩，具有依法依规利用档案的自觉性和主动性，确保档案利用服务的合法性和规范性，维护好档案利用秩序，做好档案利用服务工作。

（三）坚持创新引领，把握发展机遇

在新时代背景下，档案利用服务面临着诸多挑战和机遇，档案工作者必须准确把握新时代档案工作特点，主动融入数字档案馆的建设，不断创新发展理念和思路，探索新的档案管理模式和服务方式，不断寻求创新发展机遇并实现突破，逐步实现档案资源互联共享，推动档案利用服务高质量发展。

强化新时代责任担当　开创吉林水网高质量建设新局面

王　硕*

一　背景情况

2014年3月，习近平总书记提出"节水优先、空间均衡、系统治理、两手发力"的治水思路，为加快构建国家水网、保障国家水安全提供了根本遵循和行动指南。习近平总书记指出，要加快构建国家水网，为全面建设社会主义现代化国家提供有力的水安全保障。近十年来，国家水网骨干工程和各层级水网建设，水资源优化配置和供水保障能力显著提升，水网的加快建设将在更大范围实现水资源空间均衡，在更高水平上保障国家水安全，支撑全面建设社会主义现代化国家。

为加快吉林水网建设，2020年，省水利厅成立项目推进专班，省委书记在全省"大水网"建设动员大会上强调，要加快建设调控有序、安全可靠、绿色畅通、智能高效水网。2023年4月19日，历经3年吉林水网骨干工程可研报告获国家发展改革委批复并于同年5月30日开工建设，成为《国家水网建设规划纲要》公布后全国第一个开工的水网骨干工程，同时创造国内同级别水利项目批复最短时间，被相关部委同志称为"吉林速度"。吉林水网骨干工程的开工建设，标志着吉林省将从根本上改变水资源配置格局，并为国家粮食安全提供重要水源保障。

---
*　王硕，吉林省水利厅重点项目建设管理办公室副主任。

二 主要做法

（一）以国家战略为引领，高质量规划布局

吉林省为紧密衔接国家及区域水网规划布局，围绕省"一主六双""生态强省""千亿斤粮食"等重大战略，紧扣国土空间开发保护，精准支撑"四六四"新发展格局，统筹建设和安全，以推进水利高质量发展、提高水安全保障能力为目标，以完善水资源配置网、筑牢防洪减灾网、构建水生态保护网、建设数字孪生水网、强化水网法治体制机制管理为主要任务，谋划构建"系统完备、安全可靠、东西贯通、绿色智能、调控有序、粮丰民安"的吉林水网规划，布局构建了"两纵五横、多库联调、百河连通"水网总体布局，其中，"两纵"为第二松花江、水网骨干工程；"五横"为引嫩入白及扩建工程、哈达山水利枢纽及配套工程、中部城市引松供水及二期工程、图们江调水工程和松辽输水工程的水网框架，努力为全省经济社会高质量发展提供坚实水利支撑。

（二）高位统筹，合力推动落实

吉林省始终高度重视水网建设工作，省委、省政府成立"大水网"建设领导小组，省委书记、省长任"双组长"，省直有关部门和相关市县政府主要领导为小组成员，高位合力推动工作落实。省人大强化法制保障，组织制定《吉林省水网工程建设管理条例》，为水网工程规划建设和运行保驾护航。省政府授权省水利厅成立了吉林省水网发展集团有限公司，专职负责水网工程的前期、建设、运营、融资等工作。省水利厅成立由106人组成的工作专班，分设3个工作组，分工明确，集全系统之力推进水网骨干工程前期工作。通过高位统筹，合力推进，努力确保党中央、国务院关于国家水网建设的决策部署在吉林落实落地。

（三）实事求是，争取国家最大力度支持

吉林水网项目的前期工作协调工作量巨大，共计64个前期审批要件需

要通过十几个部委审批同意。吉林水网推进专班秉承"百折不挠、坚韧不拔"的精神，做到任何一个细微环节都有专人跟进协调，厅领导长期在北京蹲点驻守，以派驻干部到部委挂职交流等方式，在推进过程中遇到困难第一时间领导出面沟通协调，及时掌握项目进展信息，并及时作出调整，向国家部委真诚反映吉林人民对水网项目的需求和水网建设对吉林省发展的迫切。千里征途不畏难，吉林水利人以"咬定青山不放松"的恒心、"滴水能把石穿透"的耐心和"绝知此事要躬行"的信心，向国家实事求是地表达我们的诉求和决心，用实际行动描绘着吉林水利美好明天的蓝图，让党和国家相信吉林会把水网建设成模范工程、民生工程，最终争取到了相关部委和国家最大的支持。

三 经验启示

（一）以坚强领导核心凝聚奋进伟力

习近平总书记高瞻远瞩提出实现中华民族伟大复兴的中国梦，描绘了国家富强、民族振兴、人民幸福的美好愿景。吉林水利人面对吉林西部恶劣的自然环境，土地盐碱化，空气风沙化，无不心急如焚，与生活在这儿的群众一样，急需解决这一难题，让吉林西部真正做到人与自然和谐，天蓝水美，重现"风吹草低见牛羊"的美好生存条件，让人民生活和农业发展相得益彰，真正成为国家的粮仓和肉库。吉林水网的建设就是对习近平总书记治水思路的最好落实，让吉林西部地区缺水成为历史，发挥水利工程的作用，为荒地披上绿衣、为农民彻底拔掉穷根。

（二）践行"国之大者"发展理念

吉林水网是吉林历史上投资和规模最大的水利工程，布局视野开阔，是国家水网战略重要支撑。习近平总书记提出，加快构建新发展格局，是推动高质量发展的战略基点。吉林水网定位保证国家粮食安全，是从国家战略出发，实现水资源空间均衡，是让千百年来因为缺水而无法耕种的土地变成良田的历史性工程，也是发展中国式现代化前提下的重大基础设施工程，更是回应人民美好生活的需求清单不断拉长扩容下的民生工程。吉林水网始终秉承"国之大者"的建设理念，开创了吉林水利高质量建设的新局面。

（三）念念不忘，必有回响

水利工程作为基础设施工程，投资巨大，很多项目从提出到落实往往历经几代人的坚持和努力。新时代水利行业高质量发展，考验的就是决心和韧劲。吉林水网的开工建设，正是体现了吉林水利人"功成不必在我，功成必定有我"的担当。开弓没有回头箭，正是一如既往的追求，得到了"念念不忘，必有回响"的结果，让功在当代、利在长远、惠及子孙的项目在新时代正式落地，也正是几代吉林水利人共同努力的成果。山再高，往上攀，总能登顶；路再长，走下去，定能到达。

以高水平安全促新医药产业高质量发展

——吉林省药品监督管理局开展药品安全巩固提升行动实践

龚玺鉴*

一 背景情况

药品是直接关系到社会大众生命健康安全的特殊商品，确保药品质量安全是药品监管部门的初心和使命。吉林省药监局深入学习贯彻落实习近平新时代中国特色社会主义思想，始终践行"人民药监为人民"的理念，严格按照国家药监局深入开展药品安全巩固提升行动要求，突出早部署、深推进、严要求、快落实、求实效，全方位筑牢"两品一械"安全底线，药品安全巩固提升行动稳步推进。

二 主要做法

（一）把准工作"方向盘"

印发《药品安全巩固提升行动实施方案》《药品安全巩固提升行动重要活动安排》，成立药品安全巩固提升行动领导小组及8个工作组，合力推进药品安全巩固提升行动。确定四平市、白城市、梨树县、大安市为药品安全巩固提升行动基层联系点，由点及面、示范引领、层层推进。每季度召开一次全省药品监管领域风险会商会，研判化解各类风险隐患。印发通知部署市、县药品监管部门加强基层监管队伍建设，在乡（镇）设置药品安全协管员，在村（社区）设置药品安全信息员，完善运行机制，严格日常管理，将

---

* 龚玺鉴，吉林省药品监督管理局综合和规划财务处副处长。

监管触角延伸到最基层。省药品监督管理局领导带队组成6个组，深入基层开展药品安全巩固提升行动督导，现场指导解决部分"两品一械"生产经营单位存在的问题。

（二）筑牢安全"防火墙"

一是全面排查风险隐患。会同省公安厅禁毒总队督导检查麻黄碱类复方制剂药品生产企业，监督落实风险防控措施。召开全省药品经营和使用专项检查部署会议，组织省、市、县三级药品监管部门签订责任书，开展药品批发企业、零售连锁总部飞行检查，持续强化重点区域、重点环节、重点品种监管。二是强化重点品种监管。在生产环节，印发《疫苗质量安全"护苗行动"专项整治实施方案》，强化疫苗生产专项检查；向4家在产疫苗生产企业派驻14名驻厂检查员，实施最严格的监管。在流通环节，推进疫苗流通使用监督检查规范化建设，对全省疫苗配送企业、疾控中心完成全覆盖检查，督促各地做好疫苗追溯信息上传工作，实现疫苗全过程追溯。在强化中药监管方面，开展"新形势下吉林省中药监管与高质量发展"专题调研，梳理存在的问题，检查中药饮片生产企业14家。三是加大案件查办力度。探索推行力度稽查、温度执法、深度办案，努力实现案件办理"双百、双零、双提升"（案件按时办结率和满意率达到100%，案件办理实现零差错、零投诉，通过案件办理使药品安全质量进一步提升、企业依法诚信经营水平进一步提升）。发挥联动执法办公室作用，多次与省检察院、省公安厅召开三方研讨会，共同研究涉案物品定性问题，形成一致意见；与黑龙江省、辽宁省、内蒙古自治区建立药品、化妆品、医疗器械稽查执法协作区运行机制，召开"东北三省+内蒙古稽（侦）查办案协同联动执法机制"第一次会议，"两品一械"区域联防新工作格局逐步形成。

（三）夯实能力"压舱石"

修订现行权责清单，调整行政权力19项；修订完善《吉林省药品监督管理行政处罚裁量适用规则和裁量基准》，推进法治建设。对长春市等6个地区28家药品监管部门执法工作开展现场评查，审阅"两品一械"行政处罚案卷130余卷，规范执法行为。持续强化药品监管队伍建设，组织开展稽查办案、药品流通、医疗器械、化妆品监管人员培训，举办吉林省第二届药品检验检测技术比武活动，推动全省药检能力整体提升。组织召开GSP、GMP检查员及生物制品检查员培训班，培训监管人员263人次。推进行风建设三年攻坚行动，排查整治突出问题，培树"严新细实"新风。加强关键岗位和重要环节监督，开展集体廉政谈话，抓好班子，带好队伍。

三 经验启示

（一）坚持政策引领、科学谋划

聚焦支持"长辽梅通白延"医药健康产业走廊节点城市产业发展，连续出台《关于支持促进长春新区"长春药谷"建设发展的若干措施》《支持梅河新区建设医药健康产业高质量发展先行示范区的若干措施》等6个政策性文件，推动产业链、创新链快速聚集，高质量发展。

（二）坚持勤政为民、满足期待

牢固树立以人民为中心的发展思想，以满足公众更高水平用药需求为出发点和落脚点，持续深化药品审评审批制度改革，不断优化行政审批工作流程，为药品生产企业文号转移、保护老文号、高端医疗器械注册等提供便捷高效服务，加快新药注册申报和上市速度。

（三）坚持集智聚力，创新领航

全力支持"高精尖"生物药创新研发，认真开展医疗器械注册前置咨询和第三类、创新医疗器械初核，对重点创新品种进行产品注册帮扶指导。全面构建药品安全工作新格局，不断提升药品安全监管水平和保障能力，促进新医药产业高质量发展，助力医药强省建设，为推动东北全面振兴取得新突破贡献药监力量。

聚焦主责主业　强化审计赋能
——吉林省农业投资集团全面推进内部审计体系建设探索与实践

孙　涛*

一　背景情况

2023年11月，第21期《求是》杂志刊发习近平总书记重要文章《在二十届中央审计委员会第一次会议上的讲话》。在这篇文章中，习近平总书记指出：做好新时代新征程审计工作，总的要求是在构建集中统一、全面覆盖、权威高效的审计监督体系，更好发挥审计监督作用上聚焦发力，具体要做到"三个如"。一是如臂使指，二是如影随形，三是如雷贯耳。

吉林省农业投资集团有限公司践行习近平总书记关于审计工作的重要要求，全面推进审计监督体系建设，构筑覆盖经营管理事前、事中、事后全过程的内部审计监督机制，聚焦中心、服务大局、勇于创新，不断加强审计队伍建设，夯实审计工作基础，提高审计工作质量，建立健全审计整改跟踪长效机制，全力实现审计监督全覆盖，有效促进了全集团风险防范能力和管理能力的提升。

二　主要做法

（一）紧扣"一个中心"，系统谋划审计工作发展思路

吉林省农业投资集团有限公司党委及董事会持续加强对内部审计工作

---

* 孙涛，吉林省农业投资集团有限公司审计部副部长。

的领导，明确了内部审计工作的指导思想和总体目标，系统提出加强组织领导、完善制度体系、深化项目实施、强化问题整改等工作举措，形成了以推动企业高质量发展为中心的内部审计工作发展思路。

（二）突出"三条主线"，全面夯实审计工作重要基础

一是健全审计组织体系主线。按照"集团统筹领导＋总部统筹管理＋各子企业分工落实"的组织框架，构建审计工作组织体系，形成强有力的组织保障。首先，加强集团董事会对内部审计工作的领导，明确内部审计工作由集团党委书记、董事长直接分管，党委对审计工作前置研究讨论。其次，集团董事会下设审计委员会从公司治理层面对内部审计工作进行指导，加强审计工作责任落实。最后，集团所属企业设立承担内部审计职能的机构，有效履行审计监督工作。

二是完善审计工作机制主线。构建了内部审计工作督办机制、季度工作报告机制和年度工作考评机制，实现工作目标、工作进度和工作结果的闭环式管理，提升审计工作成效。

三是强化审计过程管理主线。积极强化审计全周期管理，围绕年度审计计划、审计项目实施和审计问题整改三个环节重点着力，有力提升审计监督的准确性、规范性和实效性。首先，加强审计计划管理，进一步提升审计工作的计划性、方向性和准确性。其次，提高审计项目实施质量，规范审计作业流程，落实主审负责制，保障报告质量。最后，紧盯审计发现问题整改，建立审计整改督查机制、挂账销号机制和整改考核机制，以考核"硬约束"提升整改实效。

（三）打造"五个支撑"，有力保障审计工作创造价值

一是制度体系支撑。持续推进内部审计制度体系建设，不断强化审计工作规范化管理，明确目标原则、职责权限、工作程序以及工作体系等相关要求。配套制定审计制度等文件，逐步形成审计工作各方面的制度管理闭环，为审计工作的开展夯实制度基础。

二是长效机制支撑。积极推进以问题为导向的长效机制建设，形成发现问题、整改落实、完善制度、强化管理、促进发展的工作闭环。做到"审计一点，规范一片"。针对审计反映的普遍性、倾向性问题，深化成因分析，注重分类施策，促进"当下改"与"长久立"有机统一。

三是监督协同支撑。有效整合内部监督资源，强化内部审计与纪检监察、巡视巡察等协作配合，建立信息共享、成果共用工作机制，增强监督合力。从集团层面加强对条线共性问题的常态化监管，推动整改到位。

四是数字化支撑。以"科技强审"为目标，积极推进审计数字化应用平台建设，借助OA办公系统，建设审计计划管理、审计标准化作业、审计整改跟踪等模块，实现审计工作的全周期、全流程管理，有效提高审计数字化水平。

五是人才队伍支撑。注重审计人才梯队建设，支持和鼓励内部审计人员参加各类专业培训和专业职称、资格考试，并通过以审代训、业务交流等方式提升审计人员专业胜任能力。

三 经验启示

（一）提高政治站位，强化责任担当

内部审计工作不能脱离政治引领，要始终保持清醒的政治头脑，从服务中心工作大局的角度出发，树立一盘棋意识。要坚持原则，从对党和事业负责的政治高度，坚持问题导向，对发现的疑难问题勇于叫板碰硬，积极纠错。

（二）善于捕捉细节，锤炼过硬作风

随着问题隐蔽性越来越强，揭示问题的难度也越来越大。大量经典的审计案例，特别是案件线索的查处，往往都是从点上突破的。这就要求审计人员善于捕捉细节，从细微处发现问题，遇到疑点锲而不舍，抽丝剥茧，揭示问题背后隐藏的重大违纪违法违规问题。

（三）培养科学思维，做研究型审计

研究型审计是实现审计工作高质量发展的必由之路，坚持问题导向是开展研究型审计的重中之重。我们必须严格落实新时代审计工作新要求，深刻把握审计工作的一般性规律，坚持政治引领、聚焦主责主业、培养过硬作风、练就科学思维，依法忠实履行职责，做深做实研究型审计，助推审计工作提质增效。

与区域共荣共生　同频共振谋发展

——以校园升级、校地联动助力吉林振兴发展率先实现新突破

杨柏松*

一 背景情况

2023年9月，习近平总书记在主持召开新时代推动东北全面振兴座谈会时，作出了要提高人口整体素质，以人口高质量发展支撑东北全面振兴的重要指示。吉林省委、省政府积极贯彻习近平总书记的重要指示精神，深入实施"一主六双"高质量发展战略，构建"464"发展新格局，这既为高校的发展创造了良好条件，也为高校服务地方经济发展提供了广阔舞台。

高校是城市知识经济的发源地，不但能为其所在城市提供智力与文化支持，而且能拉动所在城市的投资、消费与就业，对城市人力资本、区域经济、城市化进程等都具有极其重要的多重裂变效应。长春师范大学作为特色鲜明的省属高校，拥有着独特的人才和科教优势，能够为区域经济发展提供坚实的人才、智力和技术保障，特别是学校的异地升级改造项目和校城联动各项措施的深入实施，对地区城市化、现代化发展具有积极的促进作用，更成为城市发展和四新设施建设的"助推器"。

二 主要做法

（一）科学选址，与长春新区建设同向而行

长春新区是由国务院批复设立的第17个国家级新区，承担着国家赋予

---

　*　杨柏松，长春师范大学学校办公室副主任兼党委常委秘书。

的"创新经济发展示范区"等定位要求。当前,吉林省正处在"一主六双"高质量发展战略向纵深推进的关键阶段,学校紧抓新区建设与高等教育融合发展的有利契机,顺应新区"2+5+10"总策略,科学选址、科学布局,充分发挥高端人才资源集聚的优势,在长春新区集中禀赋、主动构建,加快推动长春新区和北湖科技开发区的建设步伐。省、市、区各级政府与学校同向发力,对学校易地新建项目给予了高度的重视和支持,市、区两级政府成立工作专班,为学校提供相对便利条件。

(二)产教融合,与新区产业发展同频共振

学校紧盯新区产业发展和对不同层次人才的需求,遵循新区"以产引教、以产定教、以产改教、以产促教"的发展模式,抢抓校区建设机遇,积极促进产学研结合。学校落户新区,吸引更多的投资者和外来人员,增加劳动资源与经济资源,并利用高校人才密集的优势,吸引相当数量的科技型企业的聚集,成为先进生产力的孵化基地。

(三)拓展资源,拉动新区各行业同步发展

学校易地升级项目投资十余亿元,本身即可拉动地区GDP的增长。大学师生入驻,能够在区域内形成比较稳定的高端消费群体和较强购买力,拉动消费增长。随着新校区建设的推进和学校后勤管理的社会化,与之相关的餐饮服务、物业管理、清洁卫生、校区安全等领域可以吸纳大量的剩余劳动力,增加就业机会,使人力资源得到更加合理有效的配置。

(四)传承文化,辐射周边居民同享盛宴

习近平文化思想为新时代大学履行文化传承创新职能、推动建设中华民族现代文明提供了根本遵循。学校经过近百年的发展和历史的沉淀,形成了厚重的文化积淀和独特的校园文化,以文化辐射提升区域文化教育水平。

◉ 经验启示

一是党的全面领导是校园升级、校地联动助力吉林振兴发展率先实现新突破的根本保证。要切实加强党的全面领导，推进教育、科技、人才三位一体协同融合发展。加强工程项目党的建设，成立临时党支部，切实夯实基础保障。

二是优化政策环境是校园升级、校地联动助力吉林振兴发展率先实现新突破的先决条件。政府部门要尽可能提供优质、贴心的服务，营造切实推动优先发展教育的政策环境。高校要充分利用政府对高等院校升级、高层次人才引入、校区用地保障、税金征收等诸多方面的优惠政策。

三是转变人才培养观念是校园升级、校地联动助力吉林振兴发展率先实现新突破的内在动力。根据地区经济发展的需求，适时调整人才培养策略，提高人才的理论与实践能力。与社区、企业密切合作，搭建实践平台。转变观念，突出创新人才培养，推动地方经济快速发展。

四是城市的多方投入是校园升级、校地联动助力吉林振兴发展率先实现新突破的充分保障。一方面，需要政府加大对高校的支持和投入。另一方面，学校也需加强与政府之间的交流与沟通，主动对接地方发展需求，凭借自身独特优势，换取更多的政府投入和社会资助。

五是高校作用发挥是校园升级、校地联动助力吉林振兴发展率先实现新突破的关键目标。一方面，高校要持续提升人才培养质量，并通过雄厚的科研实力，与地方企业积极开展深入的产学研合作，促进科技成果向实际应用的高效转化。另一方面，高校与地方政府及社会各界紧密协作，参与地方重大项目建设和决策咨询等工作，为地方经济发展提供全面、科学、深入的智力支持和战略引导。